戦後政治学の展開

機会と挑戦の50年

村松岐夫
京都大学名誉教授
オーラルヒストリー

編集…河野康子

東洋経済新報社

はしがき——本書の成り立ちについて

村松岐夫先生とのご縁は、1990年の日本政治学会年報研究会が最初である。先生から私の論文に対する懇切なコメントをいただいたことが、論文のブラッシュアップの一助となった。

その後の2010年代に、福永文夫先生（当時、獨協大学）を中心とする研究会でご一緒した。「戦後体制研究会」である。この研究会の成果は、『戦後とは何か——政治学と歴史学の対話（上・下）』（丸善出版、2014年）として刊行されている。

この書物の副題にあるとおり、研究会は、政治学と歴史学のそれぞれの分野から近現代日本について考える、という趣旨で始まった。そこでは、戦前と戦後、中央と地方、など多くの分野で活発な議論が交わされた。

村松岐夫先生は、行政学と地域の視点から戦後体制について報告され、その内容をめぐって占領の位置づけについて意見交換があり、続いて1987年の『レヴァイアサン』（木鐸社）発刊の意義など多岐にわたる議論が続いた。

なかでも、現代政治を分析する学術雑誌である『レヴァイアサン』発刊については、多元主義をはじめとして、論争的なテーマをめぐって議論が白熱化した。

先の研究会の後、ほぼ同じメンバーで日本学術振興会の科学研究費を申請して採択されたので、「戦後体制の中の沖縄」をテーマとして研究会を続けた。年1回の沖縄調査旅行と、東京での研究会が主な活動だったが、議論は沖縄に留まることなく、広い視野で展開された。

この研究会の成果が『対話 沖縄の戦後――政治・歴史・思考』（吉田書店、２０１７年）である。これらの研究会を通じて、村松先生とは多くのことを率直に語ることのできる間柄となった。

オーラルヒストリーの発端となったのは、「戦後体制研究会」でのある報告において、「多元主義」のコンセプトをめぐって、研究会に参加した全員が議論を交わしたことである。このときの村松先生の多元主義をめぐる議論がとりわけ面白かった。

村松先生の戦後政治論は、１９５５年からオイル・ショックまでに、企業が組合の要求を受け入れていく過程があったことを指摘し、これが１９７２～１９７３年の「福祉元年」につながった、との見方を提示された。

この指摘に興味を持ったことを契機として、オーラルヒストリーが始まることになった。『レヴァイアサン』を創刊した編集人の１人である村松先生による創刊の経緯や、次の世代の政治学の動向の観察についてのお話を伺えることも期待しつつ、インタビューをスタートさせた。

インタビューは以下のとおり、合計12回行った。

河野康子担当分（各2時間）

２０１８年4月26日、6月13日／２０１９年3月25日、5月30日、9月30日／２０２３年4月14日：於日本学術振興会学術システム研究センター9階会議室

２０１９年11月7日／２０２０年1月22日、2月19日：於人事院5階専門調査員室

稲継裕昭担当分（各1時間）

２０２０年12月16日：於早稲田大学3号館14階ラウンジ

２０２０年12月22日：オンライン（ＺＯＯＭ）

磯崎典世担当分（2時間）

２０２２年4月15日：於学習院大学磯崎研究室

河野担当のインタビューは、日本学術振興会9階の会議室を原則としていたが、そこで学術システム研究センターの通常業務が行われる日には、人事院の専門調査員室をお借りすることができた。インタビューが行われた際はその都度、録音の文字起こしをして原稿にし、それを村松先生に見ていただくという作業を繰り返した。先生はその原稿を丹念に読み、相当量の加筆と修正をされた。その結果、これだけの浩瀚《こうかん》なオーラルヒストリーとなったのである。

１９９０年代以降、村松先生が研究生活に加えて、大学改革や審議会活動に時間を割くようになってからについては、そのあたりをよく知る稲継裕昭先生にインタビュアーとしてご協力をいただいた（本書第2部）。

さらに、このオーラルヒストリーは1人の政治学研究者の研究履歴になるものであり、そうであれば「大学入学前」の部分があってもよいのではないか、という助言を二、三の方からいただいたことを踏まえ、第3部を新たに立ち上げることになった。

第3部のインタビュアーとしては、突然のお願いだったにもかかわらず、磯崎典世先生にご快諾をいただいた。お二方のご理解を得たことに心よりお礼を申し上げたい。

本書が出版されるにあたり、出版社との意見交換を経て、タイトルは『戦後政治学の展開　機会と挑戦の50年』となった。

本書は、戦後の政治学がどのように展開してきたのかを、村松先生の視点から展望できるものとなっている。さまざまな研究者の観察・思索が、相互に影響を与えながら一つの分野として発展していくことをぜひ若い研究者にも知っていただき、今後の参考になればと考えている。

刊行にあたっては、東洋経済新報社の関俊介氏には周到な校正作業をしていただき、佐藤朋保氏にも原稿の全体についてご助言をいただいた。お礼の言葉もないほどである。

２０２４年７月

河野康子

目次

第2章

第2部 90年代以降の研究と東京に移転後の仕事

第3部 大学入学前のこと

第1部

研究者になるまでと90年代初期までの仕事

第1章 大学入学後：学生時代・助手・助教授・米国留学――60年代

なぜ政治学者になったのか

河野 なぜ政治学者になったか、というところからはじめるほうがいいようですね。それではそこを、長くなって結構ですから是非よろしくお願いします。

村松 研究者という職業をなぜ選んだかは、私の場合、本当は自分でもはっきりしないところがあります。ご質問を受けながら、この頃やっと自分の進路をどう決めたのかもわかってきて、話しながら自分の就職選択の経緯も確認できました。一部すでに活字になっていることもありますが、改めてお話しします。

研究者になる場合、普通は、学部時代から、研究者の道を考え、専門分野と先生をだいたい自分で選んでいく。院入試に合格してから、先生が決まり、必要単位を取得し修士論文を書く。この修士論文を書き終わった頃には、長期に取り上げるべきテーマや大きな方向が決まっている。博士課程では指導教授の示唆もあるだろうし、専門の近い先生にも相談して論文の骨格が決まる。一定期間で完成。ここでほぼ独り立ちすることになります。この経路は、就職先があるかなど不安定なところがあるのですが、コースを自分で決めています。自発性が高いと思います。

私の場合、自分だけでは決められるようなことではなかった就職をしました。

河野さんからオーラルの話をいただいてから、「なぜ学者になったか」は、自分でも確認したいと思って、勉強を職業としはじめた頃について思い起こしていました。

単純に言えば、大学4回生の6月に、私が参加した商法ゼミの大隅健一郎先生から「助手になる気はあるか」というお誘いをいただいたのがきっかけでした。これは、大学院に行かず、直接学卒で助手になるということです。商法学者になる気持ちがあるかと聞かれたのだと思います。しかし、この話はすぐに沙汰やみでした。ですからそのことはすっかり忘れて、就職を住友銀行に決めて、就職先の人事部と連絡を取っていました。

ところが、4回生の卒業試験の後、3月上旬ですから卒業の寸前ですが、法哲学の加藤新平先生から帰郷中の私に「お会いしたい」という電報が来ました。すぐに上洛し、話を伺ったところ、それは、法哲学か行政学で研究助手にならないかというお誘いでした。

加藤先生、長濱先生、大隅先生とご相談し、結局、研究者の道を選び、専攻は行政学ということでやってみるという気持ちになりました。先生方は「やれる」と言ってくださった。しかし、私としては不安で一杯でした。

当時の京大法学部の助手制度というのは、可能性ありと見た卒業生を引き留めて研究者として育成するというものでした。

関西では大阪市立大学法学部でも助手制度があり、2年間で論文を執筆し、その論文の審査で、助教授に昇進させるという手続きになっていたと後で聞きました。

しかし、政治学の単位を取っていない学生がこの道を選ぶのは一種の冒険でした。

河野　それまで研究者になる道は、ご自分ではお考えにならなかったのですか？

村松　大学では4回生になるまで自分が研究者になることは考えていなかったと思います。研究者の道を少しでも考えはじめたとすれば、先にお話しした大学4回生の6月にゼミ（商法）の大隅先生が、商法研究者になる道を示唆されたときからです。

しかし、先生が推薦できるポストがないということで、そのときは諦めましたし、すぐに忘れました。

河野　ゼミの先生が言われたのですね。

村松　それまで研究者になるなどということは、本当に考えていなかったと思います。私の場合、大学院で授業料を払って勉強を続けるなどということは少しも考えていなかった。同級生の仲間の中でも研究者の方向を考える人は一人もいなかった。よく勉強する人というのは、司法関係の職業（裁判官、検事、弁護士）とか公務員の道を進むか、試験という関門のある就職を考えている人が多かった。

しかし、よく考えると、言われてみればすぐ飛びつくような学者の世界への憧れは私にあったと思います。本を読むことが好きでした。

だから、大隅先生の示唆や、加藤先生にお会いする前に、つまり学部生の時代に何か学者の道への憧れはあったかもしれないと思います。京都大学に入学して、積極的に言えば、書物によって知識を得ることが面白くて仕方がないという学生になっていました。

学生時代、読書は行き当たりばったりで、最初は小説を読んだのではないかと思いますが、何でもよかった。田舎で高校生活までを過ごしていた者には、大学構内の出来事や京都という大都市の何もかもが珍しかった。獲得する知識は何でもよかったという感じだったのかもしれないと思います。

もう一つ、滝川事件のときの法学部長であった宮本英雄先生は、郷里の出身で、学生時代に同級の河原崎守彦さんと一緒に、芦屋のお宅におじゃまして、法学の勉強について伺い、刺激を受けました。

当時、京都では、市立京都会館というイベントホールができて、たくさん講演会がありました。そうした講演会で話を聞いて、少しずつ視野は広くなっていったということも言えます。

文学の講演では、井上靖も覚えていますが、小林秀雄は抜群に面白かった。小林秀雄の毒舌を聞きながら、この人は知識が違うと思った。この人は、欧州文学を含めてレベルの高い視野のある方で、諸作家には怖い人であっただろうと感じました。

イギリスのアトリー元首相も来て、日本と英国は大陸の近くにある島国であること、大陸の有力文明との交流が常に歴史の大きな部分であったことなど多くの点で似ているなどと言ったことを覚えています。

2回生のときだと思いますが、トインビーの来日があって、彼の歴史書が売れていたと思います。

京都大学の内部での講演では、これは、私が助手になってからかもしれないが、西ドイツ連邦議会議長のゲルステンマイヤーの講演があり、この方が「今後の日本は？」という問いかけを学生にして翌日に答えを聞きたいということで2日続きの講演をした。こんなのも刺激になったと思います。

「有信会」というのは、日常的には学生が担う京大法学部の同窓組織ですが、講演会がよく開催されました。

1回生のとき、佐々木惣一の「憲法9条」に関する講演があるということで宇治から市内本部に出かけました。先生の「憲法9条論」は、平和を世界に訴える責務が日本人にはあるという趣旨でした。別の日ですが、末川博の京大事件の思い出、少し後から同じテーマで滝川幸辰の思い出なども聞きました。

さらに少し後に、恒藤恭の話も聞きました。恒藤恭は、この人が、芥川龍之介と一高で一番を争ったなんてわからないものだというふうな退屈な話であったし、著作を読んでも難しかった。しかし、加藤新平先生は、「恒藤恭は天才です」と言っておられました。

大塚久雄や木村亀二も来ました。末川博は気さくな人という印象でした。しかし、話は滝川事件についてが多く、そのときの話の内容や種々の雑誌記事などを読んで現役の先生方の感想を聞くと、私の先生の世代、つまり大隅、於保不二雄、長濱政壽、田畑茂二郎、加藤新平先生の世代には、滝川事件の衝撃がわずかにではあるが続いていると感じました。大隅、於保先生は、一度は辞表を出した当事者でした。滝川幸辰が戦後京大に戻り、戻った直後いられなくなった人が出たり、戦後に裁判になった滝川総長に対する暴行事件でも教授会内で対立があったようです。しかし私がファカルティメンバーになったときは、一切、その種の雰囲気はなくなっていました。しかし、毎日新聞の京大ＯＢ記者などは、種々噂していました。

学園祭とか別の機会には、別分野の講演にも出かけました。湯川秀樹さんの講演は、法経第七教室で行われましたが、満員でした。「科学が専門分化しすぎていて総合化が重要だ」という講演でした。学術界では、今も、同じことを言っています。

河野　講義は最初は教養科目だったと思いますがどうでした？

村松　当時、京大の教養部の講義は、大部分、宇治分校で行われていて、学生の大多数は、宇治市内かそのあたりに下宿していました。

講義より先に思い出すのは、お腹がやたら空いていたことです。真夜中に、近所の黄檗山萬福寺の山に登って同宿の友人と満月を見たことも思い出しますが、何を話したか覚えていません。

郷里を離れてはじめての一人暮らしは寂しかったですが、生活も講義も、面白かったです。講義については、世間的には面白くないと言われる教養科目の講義も、たぶん田舎出だということがあると思いますが、講義をする先生の思索が漂っているという感じで、私には面白くて、よく出席していました。

小説は、この頃でもたくさん読むほうであったと思いますが、「学問の本」とか「大学の講義」は、まったく異なる新領域という面白さでした。

講義の下手な先生からでもその分野では「先端」の話が聞ける、あるいは、今のところそれがファイナルであるという本や知識が紹介される、そういう魅力があった。

しかし、政治学の岡田良夫先生は変な先生でした。ラスキの『危機にたつ民主主義』の訳者でしたが、新聞の切り抜きだけを話しているみたいな講義でした。安保が重要であったのかもしれませんが、本当にダメな講義であったと言っていいと思います。ラスキも論じなければ民主主義も論じない。それでもラスキの本を一冊知りました。

阪倉篤義先生の「逍鷗論争」では、明治文学史と明治時代に大きく触れたような気がして面白かったです。幕末までの日本から文学・芸術を見ていこうとする坪内逍遥と、西洋の芸術に惹かれた森鷗外の論争です。近代化とか、西洋化というけれど、明治維新の根っこにあったテーマだと思います。

このテーマが試験に出て良い点がついて嬉しかったです。大学の試験は山がかけやすい。先生の得意分野から必ず出題されます。

上田泰治先生のギリシャ哲学も休講ばかりでしたが、関連して言及される哲学者のことがきっかけで、田辺元の『哲学入門』を読んだり、西田幾多郎の『善の研究』を購入したりしました。このあたりは、同郷の掛川西高校から京大法学部に入り、かつ類似の授業に出ていた河原崎守彦氏の影響があったと思います。和辻哲郎の『古寺巡礼』は、今も手離せない本です。

河野　第二外国語は？

村松　ドイツ語です。ドイツ語の臼井竹次郎先生の使ったテキストが良かったですね。文法のテキストですが、例文の多くがゲーテから採られていて、「原文」に触れて自分で感じることができるというのは素晴らしいことです。

間違うと大声で叱る人で怖かったけれど楽しい先生でもありました。暗記させるので、今も覚えています。有名作家の原文に触れるということはワクワクするようなことでした。

例えば、有名な“Es irrt der Mensch, solang er strebt.”「人間は努力する限り迷うものだ」という格言

（メフィストフェレスがファウストに人生を肯定させようとする誘惑の言葉。それをポジティブに読んだ）です。そういうのが次から次へと出てきて面白かったです。

2回生のときの英語の先生は、米国の死刑廃止論を州ごとに論じる論文をテキストに使いました。カミュの『シジフォスの神話』の英語版を使った先生もいました。賽の河原の石積みみたいな話です。『Das Brandopfer』というテキストのタイトルも覚えています。ナチズムのことでした。ウクライナ出身の英文学者ジョゼフ・コンラッドの本を読みました。ガスパール・ルイスという主人公が出てくる南米の独立戦争の話だったと思います。

河野　専門での勉強はどんなふうでしたか？

村松　2回生から専門科目の講義がはじまりました。「専門」がはじまってからは、一層、授業をよく聴いたと思います。

2回生になって宇治の下宿を引き払って大学近くの吉田二本松町に引っ越ししました。郷里の先輩が卒業した後の部屋に入りました。六畳一室で、トイレ・湯沸かしは共同といった具合でした。風呂は近くの銭湯でした。

勉強は、民法だけだったかもしれませんが、復習はしました。しかし、予習はしなかったと思います。口述筆記の講義ですから、ノートのチェックを、一時、友人と一緒にやっていました。

時間はいっぱいあって、正門前のナカニシヤ書店に毎日通って、本の背表紙のタイトルを見て、手に取って中を覗くのが楽しみでした。

2年目に入り、京都では2回生のとき成績を見たら、結構、勉強量が結果に反映するということがわかって、これは面白いぞと思って勉強を続けた部分もあります。点取り虫だったのかもしれない。

同じクラス（第二外国語独語J1）に勉強を引っ張ってくれる今井功（判事）、湊清和（公務員）、河原崎守彦（公務員）、角田義一（弁護士、政治家）、鎮西迪雄（公務員）、山本和昭（検事）といった試験組がいました。

Ｊ１の鎮西迪雄さんは、学生時代はあまりお付き合いがなかった。しかし、入学後最初のクラス集合時の自己紹介ではそれとなく目立つことをおっしゃいましたので覚えています。彼は「私の趣味はクラシックです」と言った方の直後に、「私は演歌です」と言って軽い笑いを取っていました。

民法総則と物権法は林良平先生、債権法が磯村哲先生、親族・相続法が於保不二雄先生でした。

講義で面白かったのは民商法でしたが、刑法の客観主義と主観主義の対立とか、手形の有因論と無因論といった「ある前提からは次の理屈が出てきて、そこから結論が導かれる」といった理屈を磨く感じの議論は、今はあまり意味がないということで、解釈学では重視されていないと思いますが、興味を持ちました。

民法秩序は、所有権と管理権の二つの焦点を持つ楕円のようなものだという於保不二雄先生の「財産管理権論」という議論など、全部がわかるわけはないのですがスケールの大きさを感じて面白いと思いました。

この話を少し続けますが、磯村先生は、良い理論とは、「利益考量の見事さ」と「議論の美しさ」であるという趣旨のことを言われて、その二つのことを黒板に書きました。ずっと記憶に残りました。具体的には、磯村先生は、我妻栄先生の広さと深さを尊敬し、於保先生の独創力を指摘していました。

経済学では、青山秀夫（経済学）、島恭彦（財政学）などを聴講しました。青山先生は、高田保馬の重要性を主張していました。

京都から東京へ引っ越しをするときに法律の本はたくさん整理したのですが、馬鹿なことをしたと思っています。線を引いて読んでいましたので、どこに線を引いて読んだのかなど、今になって興味があるのですが、手許にないものが多い。

民法総則の教科書の中では、入会《いりあい》について最後のほうに置かれています。一度忘れたつもりでしたが、その後、政治学の研究過程で思い出す機会がありました。

ノーベル賞（経済学）を取ったエリノア・オストロムの『Governing the Commons』を読んだのですが、この本では日本の入会とノルウェーの漁業ルールが、具体例として引用されていました。入会の議論の記憶は役に立ちました。

学生時代は日記をある程度書いていました。特に内容があるのではなく、誰が来てどこに行ったというくらいの日記です。日記を読み返すと、大学時代には、同居人や同郷の人や同級生と比叡山、東大寺など、市内や奈良の名所に行って、だべりながら歩くといったことをよくしていましたが、勉強人間であったことも確かです。家庭教師などのアルバイトはしませんでした。

生活面ですが、入学当時、生協の食堂で大体の食事をしましたが、当時米を買うのに「一般用米穀類購入通帳」が必要といわれていました。実際には使わなかったと思います。

学生時代――学生運動・安保

河野　当時の学生運動はどうだったのですか？

村松　入学は1958年です。1回生は、宇治キャンパスですが、職務質問を認める警察官職務執行法「改悪反対」の自治会活動は活発で、学生大会で講義のストを決めて、当日ピケット（ピケ）が張られました。「デートもできない警職法」というスローガンが有名です。

しかし、先生は、だいたい講義をしていたし、ピケをすり抜けて講義に出ても、もみ合いにはならなかった。受講組のほうが多かったと思います。

1959年後半からですが、「1960年安保」への反対運動はやはりすごくて、語学クラス単位で集まって頻繁に討論をしました。クラスごとに自治委員がいて、クラス討論の場でいわゆる米帝国主義などの情勢分析をしてみせたりして、一般学生に対して扇動的でした。本部構内から東大路通りに出る西門に近いところでの北小路敏の演説を聞いたことがあります。その頃の彼は何となく格好の良い人でした。

そんな雰囲気で、多くの友人はデモに出ていったと思います。デモの行き先は、京都では祇園石段下です。ここで警官隊と衝突します。

自治委員から配られた「青焼き」印刷の文章は今読むと大した内容ではなく、そこに書かれた理由ではデモに出られないのは当たり前と思います。出て行かなくてよかったと思います。

私には、自治委員の言う安保条約の改定が米帝国主義の日本支配を促進するという主張だけでは、誰がどう動いてそうなるか、その政治過程はまったくわからなかった。しかし、生協のテレビで、岸信介首相の、条約の防衛範囲である「極東」についての答弁を聞きながら、傲慢な人だと思いました。

そのときの自治委員の1人は角田義一氏ですが、その後政治家になって大きな役割（民主党所属時に参議院副議長）を果たしました。この方が学生結婚をされて、その式に出席しています。そのときの集合写真が最近出てきて懐かしかったです。

コロナ禍までは、東京で、1958年入学・語学単位で設けられていた「クラスJ1」の東京同級会を仲良くやっていました。

河野　勉強のほうですが、受講科目など覚えていますか？

村松　法律解釈学の講義をほとんど全部受けたと思います。2回生で憲法、民法Ⅰ、財政学、経済学、刑法Ⅰなど数科目。3回生では、専門科目の核になる10科目くらい、民法Ⅱ・Ⅲ・Ⅳ、刑法Ⅱ、商法Ⅰ・Ⅱ・Ⅲ、民事訴訟法Ⅰ・Ⅱ、行政法Ⅰ・Ⅱなどの単位を取りました。

法解釈学を面白いと感じていました。田舎の高校生活では認識されていなかった複雑な人間関係や利益関係が法律や判例の形で整理されていて、新しい知識でした。社会の諸側面が種々の法律でカバーされているので法律で社会がわかるという面がありました。

当時の労働法の片岡曻先生は、法解釈だけでなく、１９６０年の三井三池争議の現場で振るわれた暴力についても講義で言及され、現実と法の乖離や一致などを考えさせようとしていたように思います。法律と政治は密接不可分という認識はあったと思います。資本主義は契約を中心に動きます。しかし、弱い労働者層の結合を可能にする労働法がその後成立して資本主義が充実していくとか、他方、保険法があって、資本主義の中でリスクを取る起業家を支援できるということがあります。判例的な社会の現実を知るのは面白いというよりも、各法律を全部足し合わせると、近代社会の人間や団体の諸関係のつじつまが合って、一つになっていくイメージを持ちました。社会保障法が、講義されはじめていました。

京大は、自由選択制を言っておりましたが、2回生配当科目、3回生配当科目などと標準受講のモデルはありました。しかし、その他では、いつ試験を受けてもいつ単位を取っても自由であったと思います。

大石義雄先生の憲法は、2回生配当科目でした。先生は、保守反動の人として評判が悪かったけれど、ちょうど法学部長のときで、人柄は好感を持たれていました。

また、委員として参加していた「憲法調査会」の現場に言及したりして活気があったのかな。教室には大勢が出ていました。新憲法（公布１９４６年11月3日、施行１９４７年5月3日）は旧憲法の改正であって、また帝国議会で審議されたのだなどと主張して、戦前戦後の連続を主張しています。日本国憲法は、帝国憲法を修正したもので「新憲法」ではないということに主眼があったと思います。

しかし、この議論は議会の「形式的な連続」を言うだけですので不十分です。「政治体制」の理解には、社会のルール、規範の構造の全体を見なければいけないのではないかなどと思って聞いていたと思います。

当時の学生は普通は、宮沢俊義の『憲法』（有斐閣）を読んでいました。

新憲法関係の経緯では、近衛文麿の下で、内大臣府御用掛として佐々木惣一が新憲法草案をつくるということがあったことはこの講義で知りました。草案づくりのため箱根で泊まり込みをしたとか。左翼的な方が、期末試験の答案に自分の主張を書いたそうですが、意外に合格ラインよりだいぶ上の点をくれたと言っていました。

こんなわけで法律学の影響をかなりしっかり受けていますので、天川晃さんが、福永文夫・河野康子編『戦後とは何か』の私の論文を読み、「あなたの（研究）は、法律学から来ているね」と言われましたが、当たっていると思います。

政治学講義の受講と進路の模索

河野　天川先生のコメントはよく覚えています。政治学はどのように受講していましたか？

村松　私は政治学の講義はほとんど受けていません。自治会は猪木嫌いだったと思いますが、私の周りでは、猪木正道先生の講義は人気があったように思います。しかし、私には、受講する法律学と同時間帯が多く、出席しにくかったと思います。

河野　どういう講義が行われていたのですか？

村松　戦後の京大政治学の全体を話す準備はありませんので、私が講義を受けたときからのことを中心にお話しします。

戦後の京大の政治学のスタッフの名前をあげていくと、助手として就職したとき、教授は、長濱政壽（行政学）、立川文彦（外交史）、猪木正道（政治史）でありました。この三先生に加えて、法制史の勝田吉太郎先生が、政治思想史担当になりました。野口名隆さんが西洋政治史で助手・助教授採用。福島徳壽郎助教授の政治機構論。講義はしておられないが、外国におられた高坂正堯助教授。脇圭平助教授が外国出張中でした。

勝田吉太郎教授の「政治思想史」の講義を外から眺めたことはありますが、出席してはいません。福島徳壽郎教授の政治機構論の講義を覗いたような気もしますが、単位はありません。高坂さんは留学中でした。外交史（立川文彦）の講義には興味がありませんでした。

ただ、外書講読（英語：野口名隆助教授）については少し記憶があり、野口名隆先生の下で、フランスにおけるナショナリズムとか革命をテーマにした論文を集めた仮綴のテキストで読みました。

京大は全科目が自由選択でしたが、外書講読、外国法講読では、学生が自由に選べません。大学側からお仕着せで先生が決まる講義でした。

政治学ではありませんが、奥田昌道先生の講義で、ドイツ語の民法のテキストの「占有（Besitz）」の章を読みました。占有という現実の秩序を守る法的な仕組みがあるというのが面白かった。

河野　本当に研究者の方向について全然考えていなかったのですか？

村松　ええ。周りに大学院志望者は1人もいなかった。とにかく研究者志望者は少ない時代です。ただ、後年、私の同期でも同志社大学の民法教授がおられたことを知りました。司法修習生になってから大学教員に採用されたのかもしれない。また、もう1人、大阪船場の問屋の跡取りの方が、自営企業の活動をすぐやるよりも商法学でもやっておけと父親に言われて、修士課程に入りました。何しろ、高度成長で企業の魅力が報じられている時代の学生でしたから、企業に行くのが当たり前だったと思います。

また他方で、大学の数は少なく、民商法は別でしょうが、若い政治学研究者の就職市場があるようには見えなかった。先生のほうでも、大学院に行く希望を述べる学生がいたら、まずはやめておきなさいと言っていたと思います。

研究者になるというのは、自分では思いつかないキャリアだったと思うのですね。だから、4回生の6月に大隅先生がお誘いくださったときは、不安でしたが、これは面白いかもしれないと思って多少興奮もしました。しかし、お話ししたようにその話はすぐなくなりました。

河野 他の道も考えましたか?

村松 私も、一緒に勉強したグループの方と同様に、司法関係の職と国家公務員のどっちになってもいいし、ならなくてもいいけれども、両方とも試験は受けようと思って、それらの科目に沿って受講科目を選んでいます。勉強は頑張ったと思います。しかし、結局、就職は住友銀行に決めました。

4回生には、9月試験というのが特別にあって、これを数科目取って卒業できる見込みがつきましたから、安心して、友人数人と「卒業旅行」をしました。鳥取の砂丘を含む西日本の旅行でした。

河野 法学部の成績はどういうふうにつけるのですか?

村松 かなり長文で解答させ、100点満点の60点以下不合格で、点数をつけます。80点が良い点です。他校の優に該当するのではないかと思います。しかし、きわめて少数のトップ・レベルの答案には85点もあったと思います。90点がつくことはまずないという基準があったみたいです。当時のことです。

河野 国家試験はどうなったのですか?

村松 就職先としては司法関係もあり得ました。4回生のときは、論文筆記試験は合格しましたが、第二次の口述試験で落ちました。

公務員試験も通りまして、結果はその時点で未発表であったと思いますが、なぜか先方から電話をいただいたので、大蔵省に6月末に一度行き様子を聞きました。

官庁関係では、先輩の方にも相談したと思います。大蔵省にはもう一度行く約束になりましたが、住友銀行に就職も決まったという解放感で、7、8月は旅行や郷里を楽しんだ後、8月末に、様子を見に東京に行ったときは、「京大枠」はもう終わったと言われてしまいました。

河野 そうですか（笑）。ところで、なぜ、司法試験のヒアリングで落ちたかはわかります？

村松 だいたいわかりますね。まずは、知識不足だったと思います。

私のは元々完全な国家試験のための受験勉強という幅の広いものではなかった。加えて、自分自身を口頭で表現する力が弱かったと思います。しかも、面接官が出す助け舟に乗れなかった。先方は、質疑（ヒアリング）の会話で、落とそうと思っているのではないのですよ。面接官は、私を合格させようと思っているのですけどね。

その年の筆記試験の合格者は５００人くらいだったと聞いていますが、試験官は、全員を通そうとしていたと思います。意地悪ではなかった。特にある科目で、先生のアクセントもあって聞きにくかったということがありましたが、根本は、私の説明力不足でしょう。

河野 で、助け舟が来ても、乗らない。

村松 乗れなかったですね。

河野 なるほど。それが面接でバツの理由ですね。

村松 司法試験の筆記合格はもう1年有効だったから、もう1回口頭試験を受けることも可能であったので、それを狙うべく勉強を続ける道もあったと思いますが、9月の段階で、住友銀行が喜んで受け入れてくれているわけですから、十分だと思いました。

余裕の時間は小説に向かいました。戦前の人では、志賀直哉や川端康成を読みましたが、横光利一のように、外国を舞台にしながら、主人公に近代化を論じさせたりするのは面白かった。

三島由紀夫、伊藤整とか松本清張など、現代ものの小説を読んでいなかったので、手当たり次第読んだと思います。変な感想ですが『波の塔』の主人公の検事のようにはなれないのだなと思いました。

ドストエフスキー、『赤と黒』のスタンダールなど西洋古典と言われたものの中にも、高校生のとき読めなかった有名小説がたくさんあって、このとき読んだと思います。『チボー家の人々』もこの頃に読んだのかもしれない。この4回生の秋にたくさん読みました。

翌年、助手になってから、やはり口述試験を受けるのもいいではないかという人がいましたが、合格して研究者の道に迷うようであればプラスにならないし、不合格なら自信を失うだろうから、周囲からはやめておけと言われました。

この頃のことで思い出すのは、郷里出身の河井昇三郎氏（当時、大阪建物株式会社社長、元住友本社常務理事）と何度もお話をする機会があったことです。住友銀行入社の際は、保証人になっていただいた。私が方向転換をして研究者になると言ったらこれも支持してくれて、河井さんの学生時代の師についての研究書『小野塚喜平次』が出版されるとすぐに送ってくれた。将来が不安なときでしたから、嬉しかったですね。

この方のお兄さんは、参議院議長・河井弥八、お父さんは、足尾銅山を批判した田中正造のパートナーの河井重蔵です。

時々、私が掛川西高校の出身であることと、私が大学に入学したのが1958年であることを知っている方から、先輩の影響はなかったですかと聞かれます。

それは、滝川事件と郷里の先輩の宮本英雄先生について知っている方からの質問です。

宮本英雄先生ですが、先ほど触れたことのほかにもう少し思い出すことがありました。それは最近、いわゆる砂川判決が話題になったからです。きっかけは、砂川判決で有罪とされた当事者が、2019年、国に損害賠償の訴えを起こしたからです。

この砂川判決は、1957年、立川市の砂川基地に学生達が乱入した事件に対するものです。

東京地方裁判所の判決は「日米行政協定が違憲であるから犯罪にならない」としましたが、最高裁（田中耕太郎長官）は「この領域は、統治行為の問題であり、最高裁は判断しない」として原判決を破棄し地裁へ差し戻しとしました。乱入者は有罪でした。この東京地方裁判所の判事が、私どもの郷里の掛川西高（当時は旧制掛川中学）出身の伊達秋雄さんであり、当時、これは伊達判決とも言われました。私が入学した1958年、掛川西高から京大在学中の先輩の間では評判で、伊達秋雄さんは人気がありました。

それから、2019年に飛ぶわけですが、この損害賠償の要求があって、2023年、掛川西高の東京同窓会の機関紙で取り上げています。ここでこの伊達さんと同じ母校である、先ほど紹介した当時京大法学部教授であった宮本英雄先生が登場するわけです。裁判官になった伊達さんに、宮本先生は、「判決を受けるものが、この裁判官に裁判してもらって良かったと思われるような裁判官になれ」と言われたとされています。

1958年に、河原崎氏と私は、入学の直後、兵庫県の仁川町の宮本先生のお宅を訪問したことはすでに触れましたが、その時は、「法律学という知識だけでは狭すぎるので幅の広い勉強の仕方をしなさい」と言われました。宮本先生は、滝川事件のとき、法学部長として、学長や文部省と種々の折衝をした方ですが、滝川事件では、佐々木惣一と末川博の存在が大きく、忘れられています。

河野　そうですか。

村松　そんな具合で、私は、企業に就職しようとしていた人間です。ところが、卒業前に電報で呼び出されたことで人生が変わりました。結局、行政学専攻で研究者になることになりました。

行政学と長濱政壽先生

河野　それで、長濱先生のところに行くことになるわけですね。先生は学部のときは長濱先生のゼミにご出席になっていたのではないのですか？

村松　長濱先生のゼミには出ていないです。行政学との関係は試験だけを受け単位をいただいたという関係です。卒業するためには、2月の試験で、8単位不足していたのだと思います。

12月の冬休み前に3月の卒業試験の日程が出ました。私は、卒業単位に達するためには、2科目8単位の合格をする必要があった。それで、友人の河原崎氏から法理学と行政学のノートを借りました。

そして、1月になって、先生の雰囲気をつかむために、行政学と法理学の講義に顔を出しました。

〝幸い〟はじめて長濱先生に会ったとき、「ワシの顔は知っているか？」と言われました。

河野　幸い、ですか。

村松　1月の最後の2回、講義に出ておりますと答えることができました。

河野　そうですか。

村松　しかし、長濱先生ご自身はもっと酷くてね。新潟高校時代にも京大時代にもほとんど授業に出たことがないと、長濱先生の亡くなられた後の『長濱政寿を偲んで』の中で新潟高校の同級生が書いています。

その同級生の1人が青柳英夫さん（京都洛北高校初代校長）で、その方と時々、長濱先生の仏事でお会いする機会があり、洛北出身の高坂正堯さんの高校時代も話題になりました。勉強もよくできたし、生徒会活動も活発だったというお話でした。

そんなことで、私が授業に出ないくらいで驚かない。それに京大には、外書講読と外国法以外は必須科目はありませんから、出席しない科目で単位を取ることに対してまったく違和感はなかったと思います。

河野　驚かない、のですね。なるほど。驚かない。それで、先生に「行政学をやったらどうですか」と言われたということですね。

最初の「論文」

村松　そうです。そして、長濱先生にお会いした段階で、「お願いします」と言ったのではないかと思います。とにかく行政学で決めた。多少は、先生のほうにも採用には不安があったでしょうね。私には冒険だったと思いますが、先生も賭けだったでしょうね。

ですから、助手になって半年くらい経ったとき、何か今読んでいる本の中から一冊選んで、「紹介論文」を書いてみなさいと言われたのですよ。それで最初の「著作」と言えるかどうかわかりませんが、「サイモンの『行政行動論』について」を書きました。

河野　助手1年の成果として書かれたのが、そのご論文ですね。

村松　そうです。内容は論文と言えるようなものではありませんが、先生は文章を書けるかどうか試したかったのかなと今は思います。

紹介論文の内容は、章ごとに内容を要約しているだけですが、先生は、『法学論叢』に掲載しました。先生は私の研究の進行管理をしていたのではないかと感じます。

河野　なるほど。

村松　ハーバート・サイモンという人は、行政学でスタートしたけれども、経営学と組織論一般、さらに経済学に影響力を持ち、やがて認知科学に新しいアプローチをし、コンピュータサイエンスという世界を開いた人です。ＡＩの研究者は皆知っています。安西祐一郎・徳子ご夫妻に『学者人生のモデル』としてサイモンの「自伝」の翻訳があります。

サイモンは、その意思決定論によってだと思いますが、ノーベル経済学賞をもらいました。

河野　AIというのは人工知能ですね。どうしてサイモンの本に関心があったのですか？

村松　それはね、図書館書架の現代政治学関係の洋書の棚〝B28―32〟（京大法学部図書分類）あたり、つまりほぼ「政治学・行政学のセクション」近辺で行ったり来たりして立ち読みしていたところ、そこでサイモンの本を偶然手に取りました。読みはじめたら面白かったのです。後になってからは興味はなくなってしまうのですが、はじめ、サイモンの論理実証主義の説明が目に入ってきた。

サイモンは、早くから有名な人で、戦後は、馬場敬治『米国経営学（上）』でも扱われていたようですが、行政学でも手島孝さんがサイモンについて書いていましたし、政治学では高畠通敏さんのラスウェルとサイモンを論じる論文（「アメリカ近代政治学の基礎概念1・2」）が『国家学会雑誌』に掲載されていましたので、よく知られた方でした。

論理実証主義に関心を持ったのは、卒業試験のときに、加藤新平先生の法理学（法哲学）の試験に向けて勉強したためだったと思います。加藤先生の、その頃の研究テーマが「価値相対主義について」で、このテーマを中心に1年間講義されました。

河野　加藤先生が価値相対主義を取り上げた背景など少し解説してください。

村松　価値相対主義を加藤先生がテーマにしたのは、1950年代末の時点ではまだ戦後が続いていたからだろうと思いますが、ヒットラーの民族主義と独裁にどう立ち向かうかが、一つの先生の学問的テーマだったということがあります。

加藤先生は、長濱政壽、田畑茂二郎先生とともに、丸山眞男・辻清明世代の人です。ナチズムの「ホロコーストの残酷さ」とか、あるいは「カリスマ」といったテーマと、やや違った角度になるかもしれませんが、ナチを「一つの価値体系のみが正しいと考える見解」と見て、これに対して、ゲオルク・ジンメルなどの伝統に立って、1930年代から40年代にかけてのグスタフ・ラートブルフが論じる価値相対主義に対して論じていますが、それでいいのかという議論でした。

それで、ラートブルフを紹介しながら「価値相対主義の陣営に入るべきだろうか。そうではない、やはり人類普遍の価値というものはあるのではないだろうか」と1年間、行ったり来たりで講義をされ、私の同期の学生に影響を与えたと思います。

ラッセルなどにも言及していました。試験勉強のために、私もラッセルの翻訳書をめくったり、日本人では八木鉄男先生、碧海純一先生については、テキストだけでなく論文も、というように当時の法哲学者の書いたものを読みました。

行政学もかなり勉強しました。試験を受ける以上、民法や刑法と同じようにやろうと思いました。卒業試験ですから、そんなに熱心に勉強する人はいませんからね。どちらの科目でも答案は目立ったのだと思います。

河野 たくさんお読みになったのですね。

村松 はい、短い時間ですし、学生の読書ということですから知れたことですが。

それで価値相対主義に戻りますけれども、価値相対主義といえば、すでに触れていることですがラートブルフよりも一層手強い敵は論理実証主義であると言って、G・E・ムーアとかR・カルナップの名前をあげていました。

カルナップは、先に触れた、安西ご夫妻の翻訳されたサイモンの自伝（『学者人生のモデル』）にも出てきますが、加藤先生は、講義の中でこれらの新しい「哲学」と戦っていた。

河野 ムーアも同傾向の哲学者ですね。

村松 そうです。カルナップよりやや古い世代ですよね。

急に思い出したけれど、加藤先生が最初に私を呼び出したとき、答案を見てのことだと思いますが、「それにしても君の友達のノートは良くできていたね」と言って、誰にノートを借りたか聞かれました。「河原崎氏です」と答えましたが、つまり見透かされていました。加藤先生の講義には、津野修さん（1999〜2002年内閣法制局長官）も出席していたと思います。

加藤先生のその後の業績を見ると、ムーアやカルナップや碧海さんの論理実証主義を批判する「価値相対主義」という論文が1年くらい後に出たようです。その論文のための講義を1年間かけてやってくれたから、非常に充実した講義だったのだと思います。しばらく経って、有斐閣の法律学全集で最後の『法哲学概論』が出ました。

河野　加藤先生は価値相対主義の立場で講義されたのですね。

村松　価値相対主義を、慎重に、そしてそう言い切れないという微妙な立場で講義しておられた。むしろ、「人間の尊厳」といった絶対的な価値があるということを穏やかに主張されたのだと思います。

ハーバート・サイモンの『経営行動』が面白いのは、その組織論と意思決定論ですが、紹介論文のときは、論理実証主義というところでひっかかっていました。

論理実証主義というのは、「正しいか正しくないか」を実証できないという点で「甘い、辛い」と同じであると極端に表現できるとされます。

当時、シカゴ大学では、論理実証主義の人達が一緒に研究会などやっていて、共通の科学哲学になっていたようです。当時進行していたシカゴ大学を中心に社会科学に生じた「革命」あるいは「行動論革命」とも関係があるようです。ガブリエル・アーモンドの『A Discipline Divided』の観察だったと思います。

また京大でも、当時、社会科学者の間で、客観性とか実証とは何かなど、所々で研究会がありました。実証主義者の薄い連携があって、時々に見知らぬ若手の研究会に出席しましたが、ある研究会で、自分の主張が正しいと言えるのは、反証されない間の有効性ということでいいではないかというポッパー支持の報告を聞いたことがあります。ポッパーが救いだったという感じです。こういったことを、皆、気にしていました。

河野　先ほどのサイモンのご研究ですが、その後どう発展しましたか？

村松　サイモンで重要なのは、組織論や決定行動論でした。私にとっても、そこが、その後の社会や組織行動を見る視点として重要になりました。

サイモンは、それまでの行政学が人間の外的物理的側面を扱うのに対して、自分の立場は心理学であるとし、従来の行政学の主流である科学的管理法に影響を受けたdoing中心の議論に対してdecidingを扱うとしました。その決定を導く価値前提と事実前提があるとも言っていた。ご自分で心理学を採り入れていると書いています。

政府活動について、「決定」から論じるアプローチは面白かった。この意思決定の理論というかモデルは、政治と行政の事象の観察において、私の眼鏡になっていました。組織論はずっとやってもいいなという感じを持ちました。

とりあえず、価値の問題は私の前から消えました。

河野　ところで、その頃、研究上でお付き合いされていたのはどういう人達ですか？

村松　同世代で言うと、その頃、サイモンの行政行動の紹介をしたときに、大学院生の木村汎さんと矢野暢さんが「おめでとう」と言ってくれてその言葉は励みになりました。

この2人は数少ない大学院生の方達で、猪木門下でしたが、政治学の先輩でした。

木村汎さんはロシア外交史の専門家になったし、矢野さんは、セクハラで大きな問題を起こしましたが、しばらくの間、凄腕の東南アジア研究者として、マスメディアでも活躍しました。木村雅昭さんや五百旗頭真さんが同世代ですが、私よりも若く、少し後に知り合いになりました。憲法の佐藤幸治さんとは同じ研究室で勉強をはじめたし、田中成明さんは私より2年後、加藤先生の法哲学の助手になり親しかったです。私と田中さんの間にもう1人広瀬稔さんがおられましたが、水泳中亡くなられてしまいました。

まあ、研究の初期に、多少、初心者同士の交流があったということです。

河野　そうなのですね。長濱先生の指導はどういう方向でしたか？

村松　長濱先生の指導というのは基本的に、好きなことをやりなさいと。ただね、私は自分の学生にはそう言ったことはないですが、大きなテーマでやりなさいと言われたことを思い出します。

結局は、最後には自分の最初の助手論文のテーマに学者人生は戻るものですとも言われた。

私は最近、『政と官の五十年』を出版しましたが、最終章で、2017～2018年に政治的話題になった森友学園の土地取得や加計学園の獣医学部の設置をめぐる最近の事例を取り上げた論文は、結局は旧い「行政責任論」の枠組みを使って書くことになりました。

「戻る」というか「覚えている」というか、最初の論文のインパクトは一生続くということかな。

河野　意識されなかったけれど、助手論文のテーマに戻ったのですね。

村松　最初の研究論文（助手論文）のタイトルは「行政学における責任論の課題」です。その内容を少し紹介すると、前の世代の影響がわかります。

当時、行政責任論は、日本の行政学界ではお気に入りのテーマでした。最も有名なところでは、1951年度の『日本政治学会年報』で、長濱先生も辻先生も官僚制と民主主義の関係を論じています。

特に、辻清明先生には、年報以外に『思想』であったか『社会科学入門』であったか、「行政における権力と技術」という有名な論文があります。アメリカの行政学を題材にして、官僚制とその管理技術は、現代民主主義における危険な存在になりうるということをバーナムの『経営者革命』も引用して行政責任を論じておられた。官僚制と行政責任を論じ、カール・フリードリッヒとハーマン・ファイナーの論争に触れています。

その論文だと思うのですが、官僚制における二重の問題を指摘された。

一つは、日本官僚制の戦前からの歴史に経緯を持つ官僚制の権威と権力の問題。

もう一つは世界共通の現代官僚制の肥大化という問題で、両者が日本では民主主義に挑戦しているという指摘をされた。

渡辺保男さん（国際基督教大学）は、辻先生を咀嚼した上で、1930年代のアメリカ政治という文脈の中でファイナーとフリードリッヒの論争の意義を論じておられた。

そういう先行研究を踏まえて、私自身は、出版されたばかりのグレンドン・シューバートの『The Public Interest: A Critique of the Theory of a Political Concept』に飛びついて、公益論と責任論とを関連づけるようにフリードリッヒとファイナーの行政責任論のやりとりをアメリカ政治学説の背景の中で論じるという意図で書きました。自分の論文に納得していなかったのですが、そのままこの論文が助手論文として審査されました。

この2人の論争で生じた「予測的対応」とも「忖度」とも訳せるような rule of anticipated reaction（フリードリッヒ）の概念は政治学のキー概念だと思います。このフレーズの中の「ルール」が重要です。野球のルールに近い内容ですが、その当時、そこを訳せなかったことを思い出します。

この言葉は、第一次世界大戦前のイギリス外交と世論に関連するフリードリッヒの観察から生まれたのですが、ハーバート・サイモンは組織論の「権威」を論じるときに引用します。

この後、この「権威」はサイモンを通じて社会科学でさらに広く引用されることになったように思います。政治家と官僚の関係を論じるのにきわめて適切な概念だったと思います。しかし使いこなせたとは言えなかったのですが、私は政党が官僚に優位すると論じました。そこのところは良いね、と言ってくれた人もいましたが、次のステップにつなげることができなかった。

次の段階として、合理的選択論がすでに発達していたかどうか知りませんが、もっと執拗に政官関係論の議論を追究すべきであったような気もします。

その後ですが、この議論は、それとして放置してアメリカに留学し、帰国後は三宅一郎さんの指導で覚えたサーベイ調査で日本政治の分析をはじめます。

河野　そういうことですか。その本人‐代理人論は、最近は、もっと展開されているようですね。ところで指導教授の長濱先生の学風を継がれましたか？

村松　うーん、継いだのかな。先生のご研究は、もちろん政治や行政ということですが、社会と人間の諸活動に言語を与えて概念化して、その概念と他の諸関係との関係を統一的に理解するという方法です。先生ご自身は、ご主著は、『行政学序説』としています。

長濱先生については、議論の運び方は難解なところがありますが、独創のようなものを感じます。戦前からの研究を踏まえて、戦後すぐに、『国家機能の分化と集中』や『地方自治』の出版をします。書く用意ができていたのだと思います。近代国家の現代国家への転換や戦後の地方自治を説明していて、ともに世間的にも評判がよく立派な作品だと思います。

しかし、先生ご自身は、自分の主著の『行政学序説』に「アメリカ行政学」を取り入れるべく何年もかけておられたようで、そういうところの思考過程は私にはわかりにくかった。

近現代政治の本質を、社会・民族を基底にして、その形成・統一があり、そして、これが分裂の危機に対していると考える。その中での「政治的統一の形成」をする過程を政治学とし、「政治的統一の維持」を独自の過程である行政と言っています。

それゆえ現代行政は、社会の諸活動における対立を統合すべく調停的に働くとしています。近代化と現代の過程を、「国家と社会の対立」から、「国家と社会の自同化」に進む過程と見て、それは完成されすでに到達しているとみます。「自同化」が民主化です。

しかし、近現代社会には、資本主義の（資本と労働の）根源的な矛盾と対立を克服する責務が生じ、行政は調停国家の行政として現れるとします。

ある、私よりもずっと若い方に「村松先生は、長濱論はやらずに死ぬつもりですか」と言われたことがある。それで書こうと思い10年以上前にはかなり準備作業に入り、ドイツにおけるシュタイン関連の新刊書を二、三冊購入しました。

一応の文章になっていて、ある程度の枚数があるのですが、その頃、日本学術振興会の「東日本大震災学術調査プロジェクト」やその他のことにコミットしてしまって、２０１１年以後の10年の時間を使ってしまった。今は意欲はあるが力不足です。

河野　長濱先生の指導はどういうことでしたか？

村松　指導ということは特にありませんでしたが、大きな影響は受けました。先生を思い出すことがあります。

少し違う筋ですし、また大時代的なことですが、助手になった頃、先生から「辞職願」を懐に入れて行動せよと言われました。滝川事件のようなことは研究者の生涯にありうるというご意見だったと思います。そんな昔風でしたから、お酒を飲まれるときの先生のお相手は大変でした。

河野　継いだというか、継ぐとはどういうことなのでしょうね。

村松　刑法分野の指導教授の先生が主観主義刑法とします。そして、その下で研究をはじめた次の世代が主観主義であったとき、やはり「継いだ」ということではないでしょうか。そこまで同一方向を目指す場合だけでなく、構想の同一性とか方法論の類似性、学者としての姿勢とかも「継ぐ」と言うのでしょうね。ある意味で反論もそうかもしれない。

長濱先生に戻ると、一つ指摘されているのは、政治過程論的な思想があったということです。システム論を主張したデイヴィッド・イーストンという北米の大学で活躍した学者がいましたが、長濱先生の到達した結論には、この人のシステム論と似たところがあるということです。

河野　長濱先生のおっしゃっていることは、比べてみるとイーストンと重なるということですか？

村松　そうです。それが山川雄巳さんの指摘です。

長濱先生も、お酒を飲みながら、「山川君の指摘はそうかもしれない」と言っておられたことがあります。長濱論を書くとすれば、ポイントの一つではないかと思います。

山川さんについて少しお話しすると、いわゆる猪木先生門下ですが、長濱先生に親近感を持っていた人です。1960年代、日本における三宅一郎、高畠通敏とともにアメリカ政治学の導入者です。山川さんというのはマルクスを「体系論」として書いたし、社会学者パーソンズの体系論も書いた。ベルタランフィという生物学者のシステム論も紹介した。工学部出身でコンピュータや統計にも強かった人です。

人間社会の活動形態の中にある循環と体系の理論に関心があったのではなかったかと思います。

河野　山川さんは長濱先生に私淑されていたということですか？

村松　その言い方に近いです。長濱先生にはそういう魅力があったのではないかと思います。それで、長濱先生のお宅での新年会とか還暦のお祝いとか、そういうときにはいつも参加しておられました。

先の長濱門下ですが、お祝いの席などには、末本徹夫さんという京都市議会議員がいつもご一緒でした。昭和20年代、末本氏は、大学院生になったばかりの修士課程のとき、市議会議員に立候補して当選し、その後ずっと京都市議会議員でした。この方は、関西行政学研究会にも出ていました。

実務家では、もう1人、大学院を出られた後、滋賀県庁にお勤めになった柳原太郎氏（県教育長）が関西行政学研究会のメンバーでした。

助手論文と助教授昇任

村松　その頃のことは山のように話すことがあります。研究上の大議論は、飲んでからやる人が多かった。それは、慣れない者には、結構、大変でした。そこのあたりの詳しい話は省略します。

結局助手論文を書き終わって、自分の方向性も生活も安定しました。

河野　そうなのですね。その助手論文が「行政学における責任論の課題」ですね。

村松　私は助手論文を書いた後、少し心に余裕が出てきて、日仏会館に通いはじめましたが、近親の不幸で郷里に2週間帰ってみると、授業はだいぶ進んでいて、結局、やめてしまいます。あの語学教育は素晴らしくて続けるべきだったと今になって残念に思います。

河野　なるほど。では先生、助手論文を出された後は、身分としては、どういうことになるのでしょうか？助手はそこでもう満了になるわけですよね？

村松　助教授になりました。

河野　そういうお若い年齢で助教授になられるのですね。京都ってそういうところなのですね。

村松　この仕組みはインブリーディングとアメリカでは言われて、悪い育成方法とされています。縁故主義は一切避けねばならない。それで博士号を取得した大学では、一定期間、当該大学では教職に就けないというルールさえアメリカのいくつかの大学にあります。

しかし日本では、助手は、先生のほうから見つけ出して育成していく制度として役立ったと思いますが、私の場合早く助手になり、助教授になって、生涯肩書が先行してこれに追いつくのが大変でした。

他の大学の法学部でも関西では2年で助教授という制度はありました。東大の助手制度も似ていると思います。京大では裁判官コースにある「2年間で判事補」という制度に関係していると聞いたような気がします。自信はありません。

河野　お付き合いのあった方は？　関西の行政学関係やそれ以外の方々はどうなっていましたか？

関西行政学研究会

村松　まず行政学者です。私が助教授になって、当時、関西では行政学関係の活動に「余力ができた」と言われた。それは「事務掛」ができたということです。それで、１９６５年に関西行政学研究会をはじめました。

関西行政学研究会がはじまり、関西の政治学者と定期的に話すようになりました。まず、長濱門下では、足立忠夫（行政学）、西川知一（西洋政治史）、兵頭泰三（教育行政学）、加藤一明（行政学）、福井英雄（政治学）さんらがいました。

吉富重夫先生には長濱先生がお話しして、長濱先生を中心にはじめることになりました。しかし、先生ご自身は12回目以降出席されなかったと思います。研究会は、昔も今も1カ月1回ですが（入試関係の月や夏休みなどは休みます）この小規模で発足した行政学研究会は、今では大発展しています。報告時間は1時間、その後の討論2時間は報告者に厳しいが、良い試練の場です。

報告者と日時・テーマに関する記録をノートせよというのは長濱先生のご指示でした。このノートは、幹事の交代のプロセスで一時紛失しましたが、今、手許に、最初の１９０回目（１９８９年10月27日）までをカバーするノートが戻ってきました。この2冊は、しかるべき人に保存していただくことになっています。

吉富先生のお弟子さんの岡崎長一郎さんが初めから出席しておられました。私は１９６６年から留学して68年に帰国しますが、帰国までは福井英雄さんが事務局幹事でした。

同志社大学の君村昌さん、名古屋大学で渓内謙先生（ソビエト政治史）の院生であった早瀬武さん（岡山大学）や中村五郎さん（兵庫県立兵庫農科大学）も最初から出席されていたと思います。記録ノートによると、第1回は京大法経第七演習室、14名出席、終了後、百万遍の「らんぶる」でコーヒー。当日、年会費とコーヒー代で合計８５０円徴収となっています。

河野　吉富先生という方は、どういう関係の方ですか？

村松　吉富先生は、京大卒業後、滝川事件で辞職した田村徳治教授について立命館大学に行き研究者になったようです。

その後、吉富先生は立命館大学で教授に昇任された後、大阪市立大学で教職に就かれました。吉富門下からは優秀な研究者がたくさん出ています。

政治学の加茂利男さんや龍谷大学の石田徹さん、北九州大学（現在は北九州市立大学に改称）の藪野祐三さんもそうかもしれない。行政学では、岡崎長一郎さんです。

吉富先生は書物も多く、学界活動は積極的で、日本行政学会理事長なども長濱先生よりも先にやっていたし、大阪市政研究所の代表を務めていました。その頃、長濱先生もこの市政研究所で委員を務めていました。長濱先生が亡くなられて私が代わりに委員に就任しました。

市政研究所の委員は、『都市問題研究』の編集に部分的に関与をしていました。

この雑誌は、当時の橋下市長が不要不急のものとして廃刊にしたのだと思います。工学・都市計画系、行政学・行政法、経済・財政系、都市工学など諸分野にとっては、都市や地方自治の論文を掲載する良質の雑誌でしたが、既成勢力の温床みたいに思われたのかもしれません。

執筆者は全国的でした。この雑誌は、東京都市研究所の『都市問題』に対抗する気分でやっていたかもしれません。

大阪維新の会の「大阪都構想」に対しては、村上弘さんや北山俊哉さんが所属大学の紀要などに批判論文を書いていたようですが、私は、当時、十分にフォローしていなかった。この頃、左足の痛みのため、研究に集中できなかったからだと思います。東京に引っ越した後に、脊柱管狭窄とヘルニアで病院を必死に探し、札幌で手術をしたりしています。

しかし、後で読んでみますと、お二人とも、しっかりした反論を展開しています。元来、あの種の大きな改革は、丹念な調査と関係団体の協力を得て慎重にやるべきです。

元来、「都」制度は一種の集権制です。東京の場合、戦後の過程で、むしろ、普通の県と市町村のような関係に向かう方向での改革をやってきました。だから逆行していた感じでした。

河野　田村徳治先生についてもご説明ください。

村松　秋田県のご出身で、1886年生まれ。高等師範学校を卒業した後、1916年、京都帝国大学法学部を卒業。京大の助手を経て助教授になったとされています。

1924年教授になり、1933年、いわゆる滝川事件で辞職しました。恒藤恭と常に行動を共にしておられる。

京大法学部では、1924年、行政学講座の初代担当者になっています。関西学院大学退職後に逝去され、追悼談集『田村徳治』（私家本）があります。秋田県から京大に進学するというのは多少の伝統があり、京都帝国大学文科大学の初代学長、狩野亨吉がそうです。狩野はついで内藤湖南を招聘し、京大の中国学の繁栄に貢献しました。田村もこの流れにあったように思われます。

河野　長濱先生と関西行政学研究会に戻りましょう。

村松　東大と京大に行政学講座が設置され、東大では蠟山政道先生が担当でした。そこからはじめますと、長濱先生は、京大行政学講座の二代目です。今申し上げたように、1933年の滝川事件で田村教授が辞職しました。そのため行政学講座は空白になっていました。

長濱先生ははじめ、1934年、行政法の助手として採用されていますが、1936年、行政法から行政学講座に転じ、1940年から講義を始めています。講座の人員を埋める必要があったのでしょう。長濱先生の指導教授は黒田覚です。

田村先生と長濱先生ですが、田村先生は京大を辞職されたわけですので経常的な接触があったとは思えませんが、田村先生は、私塾などで大学外に在って影響力があった方です。同志社大学や関西学院大学で行政学を講義しておられたし、それぞれの大学に「講座」を残すということで関西の行政学を繁栄させました。先生によれば、〝行政学〟とは、「人類の生々発展を目的とする学問」であるとします。この定義に基づいて大量の著述があって、京大辞職後も、私塾を開いて若者に講義していて独特の影響力がありました。

長濱先生も気にされていて、論文を送ったり、手紙で感想を求めたりしていたようです。

戦後になってからも、長濱先生は、自分の行政学の目指すところは、田村先生の理念的アプローチと蠟山政道先生の経験的アプローチの折衷型であると言っている論文があります（「行政法」、末川博編『法学講要（上）』所収）。

長濱先生の次の世代のことですが、足立忠夫先生からはじまります。戦前、講座規則では行政学の担当者が黒田覚ですから、1943年に大学院特別研究生になった足立忠夫先生の指導教授は黒田覚（憲法と兼担）です。しかし、その後の長濱先生と足立先生の関係を見ても、1945年の前から長濱先生が実質的には足立先生を指導しておられたかなと推測しています。

少し離れましたが、もう一度、関西行政学研究会のことに戻ります。

行政学研究会のメンバーには、名古屋大学で渓内先生の門下生で岡山大学に就職された早瀬武氏がいました。

新産業都市の実地見学ということで1965年だったと思いますが、早瀬さんのお世話で岡山大学で研究会をやった後、新産業都市として指定された水島地区を見学したことがあります。君村昌さん、山崎克明さん（北九州市立大学）もご一緒の写真があります。倉敷の美術館にも行っています。

河野　その頃の行政学者の関心というのはどんな方向に向かっていたのですか？　今では政治学者もご一緒の研究会のようですが、そういう特色があったのですか？

村松　関西の研究グループに特定の方向はなかったし、日本の全体で見ても皆模索中でした。今考えると、学会の研究会と同じで、メンバーが励まし合う機会であったと思います。

長濱先生の門下生には政治学者も行政学者もいましたので、その両方から研究報告がありました。私の行政学は、この政治学と行政学の意見交換の雰囲気でできていったかなと感じます。

西川知一先生（神戸大学）と福島徳壽郎先生（京都大学）もメンバーで、西川先生は結構出席されていました。

私が、サイモンの組織論を発表して、「サイモンでは労働組合はどう位置づけるか」といった少し違う筋からの質問に立ち往生したときなどがあって本当に困惑したとき、西川先生が「それぞれ別の枠組みで研究していて研究分野が少し違うのでしょう」などと言って助けてくれました。

行政学では足立忠夫さん、兵頭泰三さん、加藤一明さん、岡崎長一郎さん、君村昌さん、福井英雄さん、中村五郎さん、高木英明さん、早瀬武さんなどが私よりも年長の方です。

足立先生の下ではお弟子さんが育ちます。森脇俊雅氏は政治学ですが、先ほどの山崎克明氏、坂本勝氏などが行政学者です。足立先生の関西学院大学で政治学をやった方は他にもおります。

足立先生についてはしっかり研究する必要があります。大変に能力もあり、仕事も独創的で、60歳を越えてから本を次々に出版し、地域と大学、地域の中の学術的融合など、その後世間で言われたことについて予言的に書いておられる。『行政と平均的市民』は政策目標の提示も主張しています。松下圭一さんのシビルミニマムと似た発想です。『政治学入門――自分史の政治学』という本は、赤裸々に自分を語る自叙伝の傑作です。

関西でのテーマといえば、思い出すのは、当時の関西では、戦後ずっと大都市制度論が盛んであったため、私の世代にもその気分が受け継がれていたかもしれないということです。

河野　それはどういうテーマですか?

村松　戦前、大阪市を中心に旧五大都市を、府県と同格の自治体である「特別市制」とするという「提案」をめぐって府県と市の間の論争がありました。

この制度をめぐる論争が1954〜1955年の大合併の頃に再燃し「政令指定都市制度」が生まれました。大阪市側で議論したのが、吉富、長濱、柏井象雄（財政学）先生でした。

これに反対する大阪府は中央政府側なのですが、行政法学者（田中二郎、俵静夫、原龍之介、鵜飼信成、田上穣二、林田和博、柳瀬良幹）で、大阪府の「地方自治研究会」の成果として興味深い文献が残っています。両者は大論戦をしたことになっています。

辻先生がどういう立場を取られていたかは知りません。関西にはそういう主張がずっと潜在していたような気がします。60年代も大阪は、東京とともに二眼レフの一つだと主張していたと思います。

この「大都市制度問題」はずっと、関西の行政学者には政治交じりの重要な研究課題であった。戦前には、大阪は関一市長の独創で新しい論を主張したことがあったし、日本一の商都という自信があった。

大阪市については、The Second City ということで、ペテルブルクとの比較をロシア政治学を専門にするブレア・ルーブルが書いた論文があって、私は面白いと思って翻訳しましたが（「大規模商業都市の発展——1870—1920年のシカゴ、モスクワ、大阪」、水口憲人編『今なぜ都市か』）、日本人の学者は読まないですね。

河野 大阪は東京に対抗的だったのですか？

村松 大阪市には東京に対抗して頑張りたいという気分があったと思います。大阪の中では、府と市が対抗的でした。

ずっと後のことになりますが、長濱先生は、1970年春の行政学会で「公共性について」という報告をしましたが、会場に田中二郎先生が来られました。

足立先生が呼び止めて挨拶をされたとき、「長濱さんがこのタイトルで報告するというと昔のよしみがあるから出席せざるを得ないよ」と言っておられた。大阪府と大阪市が対抗的関係にあったとき、お互いに意識し合うが親近感もおありであったと拝察しました。

さらに、そのずっと後になりますが、岸昌知事のときですが、大阪市と府が仲良くなったとき、大阪府地方自治研究会の新旧メンバーの先生が大阪に集まりました。先の旧メンバーも全員集まりました。新メンバーは成田頼明先生（横浜国立大学）を中心としていて、私もその1人として、この岸昌知事が主宰する会合で田中先生にお会いしました。

田中先生は、最高裁を退職した後だと思います。住民参加などについて非常にリベラルな見解を述べておられました。夜の宴会の場で、岸知事の恩師に接する懇切な言動は、今日では過剰対応という人もあるでしょうが、私には印象的でした。

横浜が第二の人口規模の都市になってから、横浜市が事務局で1988年から2年間ほど、「市民の暮らしと明日の都市を考える懇談会・略称『明日都市懇』」という会合を持ったことがあります。

下河辺淳氏が司会で、関西では山崎正和さんや、小松左京さんが出ておられたように思います。行政学者では、西尾勝さんと私が「専門家」として指名されたみたいでした。隔月くらいでしたが、かなり会合には出ました。セカンド・シティが横浜だという前提は、大阪は本当は嫌だったでしょうね。漠然とした提言で終わった会でした。

このような「指定都市は県と同格」の意識にどう対処するかは、政令指定都市が20にも増加する中で、解消された感じです。

加藤一明さんには、様々な研究会の後など、よく飲みに連れて行ってもらいました。この方には「手数料について」というタイトルの小論文があって、これは、手数料を手掛かりに、税制と補助金、機関委任事務で成り立つ中央地方関係を分析した傑作です。研究会の世代が若くなってからもずっと研究会に出席しておられてご立派でした。理屈を言うのでなく、直截にポイントを突く質問で議論を活性化しました。

祇園石段下あたりにあった「梅鉢」という料理屋では、先ほどの末本徹夫さんとも何回か飲みました。末本さんは、金沢・旧制四高で渓内謙先生とご一緒だったようです。その関係で、渓内先生とも「梅鉢」で食事をしたことがあります。

渓内先生は行政学のポストを使って名古屋大学で教えていましたが、お会いしたのは大学紛争のときです。若気の至りで、私は威勢のいいことを言って、やさしくからかわれた思い出があります。

渓内先生はそれからすぐに東大法学部に移りました。その後の名古屋大学の行政学には明治大学から田口富久治氏が来て、中部地方の行政学も政治学も繁栄しました。長濱先生の行きつけは新潟出身の女将がいる「春喜」でした。

私のよく行くスナックもできました。京大の同僚や市役所職員が来ていました。「扇」というのですが、そこのママさんが、「私お金を十分貯めました、3年後に廃業します」と言って、その通りにしたので、今、京都に行っても「ちょっと寄る」というところがなくなってしまいました。

河野　もう一度、関西行政学研究会へ戻ってください。

村松　1980年代以降の関西行政学研究会は、少し変化します。第2回留学から帰国した後ですが、私は、私の下で修士論文を書いた真渕勝君などに、報告してもらうようにしました。

若い人には厳しかったかもしれないが、報告者は、自分の主張が十分に論理的であるかどうかを試される機会になりました。研究の目的は何か、論文全体で一貫して何を述べているかを追及されています。この「目的」は、久米郁男君がコーネル大から戻った後は「仮説」という言葉になっています。

報告あるいは主張では仮説と事実関係が質問される。特に、論文を通じて「言いたいこと」は何なのかが問われます。

結果として、なかなか充実した論戦が毎回あって、若い人には良い訓練になったと思います。お互いに、年齢に関係なく、報告を磨くという思想でやるようになっていました。手許のメモでは、1982年の真渕君の後は、1983年11月、久米君の組織論報告。この研究は確か『行政管理研究』に掲載されましたが、西尾さんが褒めていました。84年11月北山俊哉報告とあります。

1984年には、愛媛大学に就職した北原鉄也君の都市計画と政治学の報告があり、メモでは、1985年6月の例会で橋本信之氏・報告とあります。84年には、森脇俊雅氏の報告というメモもあります。86年には、村上弘君がドイツから帰り、「ドイツにおける地域政策」を報告しています。

水口憲人君の足立忠夫論が素晴らしく良かった。会場は、関西学院大学でした。足立先生もご出席の研究会でしたが、足立先生の内面にまで立ち入って、この頃までの足立忠夫を論じて、これは良い報告でした。

河野　ご研究に戻りますと、助教授になられた頃は、専ら英語の、アメリカ行政学の文献をお読みになっていたわけですね。

村松　そうですね。まず、助手の頃ですが、ドイツ語文献も最初は手に取りました。デネヴィッツ著の行政史の本でしたが、この本は面白くなかった。それでアメリカの行政学から学ぶことにしました。L・D・ホワイトもM・E・ディモックもテキストを翻訳するように丁寧に読みました。助教授になってからも毎日毎日読みました。自分自身の方向を持っていないときはこうなるのでしょうね。突破口を探して、図書館の政治学の棚を行ったり来たりしてたくさんの本を手に取っていたように思います。

留学とバークレーでの研究活動

河野　次は留学です。

村松　留学のことを話す前に、誰も覚えていないでしょうが、当時、京大内にアメリカ研究所があったことについても一言したい。これは、本来、アメリカ文学とかアメリカ史が中心のものでした。

私が知っているのは1回だけですが、その回に猪木正道先生司会で勝田吉太郎さんと三宅一郎さんが報告をしました。

勝田先生の議論はトクビルを引用して米露の比較をしていた。三宅さんは、アメリカにおける政治学の先端（論理実証主義や政治学革命）の話でした。どちらも面白くて、今でも覚えているのはやはり充実していたからであると思います。

当時、京都大学では、一方で同志社大学と提携して、アメリカン・セミナーをやっていました。京大附属図書館の地下に寄贈されたアメリカの歴史や政治の本などを置いている「京大アメリカ研究所」のスペースがあったように記憶していますが、確かめていません。先の同志社大学と京大が共催していた「京都アメリカ研究夏期セミナー」とも関連しているような気がします。

さて留学ですが、留学は奨学金の問題です。

フルブライト以外の奨学金情報があるかもしれないということで、助教授になりたてのとき、京都アメリカン・センターに行ったことがあります。

マーク・ピーティーさんという若い方が館長。ところがピーティーさんは、自分自身も奨学金をもらって、どこかの大学の博士課程に入りたいと言っておられた。後でわかりますが、この人はやはり学者になり、1975年に『Ishiwara Kanji and Japan's Confrontation with the West』を書きます。

アメリカン・センターが当時は四条烏丸あたりにあったと思いますが、やがて同志社大学の近くに引っ越しました。引っ越しの後、アメリカでは1890年代に選挙が大きく変化した時期があり（スウィング）、この点を論じたウォルター・バーナムの講演を聞いた記憶があります。このセンターの会議室でした。

猪木先生は、60年代初期ですが、アメリカとの交流も進めておられました。アメリカの日本研究者も盛んに受け入れていました。私など大いに裨益《ひえき》した1人です。教授としてはK・レーベンシュタインが、1961〜1962年、京都大学法学部で講義を担当されました。

私が助手になった年、1962年にはリチャード・マイニアというハーバードの大学院生が博士論文を書くために京大に滞在していました。穂積八束の研究で博士になった人です。佐藤幸治・長尾龍一・田中成明の共訳があります（『西洋法思想の継受——穂積八束の思想史的考察』）。

翻訳で読みましたが、立派な内容です。この方とピンポン（テーブルテニス）などをやりました。また、親しく研究の話をして、アメリカの日本研究が本格的なものであることを感じました。マイニアさんは、1970年代、アメリカのベトナム戦争のさなかに、極東裁判を含む勝利国側の行う裁判の問題を指摘する『勝者の裁き』を書いて話題になりました。

私自身は、京大での東南アジア研究センターの研究会に出席したり、読書会で、アメリカの歴史学者が日本の近代化に興味を示したマリウス・B・ジャンセンの本（『日本における近代化の問題』）を読み、近代化や発展というテーマに引きつけられました。このことが、留学後のデイヴィッド・アプターの講義を熱心に聞くことにつながったのかなと思います。ジャンセンの本では、ジョン・ホールのまえがきが良かった。丸山眞男の大正時代の政治意識分析も面白かった。戸部良一氏（防衛大学）、山野博史氏（関西大学）、出口治明氏（文筆家、元立命館アジア太平洋大学学長）とこの本の読書会をやったことがあります。

出口さんで思い出すのは、ロンドンに行った時に、日本生命のロンドン支店の幹部だった出口さんにロンドンの証券取引所で野村證券の株式市場の活発な売り買いを見せてもらったことです。出口さんからいただくクリスマスカードには、毎年、当年の出来事をきっかけに世界認識を論じた長文が書かれていました。戸部さんは、『失敗の本質』というロングセラーを共著で書かれました。

ジャンセンの本と同時に、川島武宜の『思想』に掲載された日本の近代化論に関する論文を読んで、日本側の近代化論会議への参加者が、アメリカの議論に警戒的であることを知りました。

近代化を統計数字で論じるような方法では、民主化の側面が理解できないと論じておられた。この雰囲気は、今になって考えれば、後でお話しする、日本政治学におけるアメリカ政治学に対する消極的な姿勢の一つの大きな流れであったという気がします。

読書会といえば、同じ世代の同僚と世良晃志郎訳のウェーバーの『支配の社会学』を読みました。加藤新平先生は「翻訳で読む」ことに多少言いたげでした。ラルフ・ダーレンドルフなどを読んだのもこのときだと思います。

比較行政学では「プリズム社会論」のフレッド・リッグスが東南アジア研究センターに招かれたことがあり、私は、リッグスさんに京都を案内したことがあります。

留学の直前に、新産業都市の調査として、行政法の山田幸男先生（神戸大学）がキャップの徳島調査があって、京大行政法の園部逸夫氏（のち最高裁判所判事）とご一緒させていただき阿波踊りを見たことがあります。そのとき阿南あたりの合併問題があって、その部分を徳島新聞を情報源にしてまとめ、それを園部さんに預けて日本を出ました。

河野　留学の頃のことをもう少し詳しくお話しください。資金とか。

村松　幸い、その頃、ACLS（American Council of Learned Societies：アメリカ人文系学会協議会）のフェローシップが新しくできたということが耳に入り、フルブライトとACLSの両方に応募したのです。1966年、ACLSのフェローシップでアメリカに行くことになりました。

フルブライトの試験のほうについては忘れていましたが、つい最近、私が受験したときに試験官をお務めだった渡辺保男先生のはがきが出てきて、おめでとうと言ってもらっています。私は結婚していましたので、妻の分も旅費・滞在費を上乗せしてくれるACLSの待遇のほうがずっと良くて、ACLS留学をしました。

第1回ACLSのフェローシップでは、阿部斉氏（成蹊大学）一家、本橋正氏（学習院大学）、阿部浩二氏（岡山大学）が一緒でした。

阿部斉さんとは、帰国後、日本政治における官僚論と地方自治論でずいぶん研究上やり合ったように見えますが、ハワイ大学の英語学校に通学するためにハワイに2カ月半滞在したときは、家族ぐるみで、お互いに行ったり来たりして楽しく過ごしました。お世話になったシュンゾウ・サカマキさんというハワイ大学の夏期セミナー部長を務めておられた方は、専門は日本史、その中でも天皇制を論じておられました。ジョージ・アキタ氏が助手でした。

阿部さんとは毎土曜日には必ず将棋。全部で、対戦成績は同じくらいでした。自分のほうが強かったと思っていますが、阿部さんが生きておられたら逆だと言うでしょうね。辻・丸山の研究についての話題が多かったと思います。阿部浩二氏は著作権の専門家、本橋さんはアメリカ政治史でした。

河野　ACLSの第1回目だったのですか。

村松　そうです。アメリカでは、大学院生になってもいいし、ブラブラしてもいい、まあそういう条件でした。

バークレーでの肩書は、1年目はリサーチ・フェローでした。しかし、2年目に、私の履歴をしっかりチェックしたからでしょうが、私に博士号がないということで、リサーチ・アソシエイトという肩書に格下げになりました。アメリカでは博士号の有無が重要で、これは世界的な傾向ですが、日本はまだ知らぬふりですね。

河野　何をしてもいいということですね。なぜハーバードではなくてカリフォルニア大にされたのですか？

村松　それはドワイト・ワルドーという行政学者がバークレーにいたからです。辻先生も長濱先生も、当時、心から推奨しているアメリカの有力学者でした。で、行政学をやるならワルドー。あるいは、シラキュース大学に行くというのが王道。

河野　シラキュース大が何で王道なのですか？

村松　それはシラキュース大学には、当時アメリカ唯一の行政学大学院があったのです。行政学の聖地です。ここで行政学をやりシティマネージャー（市支配人）の資格を得るというのは一つのコースでした。

初期のシティマネージャーの多くがシラキュース大学の出身です。行政学者のアメリカ留学第一号は、手島孝さん（九州大学）ではないかと思いますが、手島さんが選んだのはシラキュース大学で、かなりの期間滞在されて、学説史的な『アメリカ行政学』を書いて、これが、私にとって有力なアメリカ行政学の道案内でした。

後で知ったのですが、私の直前に早稲田大学の片岡寛光さんが、また同時期に中郁章さんが、バークレーに滞在されたようです。その後も、行政学者は、バークレーに大勢行っているようですね。

片岡さんのオーラルで、留学後ずいぶん経ってから、片岡さんと私が一緒にワルドーにお会いする機会があり、ワルドーは、「村松が最近は行政学的でない」と言ったとされていますが忘れました。

確かに、私は、アメリカの行政学的でない発想で論文を書いて、ワルドー先生にコメントを求めたことがあります。そのことでしょうね（縣・稲継編『オーラルヒストリー 日本の行政学』）。

ワルドーも、日本からいえば王道でした。東京でも関西でも有名でした。アメリカでは、第一世代の行政学への批判者でした。行政管理庁時代の堀江正弘さんもワルドーの世話になったようです。

アメリカ行政学の第一世代は、能率を至上の価値として置き、その手段を発見していく方向を目指し、その研究をまとめてポスドコルブ（ＰＯＳＤＣＯＲＢ：ルーサー・ギューリックによる造語）と言っていました。これは企画、組織、人事、指揮命令、調整、報告、予算の頭文字を集めた略語です。

これらの研究を目的とするといっても、この目的の上にさらに目的があって、これらは手段にすぎない。ワルドーは、ポスドコルブは手段論にすぎないと批判的でした。辻先生以下、日本人もそう思いました。

さらに、ワルドーは、官僚制問題に関連してサイモンに対しても、行政学の能率追究が価値判断なしで行われていると１９５２年の『ＡＰＳＲ』（American Political Science Review）で批判し、デモクラシーの立場を強調しました。同じ号でサイモンの応答もあり、有名な論争になりました。

ワルドーは「行政学は価値の問題である」と言い続けた。ここを長濱先生は買っていました。その雰囲気でしたから、バークレーを選択したのだと思います。

河野　ワルドーは、異色の人ですか。

村松　ワルドーはアメリカ行政学界の異色の人ですが、主役でもありました。

行政学の学術性について、政治学が冷淡であって残念である。他方、実務家からも尊敬されていないのではないかと指摘し危機感を持っていました。行政学は professional の学だといい、そこに行政学のアイデンティティがあることを主張していました。

大学院生とも、教室を出てからエレベーターの中でも議論を続ける人でした。『ＰＡＲ』（Public Administration Review）の編集長を長く務め、また、シラキュース大学に行ってからは、自分の「教授職」（チェア）で管理される研究基金を使って、若手を集め、自分の行政学観を提案しました。

このミノウィックで開かれた会議に出た人には、ワルドーに賛同した人が多かったのでしょう。彼の「professional としての行政」は、一つの潮流になります。

最近ですが、もう一度、彼の『The Administrative State』を読み直し、19世紀から20世紀への転換期のアメリカ政治を論じたところを読みました。良い本だと思います。翻訳に、『行政国家』（山崎克明訳）があります。

１９６０年代、当時、Ｌ・Ｄ・ホワイトのテキストが広く読まれていたと思います。その他ではＭ・Ｅ・ディモックという学者ご夫妻も大御所。それと、もっと前にはフランク・グッドナウや第28代大統領になったウッドロー・ウィルソンの研究が古典になっています。

河野　あの、大統領のウィルソンですね。

村松　ウィルソンは、「The Study of Public Administration」というアメリカ行政学の出発点になる論文を『Political Science Quarterly』に書いているのです。

で、これに対して、グッドナウには「アメリカ行政学の父」という敬称があります。グッドナウは、行政を充実して論じ、１９２０年代、政治と行政の関係も丹念に分析した重要な人です。

しかし、体系的な行政学のテキストとしてはＬ・Ｄ・ホワイトのものを挙げるべきです。

この人は後で述べるメリアムのシカゴ行動論革命のまっただ中にいた人で、シカゴ学派の中心・先端政治学からの批判を免れているのが不思議ですが、管理論的な正統派行政学者です。

個人的にシカゴ大学を中心に学説史を書いたガブリエル・アーモンドにも尊敬されていたのかもしれない。ホワイトは、アーモンドの先輩でした。

ホワイトは、晩年、ハミルトンらによる『The Federalist Papers』における「行政」の存在とか、ジャクソニアン・デモクラシーと行政といった歴史物で業績を上げています。

初期連邦政府の指導者間の手紙を分析してポスドコルブの視点からフェデラリストの主張する連邦政府の構造を明らかにできるとしています。

つい先日、ホワイトの『The Federalists』で、ハミルトンの記述を読みましたが面白かった。ハミルトンは言うまでもなく、アメリカ連邦政府における「執行」と「執政」を重視した人です。これに対する草の根民主主義論がジェファーソンです。

河野　ジェファーソンというのは建国期のジェファーソンですね。

村松　そうです。ホワイトは晩年に『The Federalists』とか『The Jeffersonians』とか『The Jacksonians』とか『The Republican Era』という行政史を書きましたが、アメリカの歴史学の「行政管理」の部分の従来の認識が弱いと言うのです。

河野　ホワイトがそう言っているのですか?

村松　そうです。先ほどの『The Federalist Papers』におけるハミルトンですが、ホワイトは、例えば、ワシントン宛のハミルトンの手紙を引用して人事行政を論じています。

この部分はアドミニストレーションではないかと指摘する。アドミニストレーションは、独特のプロセスではないかという主張を、歴史文書を材料にしてやっています。

特に人事や予算は誰でもわかるが、微妙に指揮命令や企画といったことがあって独自の研究の対象だと言っていますね。今で言うガバナンスみたいなイメージが、この当時から、アメリカ行政学にあったと言えます。建国の頃のことでは、手紙が会話・約束事の証拠物件として中心ですね。

河野　ホワイトですね。

村松　だから独特の初期アメリカ論、アメリカ史論です。まあ普通の歴史学は建国時の「行政管理」の部分をあまり見なかった。連邦制度とか思想や人と人の関係を見ていた。ホワイトの著作の視点は後世に残るようなものかどうかはわかりません。

河野　そうですか。

村松　ホワイトの『The Federalists』の研究では、ハミルトンについての執筆が多い。アドミニストレーションを特に重要視したのがハミルトンだからです。

ハミルトンは大統領にならなかった人ですが、アメリカ合衆国憲法を起草した人の一人であり、中央政府と強い執行権を重視した論者として重要でした。州政府への分権論者と戦った連邦政府論者でワシントン大統領の片腕です。大統領レベルで政治をリードした人ですが、不慮の死を遂げました。

河野　ハミルトンは決闘で死にましたね。

村松　そうですね。あの決闘がなければ、さらに重要な役割を続けたでしょうね。

この人の統治思想は、アメリカの連邦政府をつくる上できわめて重要な役割を果たした。政策的には、農業ではなく工業を重要視した。ニューヨーク州を基盤にした都市代表です。重要なときに重要な発言をして文章を書いているのです。農村の価値を主張するジェファーソンの反対の立場です。

河野　建国期のアメリカで連邦制をめぐって議論が白熱します。

村松　ハミルトンは前に触れましたが、特に、連邦政府システムの中で州の権力よりも大統領のリーダーシップを重要視した人のようです。自然、財政と工業力を重視しました。こういうのは歴史の専門家の領域で、私は読んだことを少し覚えているだけです。

河野　北部アメリカの産業、つまり工業化のはじまりですね。そこでハミルトンは非常に影響力があったのですね。先生のお話を伺っていると、アメリカの行政学の流れの中で存在感の大きい人なのですね。

村松　連邦政府の議会に提出したいわゆる「製造業に関する報告書」（Report on Manufactures）は重要です。今でも古典ですよね、初期のアメリカを知るための。しかし、いわゆる「アメリカ行政学」の対象であるわけではありません。

河野　いつ頃になりますか。

村松　私は詳しくありませんが、１７９０年前後だったと思います。

最近、と言っても２００４年、ロン・チャーナウの『Alexander Hamilton』を買いましたが、実際は読めないでいます。こういう厚い本が今も出ているし、しばらく前、アメリカのブロードウェイでロングランの『ハミルトン』というミュージカルがありました。戦国時代の「英雄」が何度もテレビに出るような話かなと思いました。

ついでに言えば、20世紀半ば以降は、ロバート・A・ダールがジェームズ・マディソンを、彼の多元的民主主義論の中核部分で引用しています。アメリカの建国の父達は、皆論客です。

20世紀の行政学ですが、ホワイトよりやや若いがテキストで有名なのはディモック夫妻です。１９６３年、蠟山政道先生が、ＩＣＵ（国際基督教大学）に行政学研究所を創設したときにディモック教授を客員として招聘しました。

河野　えっ、ディモックさんがＩＣＵにいらしたのですか？

村松　はい、Ｍ・Ｅ・ディモックご夫妻がＩＣＵに滞在していました。１９６６～１９６７年頃かな。

そのとき、ディモックは佐藤英夫という学生をアメリカ留学に誘ったのではないかと思います。佐藤さんから聞いたのだと思います。

河野　佐藤さんは、イェール大学から筑波大に行かれたのですよね。

村松　佐藤さんは、シカゴ大学大学院に行ったのだと思います。

それで佐藤さんは国際政治学の人ですが、面白いのはね、ディモックが亡くなられたときに、ある雑誌に公的に追悼文を書いておられたように記憶しています。これは国際政治学と行政学の縁です。

河野　なるほど。

村松　佐藤さんはPh・Dの取得後ブルッキングス研究所に一時いましたが、その後、イェール大学で教職を得たのだと思います。

1981年に私のコーネル滞在中ですが、イェール大学在職中の佐藤さんにお招きを受けトークをしました。その晩、関係者の居酒屋での飲み会があって、翌日、イェール対ネイビーのフットボールの観戦に、お招きいただいたことがあります。イェールに10年在職して、乞われて日本に帰り、筑波大学の社会科学系の「国際総合学類」の設置に協力されました。また、同じ年に日本学術会議（第18期、第21期）の会員に選ばれて、私は時々お会いしたと思います。

バークレーでの講義

河野　このあたりでバークレーでの講義についてお聞かせください。どういう講義に出られましたか。一番印象的というか学んだのはデイヴィッド・アプターと、シェルドン・ウォーリンの講義であったと前に言っておられました。まずアプターについて話してください。何が良かったですか。

村松　アプターは、近代化論が全盛時代の中心人物の1人だと思います。

アプターの講義は彼の学識を示す非常に面白いものでした。講義で、西洋国家の近代化と途上国の近代化を論じたと思います。クォーター制になった年ですが、結局、夏学期以外の全部を使っていました。彼の講義は、近代思想にはじまって19~20世紀のマクロ政治社会学の理論の大略を聞く機会になりました。

テキストは、レイモン・アロンの『Main Currents in Sociological Thought』ですが、18、19世紀のモンテスキューやコント、ルソー、マルクスやデュルケム。ウェーバーは扱わなかったかもしれない。忘れました。

『International Dictionary of Social Sciences』の刊行が予定されていて、ご自分がその中の「Government」という項目を担当するというので準備作業だと言っていました。タイプした原稿を学生に配布していましたが、どの辞典に掲載されたのか、今回、調べたのですがわかりませんでした。

2017年、イタリア政治の専門家のシドニー・タロウさんが来たとき、アプターの話になり、イェール大学で、タロウさんの指導教授であったこと、タロウさんが、生前、病院を見舞ったことなどを聞きました。アプターは、日本政治にも関心を持ち、1979年、京都アメリカ研究夏期セミナーで来日しますが、その後、成田空港建設反対の三里塚闘争に関心を持ち、『三里塚　もうひとつの日本』を書いています。このときには、当事者と一緒に寝泊まりしてインタビューをしています。

アプターは、お父さんがトロツキストか何かだったとか、そうでなかったとか講義中に話していました。しっかり覚えていませんが、アメリカの30年代はマルクス主義がすごく浸透していたことは確かです。しかし、冷戦になってマッカーシズムが生じて、「非米活動」の排斥の激しい風潮が生じて、不幸なことがたくさん生じたと思います。この人にはその30年代という背景がありました。

アプターのような現場で得た情報から政治の全体を把握しようとするアプローチは好きでした。途上国を構造と機能の視点で分析しながら、比較を論じるなど、一時確かに面白かった。行政学のリッグスの近代化論でも、タルコット・パーソンズがよく引用されていたことを思い出します。

アメリカの「近代化論」ですが、社会科学の一角を占め、一時、存在感を示しましたが、全体としての政治学は、伝統的な民主主義国の権力構造や、政治過程（イシュー・アプローチとか政策コミュニティとかといった実証レベルの諸問題）に展開していったのではないかと思います。

私の近代化論への関心も、拡散してしまいましたが、90年代になって、世界銀行から、日本の地方制度と公務員制度を研究成果として出版してほしいと依頼されます。日本モデルという議論はまだ明確に意識されていたようです。

その後、近代化論は衰退しましたが、政策論として「途上国の支援」問題になっていったのでしょうか。学術的には、日本モデルといったものが、韓国、台湾、香港、シンガポールまでは続いていくとされた感じですね。

河野　さっきのアプターの話ですが、30年代というのはヨーロッパでもそうですね。マルクス主義全盛の時代だったと思います。

村松　アプターは、その講義では現代理解におけるマルクスの理解の重要性を言っていました。

河野　なるほど。それはお父さん譲りだということもありますか。

村松　たぶんね。彼が、最初、アメリカ政治でなく途上国研究に向かった背景かな。『The Politics of Modemization』を書く前に、アフリカの黄金海岸の国の参加観察で本を書いています。

現代に関しては、『Choice and the Politics of Allocation』によって学園紛争後、再分配の政治学を論じています。アメリカの学園紛争というのは、結局は中産階級の子弟の運動だというふうに書いている。

河野　それがアプターなのですね。つまり貧困層ではなくて中産階級から、そういうプロテストが出てくるという見立ては、アプターがアメリカの学生運動を見ていて考えたということでしょうか。

村松　そうだと思います。この議論は日本でも言われました。しかし、どういう社会科学的な一冊の研究があるか知りません。

河野　アプター以外の他の講義ではどうですか。

村松　次はウォーリンです。

河野　前も書いていらっしゃるけれど、先生がウォーリンの名前をここでお出しになっているのを、少しおや？と思っていました。ウォーリンは、チャレンジするほうの立場ではないですか。

村松　確かに、ちょっと合わないところがあります。

それに私が熱心に聴講したシェルドン・ウォーリンは、反サイモンでした。この人の授業は政治思想史なのですが、ギリシャから最後は現代を論じ、ハーバート・サイモン批判で終わるテキストでした。講義の中でもハーバート・サイモンを取り上げ、あんな細部だけを見る社会科学というのは、大事な本当の政治を見落とすということでした。

第1章はギリシャからはじまります。学生の聴講する態度も熱心で、最終講義では大講義室で万雷の拍手でした。

河野　ウォーリンは思想史の人ですね。

村松　思想史。政治思想史のことを英語ではPolitical Theoryといっています。コーネル大学でもそうでした。ウォーリンは日本でも翻訳があります。

河野　三谷太一郎さんが、ウォーリンのことを書いていらっしゃいます。

村松　ウォーリンをどこで書いている？

河野　『二つの戦後』という本があって、その中で書いていらしたはずです。冒頭の「政治社会の没落」という論文の中で、ウォーリンが『New York Review of Books』に書いた長文の論文を紹介し、日本の現状に言及しています。

村松　そうですか。それは私、読み落としているな。『二つの戦後』は知っていました。読んだつもりでいたように思います。

河野　ちょっと探しておきます。

村松　主著の『Politics and Vision』が、日本では『西欧政治思想史――政治とヴィジョン』として訳出されています。尾形典男・福田歓一他訳として計7人が名前を連ねています。1994年、福村出版です。

よく読まれたのは60年代と70年代だと思うのです。そのウォーリンですがね、私が感動するのがおかしいくらい「進歩的」でした。私が彼を好きなのは、英語がわかりやすかったからかもしれない（笑）。また、政治哲学が哲学と異なるなどの主張があったようですが、そこまではとてもわからず、本の中ではルソーをあまり論じていなかったと思うのですが、講義では、ルソーについてのこの学者の見解などがわかった気になったときなど、楽しかった。要するに学ぶ機会になったということだと思います。

河野　学園紛争との関係があると言っておられましたね。

村松　はい。アメリカの学生運動では、たぶんバークレーのフリースピーチ・ムーブメント（ＦＳＭ）が最初で、1964年だと思います。

発端はわかりません。私が到着した頃は学長がいる行政府の建物、スプロールホールの広場の利用の自由に関する争い、つまりキャンパスにおける政治運動が認められるかで、時々集会がありました。

州立大学ですから、知事がレーガンに代わり、学長のクラーク・カーが解雇されるなどがありましたが、それは、1967年のことですから、ＦＳＭそれ自体とは関係ないですね。

河野　スプロールホールはバークレーのトップがいる建物なのですね。

村松　白く綺麗な大きい建物があり、その前の広場で学生が集まることを禁じるという告示が出ていたのだと思います。詳しいことは知らないのですが、学生が抗議していました。言論の自由の妨害だと。ウォーリンもそれに賛成している。

河野　学生の抗議活動の背後には、人種問題とベトナム戦争があったと思います。

ウォーリンは学生の側に立っていたのですか？

村松　そうだと思います。しかし、バークレーのＦＳＭはもう終わっていましたが、中心的役割を果たしたマリオ・サビオというイタリア系の哲学の学生は、１９６６年、私がバークレーに行ったときはまだスプロールホールの前で時々、マイクを持って演説をしていた。

１９６６〜１９６８年には、学生運動が全国的になり、コロンビア大学の学園紛争では銃撃戦があったようです。しかし、コロンビア大学の報告書を読んだことがありますが、「バークレーほどひどい状態ではなかった」というセンテンスがありました。真偽のほどは自信ありません。

どう関係するのかわかりませんが、学生運動の一部の人が、チェ・ゲバラの顔写真のあるビラを配っていました。アメリカとキューバの間に緊張があった時期です。

私のバークレー滞在中、サンフランシスコの湾岸エリアでは、ヒッピーという、旧来の価値観に対抗するカウンターカルチャーが現れ、服装にもインフォーマルであることを強調する感じの若者集団が新聞をにぎわせはじめていた。バークレーでも学生街と言うべきテレグラフ・アヴェニューではヒッピーがあふれていました。フリーセックスや麻薬の世界ともつながっているようでした。

60年代のアメリカ社会は大きな変化が続いていた時期でした。滞在中、当然ながらずっと学生のベトナム戦争への関心が強く、人が集まるところでは、この話題になっていた。バークレーは政治批判の強い地域でした。

河野　ウォーリンは、その後、プリンストンに行かれたのですね。

村松　私の聞いたところでは、ウォーリンは最初、UCのサンタバーバラ・キャンパスに行くということだったと思います。そしたら、学生の慰留運動が生まれてね。ウォーリンの意思は固かったようですが。まあそんなことがあって、バークレーでのウォーリンの最後の講義を受講することになりました。結局、ウォーリンはプリンストンに行きます。

大講義室の教育法ですが、ティーチング・アシスタントという制度がありました。日本はつい最近始まりましたけれど、アメリカではこの時代からもうティーチング・アシスタントの制度は入っていましたね。20人に1人だったかな？　ティーチング・アシスタントがつくのですよ。つまり講義の合間に1回ミーティングをやるのです。それでそのときにディスカッションをやるわけです。

河野　ティーチング・アシスタントがいて。そうするとミーティングはどういう構成でやるのですか？

村松　内側は知りません。私はそのミーティングには出ていません。

河野　なるほど。その講義の間にミーティング、ディスカッションを挟んでまた講義に戻って、ということですか。

村松　だから個々のミーティングの前に、ウォーリンがそのティーチング・アシスタントを集めて次の回の議論をやっていたのでしょうね。わかりません。

河野　なるほど。

村松　教育が丁寧ですね。

河野　そうですね。ちょっと日本の大学教育は、たぶん、そこまで丁寧にはしていないのではないかと思いますけどね。

村松　干渉しすぎなければ、丁寧であるほうがいいですね。

河野　干渉しすぎなければね。行政学はどうですか？

村松　大学院の講義でしたが、いくつかの演習室の講義に出ました。

ワルドーの大学院授業には出たけれど、アサインメントがあって、先生と院生が、行政学や政治学の事情についてすべてがわかっていることを前提に、意見を出し合っている。私のヒアリングでは、行政学の知識も乏しく、聞き取れなかったために、どこが面白いかわからなかった。でも誠実で、学生に信頼されている方でした。

私は、行政学をやろうとしていましたから、ワルドーの講義以外にも、フレデリック・モーシャの人事行政や財務行政論、シラキュースから非常勤で来ていたロスコー・マーティンの中央地方関係論の講義に出ました。この人は、1963年に京大で「アメリカ行政学の発展」というスピーチをしたことがある人です。

河野　そのモーシャはどういう専門の方ですか。

村松　モーシャは行政学者で、人事行政と財務行政をやっていた人です。それで特にこの時代にPPBSという新しい予算論が出てきて、PPBS予算論を講義しました。

PPBSについては、政治的圧力の阻止に有効であるという主張があって、日本でも大蔵省では関心があった。Planning-Programming-Budgeting System といいます。

財政学者のC・ヒッチが言い出した考え方です。ヒッチは、PPBSで、アメリカの軍事予算削減を提言し、ロバート・マクナマラが総軍事費を3分の1減らしたというふうに日本で紹介する人がいた。それで有名でした。

ジョンソン大統領は、PPBSを全省庁に採用せよという大統領命令を出したことがあります。

河野　日本の大蔵省がこれを導入しようとしたのですか？

村松　大蔵省は深く研究したと思います。しかし採用はしなかった。

学者の中では、加藤芳太郎という財政学の人ですが、行政学会で報告した先生がいます。加藤芳太郎という人は、東京で辻門下ではないけど、辻門下のように行動していた。この人がPPBSを研究されていました。都立大学の先生でしたが、「行政学に草鞋を脱いだ」と言っていました。

河野　元々財政学者だけれども、辻門下のように行動されたのですね。

村松　行政学者と交際が多い財政学者でした。関西学院大学の加藤一明さんと仲が良くてね、両加藤が東京と関西をつないでいたという人もいました。記憶では、1970年代、東京と関西の学者を含む「公共経済研究会」ができて1年くらい続いたと思います。財政学の宇田川璋仁さんと話をした覚えがあります。

河野　なるほど、そうなのですか。

村松　PPBSは予算モデルですが、政策形成過程を考える場合にも良いモデルだと感じていましたので、アメリカでPPBSについて議論をしなくなってからも、私は自分の行政学の講義では言及してきました。

詳しく言うと、PPBSは、5年単位で考える予算です。5年の計画を立て、1年を実行計画にして、1年が経つと2年目が新しい実行計画になる。1年が終わると6年目の1年を加えていって、いつも5年の計画にしていく。絶えず中長期の視野で予算目標を世間に明らかにして、このルールで予算過程を動かしていけば、予算を抑制できるというものです。

しかし、実務的に無理があり、効果は期待したほどではなかったようです。

アーロン・ウィルダフスキーは、『予算編成の政治学』でPPBSを徹底的に批判し、政治における予算過程は計画的ではなくインクレメンタリズムであると主張して、この意見に賛成者が多かった。インクレメンタリズムという言葉は日本語でも定着しました。

ウィルダフスキーの大きなプロジェクトに参加して日本予算を研究したジョン・キャンベルは、私と同じ世代の人ですが、日本の予算は、基本的にはインクレメンタリズムであるが、「バランス予算」と名づけたいと言って立派な実証研究をしました。キャンベルは、日本人の大蔵省研究が少ないので、長く引用されました。日本では野口悠紀雄さんのインクレメンタリズムを結論にする財政研究があります（『日本財政の長期戦略』）。

河野 ワルドーがバークレーを辞めるようになったいきさつも、研究の流れとか学生運動ですか。

村松 少し違います。ワルドーは、1967年にシラキュースに行きます。ニューヨーク州で創設されたアルバート・シュバイツァー・プロフェッサーという「チェア教授」に就任するためにシラキュースに行ったわけですから、アメリカ型の名誉ある異動です。

シュバイツァー財団ですが、ニューヨーク州の大学に自然科学系5人、人文社会系5人のチェアを寄付しました。その1人がシラキュース大学に移籍するワルドーということでした。その移籍については、私がバークレーの住民になってからローカル紙（『Berkeley Gazette』）に掲載されていました。

河野 あのシュバイツァー。アフリカに行った医者の。

村松 そうです。シュバイツァー財団が、チェアをつくる。10万ドル・プロフェッサーと言われていました。20万ドルかな。ワルドーはこのポストにふさわしい人として選ばれたわけで、出て行くのは当然というアメリカ型の人事異動でした。

河野 そうなのですか。村松先生は、盛んになっていったそのビヘイビアリズム（行動主義）の影響はお受けになったのか、ならなかったのか、どうなのでしょうか？

村松 アメリカにいる間には、そのことが明確にわからなかったのですが、その潮流の影響を私は明確に受けたのだと思います。特に帰国してからだんだんはっきりします。エリート調査は、行動論的です。

ただ、行動論についての認識は十分でなかったと思います。最初の官僚調査でも、行動論なのですが、直接的な政治学的な意図は、それまでのいくつかの先行研究において主張と実態研究がずれているということを指摘して近代主義を批判したかったということでした。

河野　その他の講義はどうですか？　先ほどの受講した科目を列挙したメモに、シティー・ポリティクス、ヴィクター・ジョーンズがありました。シティー・ポリティクスというのは行政学の分野なのですか？

村松　行政学それ自体ではないかもしれない。しかし、行政学に近い人がやっていたという印象です。都市政治研究ですからシカゴ学派がはじまりです。ジョーンズは、イリノイ大の出身です。

シカゴ学派の総帥はC・メリアムですが、彼自身、シカゴの市議会議員として経験したことを、『シカゴ』という著書に書いています。この本は、東京都議会議員の和田宗春氏が翻訳して、私は書評を書いたことがあります。

ジョーンズも代表的な大都市圏政治研究者でしたが、私が滞在中に、E・C・バンフィールドとJ・Q・ウィルソンの『City Politics』をよく読んでいました。ウィルソンのほうは日本でも有名な若手でしたが、バンフィールドはイタリア政治研究者として有名でした。アサインメントに含まれていた『City Politics』は20世紀半ばのアメリカ政治に関する名著です。この本は何度も読みました。

河野　メリアムのシカゴ学派なのですね。

村松　バンフィールドの出身大学や学派的傾向は知りませんが、シカゴ大学と関係が深かったのではないでしょうか。都市政治研究の重要性を指摘して最初に取り上げた1人です。人はそう見ていたのではないかと思います。この人は、レオ・シュトラウスなどにも近く思想的には保守派でした。ニクソン大統領のアドバイザーとされていました。

1930年代末から40年代のシカゴというのは、後で触れる機会があるかどうかわかりませんが、アメリカ政治学に「行動論革命」を起こしたと言われているように活気に満ちていたのだと思います。

日本では、その中で、先にハロルド・ラズウェルの精神分析というか心理学的アプローチに関心を持たれたようですが、数量化政治学への貢献が大きかったと思います。政治学の実証化というべきかもしれない。多数の優れた学者を輩出した。学生として名を馳せたラズウェルは、教師としてはイェール大学で教鞭をとり、この大学で私などの世代が読んだロバート・ダールやカール・ドイッチュが出ました。

河野　１９６０年代は、政治的にも大変な時期であったようですね。

村松　確かに、アメリカ政治は激動の時期でした。ベトナム戦争に加えて、白人と黒人の対立が各地で顕在化しました。学園紛争も続いていました。アメリカ社会の根幹を揺さぶっていたと思います。

特に、ワッツにはじまる黒人暴動（１９６５年）の時代になっていました。私が帰国する１９６８年にはキング牧師暗殺。同年、大統領選への立候補を宣言していたロバート・ケネディ暗殺。ケネディの暗殺事件があったときは、帰国途上でもう私達はアパートを引き払って東部に旅行中でした。

ワシントンＤＣで、ある橋の上を歩いていたとき、トランジスタラジオを持っていた黒人の子供が、“He is still alive”と言って喜んでいましたが、結局、病院で死んでしまいます。

この年、民主党の予備選挙では、ベトナム戦争からの撤退をかかげた、上院議員のユージン・マッカーシーが善戦していました。ジョンソンは引退を余儀なくされ、結局、最後に勝ったのはハンフリーでした。

民主党政権の時代が続くとされていたアメリカですが、１９６８年の選挙では、民主党からはハンフリーが立候補します。しかしニクソンが勝ちました。共和党時代のはじまりです。ウォーターゲート事件は帰国後のことです。

私のいた間では、大学ではベトナム反戦運動がいっそう高まっていました。私の帰国の年には、ベトナムでは、北ベトナム側がテト攻勢と言われる大攻勢に出ています。

河野　バークレーでは、研究室はあったのですか？

村松　Institute of Governmental Studies（ＩＧＳ）の1階の一室が博士論文の段階にあった院生用の大き

な研究室にあてられ、そこに六つキャレルがあったのですが、その一つをいただきました。

ＩＧＳは、モーゼス・ホールという建物の中にありました。社会科学図書館（Hans Kelsen Memorial Social Science Library）がさらにそのお向かいの建物です。そこの研究所のキャレルに本やノートを置いて、講義に出かけ、そこに帰るという感じでした。夕刻までいて帰宅する。その間、ロバート・ビラー氏とか、もう1人名前は忘れたが、キャレルにいた大学院生が話し相手になってくれました。概して孤独でした。

社会科学図書館のレストルームで、ハンス・ケルゼンを見ました。ご存命だった。ワルドーさんが、玄関から出ていくケルゼンを見て、「あの方がケルゼンです」と教えてくれた。

河野　そこのスタッフとの交流はいかがでしたか?

村松　ＩＧＳの専任の主任研究員のスタンレー・スコットさんとは、研究対象が広域行政ということで、親しかった。お子さんがゴジラ映画が大好きで日本ファンでした。

政治学部は、すぐ近くのバローズ・ホールの中にあり、他の社会科学と一緒の建物でした。ロバート・スカラピーノに会うときはそちらに行きました。

2度目のバークレー留学のときも、同じキャレルをもらいました。2回目の際の受け入れ教授はユージン・リーさんですが、この方との交流は少なかった。私の滞在期間も3カ月でした。

面白かったのは、第1回留学のときですが、同室のキャレルにいたアフリカ人の2人が珍しく話しかけてきたときのことです。

この方々が、他の共同研究室の皆さんがランチで外に出たときに、私のところに寄ってきて、「日本人は太平洋戦争をよくやった」と言うのです。日露戦争のことかなと思いましたが、第二次大戦のことで、「とにかく白人と戦った。１９４５年以後、アジア、アフリカで独立国が急増したよ」と言っていました。人が入ってきたらすぐに自分の席に戻った。このお二人との会話は、それだけでした。

河野　それは面白い原体験ですね。つまり日本の政治学について、本当に身をもって限界を知らされるような場にいらっしゃったのですね。

スカラピーノ教授と高根正昭氏

河野　第1回留学のときですが、バークレーで日本政治の講義には出席されましたか？

村松　日本政治講義に出ました。これが結局、最も学んだところです。

スカラピーノが大学院で日本政治の講義をやっていて、これには積極的に参加しました。時々サボりながら1年間出ました。クォーター制でしたから、3クォーター分です。そこで高根正昭さんと知り合いになったことも私には重要なことでした。

高根さんは、バークレー市の北に隣接するオールバニー市にあった大学の宿泊施設の「ユニバーシティ・ビレッジ」に住んでおられたのですが、私達もバークレー到着後すぐにこの施設に住むことになり、ほとんどお隣でした。

講義の中で困ったのは、スカラピーノが、ちょっと関心を持つと、「ここにプロフェッサー村松がいるから聞いてみよう」と言うのです。質問は、「投票率」とか「最近の自民党の派閥」とか常識的なことだけでなく、やや理論的で「学者がどう見ているかを知ろう」という事項もありました。ほとんど答えられなかった。第一は英語力でしょうが、私の知識の問題でした。しかし、日本での日本政治研究も盛んではなかった。

河野　先生はスカラピーノのそのゼミで、「プロフェッサー村松」とたくさん言われて、答えられないときにはどうされたのですか？

村松　「次週までに調べておきます」と答えて、岡義武編の『現代日本の政治過程』や、その他日本から持参した本などを読み、それでも答えられなければそのままです。
時事問題は、東洋図書館に数日遅れで朝日新聞が届いていて、それを読みました。
東洋図書館には、宮崎さん、油谷さんというお二人の日本人ライブラリアンがいて、助けていただいた。特に、宮崎さんにはプライベートでもお世話になりました。
度々質問を受けている間に、日本研究について、「一方にこれだけ質問があり、他方で答えている論文がなさそうだ」ということがわかってきて、これはニッチだと思いました。
また日本人は、日本の政治を自分で説明すべきだとも思いました。結局、このあたりが動機になって、政治学の分野にも関心が向きました。

河野　確かに、当時はなかったでしょうね。ところで、高根さんは早く亡くなられましたが、帰国後、学習院に行かれたのでしたか？

村松　卒業が学習院です。帰国後の就職は上智大学でした。学習院で清水幾太郎のお弟子さんでした。大学院生で、安保を大いに戦ったと言っていました。香山健一さん達とご一緒だったということです。

河野　で、その後、ちょっと方針を変えたのですね。

村松　それで、安保に敗けたというとき、学習院の清水研究室で、これはどういうことだったのか。我々はアメリカや世界の事実について知らなかったことがあるのではないか。誰かアメリカに行く奴はいないかということで、手を挙げたのが高根さん。彼はフルブライトを受験してバークレーに行ったわけです。
その前に、沖仲仕（港湾労働者）のエリック・ホッファーの翻訳をした縁でスタンフォードに先に行かれたと言われたかもしれない。もっと違ったストーリーかもしれないとも考えましたが、そう聞きました。

河野　清水幾太郎が高根さんを含め、お弟子さんにアメリカへ行けということで、高根さんは、その清水シューレでは第一号でアメリカに行って帰って来られたということですね。なるほど。

村松　そうだと思います。しかし、有名学者とそのお弟子さんとの関係を、ちょっと聞いただけで、はたしてそれが真実を語っているかは不安ですが、私はそう聞きました。

清水幾太郎自身は、その後、『現代思想』という社会心理学の本を書きますが、この本の雰囲気は、いわゆる「転向」宣言みたいでした。

河野　転向しましたね。

村松　それに合わせるかのように、帰国後の高根さんも、ダニエル・ベルと仲良くなって一緒に啓蒙書を書いている。

河野　ダニエル・ベルは『イデオロギーの終焉』を書いた方ですよね。

村松　そうです。高根さんに親しみを感じたのは、この人のお祖父さんが京都大学法学部の設置者と言われる何人かのうちの1人だということもあったのかもしれません。最初の法科大学は高根義人、岡村司、織田萬など11人でスタートしています。

内田満さんは、『早稲田政治学史断章』を書きましたが、個人的にも、高根義人が京都に行く前、早稲田に籍を置いたのですよ、と言っておられたね。

河野　それが京都大学法学部の創設者の1人なのですね。そのご子息？　お孫さんが高根さん？

村松　高根義人のお孫さんだそうです。60年代はじめ、日本が落ち着いてきて、大学史の研究がはじまり、名古屋大学の教育史の先生から京大教授会の議事録を公開してくれと言ってきたことがありました。教授会で議論しました。そのとき、高根義人を知りました。高根正昭さんとは、夕食の招待をしたりされたりという関係でした。高根正昭さんの最初の著書が出たときは、国際文化会館で松本重治さんの主催する祝賀会がありました。松本さんは高根義人の知り合いだったようです。

河野　日本人はお二組だけだったのですか。

村松　ビレッジには、高根さんご夫妻以外に六本佳平名誉教授（東大法学部・法社会学）ご夫妻もおられました。研究の話もしましたが、ビレッジのコートでテニスを一緒にやったと思います。西尾勝さんご夫妻が東海岸に行く途上でバークレーに立ち寄られ、三組の夫婦で一緒に食事をしたことがあります。

アメリカの私生活では、「自動車中心の生活」が浸透していて日本と違うと思いました。バークレーに行ってはじめて私も運転免許を取りました。もっとも、この1966年の頃、日本でもあっという間に、自動車が普及しました。

少しだけ私生活に触れると、土日にスーパーマーケットで1週間分の買い物をして小切手で支払う、個人の住宅が広くて食事の招待が多かったこと、外国人が多かったことなど新しいことがいっぱいでした。

羽田を出るときは、「洋行」ということで友人に歓送会をやってもらい、当日は、羽田で親戚や元同級生が送り出してくれました。ただ、スーパーも自家用車も、「洋行」も、その1～2年くらいの間で当たり前のことになって、日本社会はこの2年間に非常に変わっていたことが帰国してすぐわかりました。

逸脱しましたが、高根さんと親しくしていただいて幸運でした。

河野　そうですか。かなり高根さんとは共鳴されたのですか？

村松　非常に共鳴しましたし、何より色々なことを教えていただきました。執筆中のPh・D論文を読ませていただきましたが、日本のエリート研究で方法が魅力的でした。歴史的なパースペクティブで、エリートの出身データを統計的に処理して、年代的なエリート出身層の変化から近代化を論じるという手法でした。

河野　ああ、そうなのですか。

村松　それで、高根さんは、日本に帰ってから、ご自分のエリート論の出版に並行して、『創造の方法学』という本を書いて、それが研究者と学生で非常に広く読まれたと思います。高根さんは早くお亡くなりになったのですが、40年経った今も売れています。

河野 その本の名前は、私も聞いたことがあります。

村松 方法論の本では、2013年に久米郁男さんが『原因を推論する』というものを書かれました。いい本です。福元健太郎さんの書評がありますね。

久米さんは領域的には、政治経済学と言うのでしょうが、特に労働研究です。アメリカのセーレンとも共著・共編があり大活躍です。K・セーレンはアメリカ政治学会会長も務めた人です。

河野 福元さんは先生のお弟子さんというわけではないですよね。

村松 福元さんは学習院に行ってから同僚になった人です。佐々木毅さんのお弟子さんと聞いています。

河野 ああ佐々木毅さんですね。はい、わかりました。ちょっと話を戻して、要するに高根正昭さんとご一緒だったのはバークレーで、かなり深いお付き合いをされて、先生はそのお付き合いの中でご自分の方法論みたいなものを練ってこられたという感じですね。

村松 そう思います。高根さんの方法論は、自分の最初の本を書きながら、よく読みました。京大現役時代、学生から方法論的な相談を受けたときは、高根さんの本を紹介していました。

ついでに言うと、私がバークレー滞在で強く感じたことは、先ほどの繰り返しになりますが「日本の政治学者はもっと日本の現代政治をやらねばならない、自分もやりたい」ということでした。そこは日本政治学のニッチだということです。

つまり、高根さんと話しながら、バークレーの雰囲気を感じ、私の先生の世代より前の研究方法、つまり外国の社会科学における良質の本を読み、読書を積み重ねて「自分の行政学」を打ち立てるみたいな発想ではなく、その領域における実証的知識を積み上げて仮説のレベルが上がっていくといったイメージのアプローチが良い。そんなふうにやってみたいということを、最初の留学の2年目に感じていた気がします。このスカラピーノ氏は、升味準之輔さんとの共著『現代日本の政党と政治』に言及していたと思います。この本は、バークレーで読みましたが、面白かった。

河野　なるほど。そうそう、あの本は共著でスカラピーノ、升味という順番でした。あの本は、結局、主に升味さんが書いたのですよね。

村松　共著でもありますよね。

河野　升味先生は、「あれは私が書いた」とおっしゃっていました。

村松　だけどね、共著でもあると思います。当時の日本で、特に英語の達人でないかぎり、日本人の英語では論文や本にならないですよ。

河野　スカラピーノの名前が先に出るとアメリカの研究者は読む、ということですか？

村松　そうではなく英語の問題です。アメリカ流あるいは社会科学的に筋が通っている英語はそういう教育を受けていないとなかなか書けないと思います。それにスカラピーノは、２０００年代になって書いた自伝を読むとわかりますが、その視野がなかなか広い人ですよ。アジア全体を世界政治の中で見ている。スカラピーノの貢献部分もあると思います。

　スカラピーノのおそらくやや個人的な研究会に日本人の入江昭氏と比嘉幹郎氏が出席していたことを思い出します。２人とも、それぞれの立場から存在感がありました。２人とも大学院生でもないし、教員スタッフでもなかったと思います。何回かその研究会に出席されていました。

河野　やはり視野が広いということは、ある意味比較というか、ヨーロッパ、アメリカ、アジアが視野に入っていて、その中の日本ということなのですね。

村松　升味さんの政治学は、そういう言い方にすると、「深い」かな。『ユートピアと権力』や『なぜ歴史が書けるか』がある。「多面的」とも言える。他の同世代と比べると、政治参加に禁欲的でした。

河野　升味さんはゼミで「あれは私が書いた」とおっしゃったけど、別にご不満そうではなかったですよ。

村松　そうでしょうね。

アメリカでの調査研究

河野　ここまでは十分に伺っていませんでしたが、最初の留学中のアメリカでのご研究は何についてでしたか?

村松　アメリカの地方自治を理解しようとする研究でした。先ほど述べた趣旨で、実証的知識の蓄積になるような、実地調査も多少しました。アメリカの主要都市は、中心業務地区（ＣＢＤ）に隣接するスラムの拡大で、そして何より富裕人口の郊外への流出で、デパートやオフィスが衰退しはじめていました。税収不足が大問題でした。

そこで具体的には、2年目に「アメリカにおける大都市圏広域政府の形成」というタイトルで湾岸地域の9カウンティにかかわる「広域行政化」運動のケーススタディをすることにしました。

2年目の申請書の私の文章にあった「連邦・州・地方の関係」と「地方・地方の関係」の表現を、ワルドーは、Lateral と Vertical の二語を入れて文章をすっきりさせてくれた。この対の言葉は日本の中央地方関係を考えるときのヒントになりました。

サンフランシスコ圏域には九つのカウンティがあり、主要都市として、サンフランシスコとオークランドがありました。この地域に自治体の連合でつくった特別区が運営するＢＡＲＴ（Bay Area Raid Transit）という公共の都市交通施設が設置されようとしていました。ＩＧＳのスタンレー・スコットさんから、日本の新幹線について度々聞かれたことを思い出します。それらの具体的な調査をする前に、地方自治の歴史とか思想を理解したかった。本や雑誌、論文を読みました。

河野　もう少し詳しくお伺いしましょうか。

村松　地方自治の思想の歴史をやり、その後、「アメリカにおける大都市圏広域政府の形成」過程の研究をして、広域行政の目的や活動など、その内容を明らかにしたいと考えていました。それで、地方自治のイデオロギーと理論、他方、実際の各自治体や市民運動家の活動を分析してみようとして、新聞の切り抜きやインタビューをいくつかしました。

アメリカの「地方自治論」に関しては、最初、草の根自治のイデオローグであるジェファーソンに関する論文を読みました。しかし、中央地方の法律論は、アイオワ州の「ディロンの原理（Dillon's Rule）」で早くから決着がついていました。すなわち、1868年の判決で、ディロン判事が、アメリカの市町村は「creatures of the state」と言っている。法的には市町村は州政府の意のままということになっています。地方には生得の権利として自治があるという思想は法的には承認されない（しかし、まれに別の議論をする州もあったようです）。

ところが、政治的には、20世紀の転換期の頃、都市と政治はボス支配のもとで腐敗が生じ革新運動が生まれます。実力のあるアメリカ東部の自治体から、自治獲得運動が出てきて、ホームルールと「自治憲章」を主張する時代になりました。

アメリカの地方自治では、市は、従来の自治権の他自治組織権などを獲得します。この市政改革運動とともに行政学が発展した側面があります。自治の研究はこの時代の改革運動の研究ということになります。西尾さんの助手論文では、このあたりが詳しいです。

私のほうは、自治の歴史と20世紀の初期の改革運動（Reform Movement）はざっと済ませました。

河野　ディロンは人の名前ですよね？

村松　うん、人の名前です。アイオワ州の最高裁判事です。

人種問題を抱えるアメリカの都市政治で、広域化は、学術的に最も論争的なイシューと見えました。1966~1968年はジョンソン大統領の時代ですが、大統領は「貧困に対する戦争」政策を宣言して、種々の議論が巻き起こっていました。

河野 ちょうど先生が第1回の留学をされている時期ですよね。

村松 そうです。大統領が貧困に対する戦争という激しい言葉で政策を表現している背景のもとでアメリカ大都市圏広域行政、つまり白人の住む郊外自治体と黒人の増加している中心部都市自治体の統合による広域化は一つのメインテーマだったと思います。

広域化の目的は、当然、白人と黒人の対立状況の克服にあったわけですが、中心都市のスラムに対しては連邦政府は、「都市再開発事業」(Urban Redevelopment と Urban Renewal) を打ち出しました。このあたり、西尾さんの『権力と参加』で分析されています。

河野 西尾さんの本ですね。

村松 西尾さんは、その中の1節で、白人と黒人の対立問題に焦点を当て、大きな黒人暴動のあった後、他の地域でもたくさんの暴動が引き起こされるという形で黒人と白人で分裂しているアメリカ社会がどのように統合されうるかの議論を整理して論じています。1960年代のアメリカ政治研究としては、突出して面白い論文に思われました。

河野 同じような事柄を見ているというわけですね。全体として何をやっておられたのですか?

村松 先の9カウンティの広域化というのが私のテーマで、最初は文献を読んで地方自治の学説整理が主な仕事でしたが、カリフォルニア州の有力都市の都市再開発局長などにも少しインタビューをしました。

しかし、講義に出ながらでは、周囲の都市生活の実態に深く入っていくことができなかった。

ただ、私が調査しようとしていた広域的連合体であるABAG(サンフランシスコ港域地方政府連合会)

は、私がいたＩＧＳのプロジェクトにもなっていて、そのことが、ＩＧＳスタッフの方と話をする機会にもなりました。また、ある種の実証性があるということで、スコットさんは、帰国直前に私が2年間の成果をまとめた短い文章を好意的に受け入れてくれました。それで、ＩＧＳの主任スタッフのスコットさんに第2回留学の際の推薦人になっていただきました。

この9カウンティの中に二つの中心都市があって、サンフランシスコ市とともにもう一つの中心都市であるオークランド市のコンサートホールには、友人達と何度か行きましたが、その一つが前橋汀子のヴァイオリンの独奏会で聴衆の絶賛を受けていました。

しかし、私の最初の留学滞在中には、この地域の広域化運動の実態のほうも大きな進展がなく、最終的には、事案は州議会で頓挫していました。私は帰国後の論文でも、アメリカの自治イデオロギーと大都市圏域の人口動態と財政問題を核とした理論的部分だけを、『法学論叢』に書いたところで終わってしまいました。ただ、この時期のアメリカの自治論には、三つの可能性があるという結論は多少知見と呼べるものでした。第1は、ピースミールアプローチで、中心都市の復権（都市再開発）。第2に、郊外化を止められぬ方向性と見て、多数の小規模自治体の自治を中心に大都市圏の将来像を見る方法。第3に、従来の自治体レベルより一段上に広域的な大都市圏域政府を形成すること。

まったく同じテーマでずっと充実した牧田義輝氏の研究があります（『アメリカ大都市圏の行政システム』）。

河野　その後どうなりましたか？

村松　地図を見る程度にしか、その後はフォローしていません。ただ、何十年後ということになりますが、2007年になって、1960年代に湾岸地域の広域行政の法案の経緯を書いた論文を読むことができました。

この地域の広域行政というのは、有力上院議員が通行料金収入の大きな「金門橋特別区政府」を利用して、サンフランシスコ圏域大の広域政府を設置しようとしていたというのが、政治的にはこの地域の主テーマで、関係自治体の反対運動に敗れたということであったということです。

ＡＢＡＧの構想が州議会の発案者にはむしろ障害だったみたいです。私の情報では論文として決着をつけうるテーマではなかったということになります。

行政学者の広域論は、「豊かな郊外自治体住民から税を取り、人種問題とスラムで財政不足の中心都市に配分する」という再配分論であったのですが、サンフランシスコ圏域では実際には、州議会では、地域の経済発展論として広域化が推進されていたようです。その議会側の実態に入る前に、留学予定の2年が経ってしまいました。

ちょっと別のことになりますが、先日、自分の論文を読み返してみたら、民主党系の政治学者が圧倒的主流の時代においても、広域政府を批判する共和党系の学者の論文に出会っていたことがわかりました。この主張の方向は、やがてネオリベラリズムとして有名になります。

河野　ネオリベラリズムですが、日本では小泉政権あたりでしたが、その前に新自由主義と言われていて、大嶽秀夫さんが書いた『自由主義的改革の時代』は中曽根政権期ですね。当時、サッチャー、レーガン、中曽根、と言われていましたね。80年代でしょうか？

村松　日本では、大きな流れになるのは80年代でしょう。私の研究の中では、新自由主義は、政府が民営化を唱え、通信規制改革に触れたときに最初に目の前の問題になりました。１９７９年のアメリカ司法省がＡＴ＆Ｔを提訴するあたりから、新自由主義を論じはじめました。国鉄や電電公社の民営化がはじまる頃です。

河野　そうですか。理論的なバックグラウンドは、もちろん、経済学者のフリードリヒ・ハイエクとミルトン・フリードマン。

村松　そうでしょうね。日本では小泉政権の間に流行になり、その言葉で定着しました。今回の河野さんとの対話のために自分の論文を読み返していたのですが、1960年代には目立たなかったがアメリカの広域論の中にもありました。WASPの「郊外の小規模自治」を支持していました。

　ヴィンセント・オストロムや足による投票のチャールス・チボーが論陣を張っています。ずっと忘れていましたが、私の論文でこの2人を紹介しています。

　それと、新自由主義といえば、留学の初年度か2年目、先に触れたようにバークレー校の学長のクラーク・カー氏が、新自由主義的な知事のレーガンに解雇され、キャンパスでは大きな話題でした。

河野　小規模自治体の自治というのは、歩いて行ける範囲内で地方自治が成り立つ。ルソーが理想的と考えたような、歩いて行けるところに投票所があると、そこに生活圏もあるといったことでしょうか？

村松　だいたいそういうことだと思います。ヴィンセント・オストロムの妻がノーベル経済学賞をもらったエリノア・オストロムです。政治学者として経済学賞を取ったのは、ハーバート・サイモンに次いで2人目です。『Governing The Commons』というタイトルの本があります。

　この人は、日本における入会地の管理のルールについて合理的選択論で分析しています。入会以外、事例として、ノルウェーの漁場のルールも出てきました。

河野　漁業もそうですね。漁業権も入会権も村落共同体が所有、管理をしている。昭和20年代の法社会学者がやっていたような話でしょうか？

村松　日本の事例は、マーガレット・マッキーンという日本研究者の入会に関する実証的論文がエリノア・オストロムさんの本で引用されています。

河野　第1回留学のときの広域都市の話に戻しましょう。学説の整理をされたと先ほど言われました。ジェファーソンまで遡るのですか？　大統領のジェファーソンでしょ？

村松　多くの場合、ジェファーソンに言及します。私が参照した本が、A・サイード（Anwar Hussain Syed）という政治思想史研究の若手の本であったからかもしれないですが。

河野　さっき少しおっしゃったジェファーソンともう1人、アメリカの大統領でジャクソニアン・デモクラシーのジャクソン。ジェファーソンとジャクソンはアメリカの行政学者にとっては、もう完全に守備範囲で、いつもそこにリファーして、こうだったとかそれは違うとか、そういう学風なのですか？

村松　そうですね。その頃、多くの政治学者は地方自治とか「草の根自治」を論じるときは、枕詞のようにジェファーソンを持ち出していました。

ただ、アメリカの行政学は、むしろジャクソンなどの民主主義がもたらした都市の腐敗を正し改革していく方向で、20世紀への転換期に現代の行政システムの形成を目指す学問として出来上がっていったのだろうと思います。

政治から行政を分離して理解すべしという主張もそこから出ています。ジェファーソンから出発して、ジャクソンを経て、アメリカの20世紀への転換期のホームルール運動を研究し、さらに、20世紀半ばの問題として、先の大都市圏広域政府（人権問題をかかえる中心都市と隣接の白人の郊外自治体を一体と考えるコンセプト）を主張した、先ほどのサイードという人の本がちょうど出版されたばかりで、この本を参考にして『The Federalist Papers』とか、その他引用されている文献を確かめたりして読みました。ヴィクター・ジョーンズやIGS、バークレーのキャンパスでは大都市圏政府論が盛んでした。

ジェファーソンとともに論じられるジャクソンのパトロネージのほうが、アメリカ行政学成立には直接的な関係があります。

河野　パトロネージは、縁故採用による人事でしょうか？

村松　なぜジャクソンがパトロネージを言ったかといえば、大きな動機は、アメリカの連邦政府は建国以来ずっとヴァージニア州とニューヨーク州などの東北部出身エリートが要職を占めていたことへの批判でした。

河野　要するに東部13州ですね。そういうバックグラウンドがあって、パトロネージが出てきたということでしょうか？

村松　はい。連邦政府の東北部閥を打破するのは中西部の我々だと、ジャクソンは主張しました。公務員なんていうのは、大したスキルがあるわけではないから、誰でもやれるのではないかと。「普通人でもできる」。パトロネージで長くやりましたが、これに対して、20世紀に入る前後から、行政学では専門家の必要が感じられ、メリットシステムが主張され、そこから行政学誕生への一つの転機が生まれました。

つまり、パトロネージということが正当化され、それで30年40年やったら、アメリカ連邦政府も地方自治体もボス支配がはびこってしまった。普通人なら誰でも任命できるとして、ポストを選挙で応援した人達に分けたわけです。これは選挙の勝者、公務員ポストを自由にするという猟官政治です。

河野　それはアメリカ政治史の中では、批判的に書かれていますよね。でもバックグラウンドにあったのは、東部のエリートに対して異論を出すという文脈で出てきた、ということでしょうか？

村松　そうです。しかし、それでやってみたら、都市政治はすでに複雑な専門知識が必要になっていて、正義どころか、まっとうな行政もできなくなって、腐敗政治になった。

河野　そうそう、ジャクソニアン・デモクラシーというのはコラプション（腐敗）の温床だというふうに、一般的には言われていると思います。

村松　ジャクソン大統領時代は、南北戦争の前ですからまだよかった。

河野　なるほどね。では南北戦争以後は、そのジャクソニアン・デモクラシーの評価の逆転が生じたわけですか？

村松　うん。南北戦争以後、一方で工業が発展するが、他方で19世紀末、ジャクソニアン・デモクラシーの下でボス政治がはびこり主要都市や州政府が金権主義になってしまった。これは民主主義ではない。「ボス体制（bossism）」は攻撃の標的になりました。そこに20世紀初頭、市政改革運動が生じて成功したのだと思います。ここでホームルール運動が生まれて、新しい自治論になったという経緯があったと思います。

河野　ウッドロウ・ウィルソンはどういう関係になりますか？

村松　ウィルソンの、先に触れた最初の論文『The Study of Administration』では、そういう背景の中で主として公務員制度改革を唱えていました。腐敗政治の下で、具体的に改革の方法として「人事行政」を取り上げメリットシステムが良いと指摘し、行政の合理化を目指そうとしたのだと思います。「ドイツは嫌いだが、行政技術を学ぼう」という趣旨でした。ドロボーが研ぎ方を知っているのなら、我々はドロボーからだって学ぶのだという趣旨の比喩を使っていました。

行政学の成立に関係することをついでに言えば、初期において、フレデリック・テイラーの科学的管理法を参考にしました。ですから、アメリカでは経営学と近い学術分野とされています。

河野　というのがウィルソンなのですか？

村松　ひどいこと言っているでしょ？

河野　ウィルソンが有名なのは、第一次大戦終結の際のヴェルサイユ条約と国際連盟の頃ですが、その前ですか？

村松　彼が行政学の発言をしたのは、もっとずっと前の若い頃です。前にお話ししましたが、１８８７年に論文を書いています。この人は、その後、プリンストン大学の学長になり、ニュージャージー州の知事になり、それから大統領になりました。

河野　プロイセン・ドイツは嫌いだけれども、ドイツのやっている行政の考え方を受け入れるのは良いだろうというのがウィルソンだったのですね。

村松　そうです。この当時の有名な政治学者は、ヨーロッパ留学をしています。ウィルソンもドイツ、フランス、イギリスに留学しています。自分の留学した国をモデルに改革提案をする傾向があった。ウィルソンはイギリスの議会主義を採用すべきなどと言っていました。

ウィルソンよりもっと行政学に大きな影響を与えたフランク・グッドナウも、パリやベルリンか、ヨーロッパ留学をしています。アメリカの政治学は十分に発達していないという認識で、皆、留学をしています。アメリカ政治学の中では、市政改革運動の中での行政学を見ると、アメリカの実態を直に扱う点で実証主義の政治学先行組です。

私は、このあたり詳しく読んでいないのですが、手島孝さんによれば、1920年代の市民運動組織は、「1．まず目的に従ってデータの収集をする」、「2．それらを分析して、改革の方向を考える」、「3．具体化する」など、改革型の実証的アプローチの方法がすでに市民の身についていたと書いてあります。

アメリカ政治学は、早くから、科学の方向を目指していました。しかし、本当に学問的に意識して「科学」を目指す政治学が発展するのは、もう少し後のシカゴ大学からではないでしょうか。

河野　その頃にアメリカの政治学と行政学が発達したのですね。

村松　行政学は、20世紀初頭に市政改革運動などを契機として発達し、30年代、行政学者が参加する「行政管理に関する大統領委員会」の提言が影響力を持ったことなどで自信を得ました。

アメリカ行政学説史を見ると、政治と行政の関係の研究は微妙です。当初、政治行政二分論などと言って、行政を政治から守ろうとしましたが、次第に政治行政の融合が望ましいという、融合関係の復活が議論されます。行政学のテーマとしては、市政改革が全般に及び、組織や予算の手続きなど個別に取り上げられていったと思います。

しかし、2年間の留学で、「むしろ日本をやろう」という気持ちになって帰りまして、私自身のアメリカでの調査は、少しインタビューをしただけでそれ以上のことはしませんでした。アメリカでは前に申し上げたように、アプター、ウォーリンの講義やレイモン・アロンの本を頼りに政治学を広く読むことに時間を使ったのでした。

留学中の交流と私生活

河野　留学中の友人関係はどんなでしたか？

村松　アメリカ人では、ロナルド・モースさんと親しかった。この方は、遠野物語を研究して、博士論文の「柳田国男」論（『近代化への挑戦』）が日本語で出版されています。その頃、この方は日本にも来て長く麗澤大学におられたのですが、あまりお会いすることはなかった。なぜなのかよくわかりません。

しかし日本を去るときに、霞が関ビルの33階でご馳走になった。これでお別れという合図だったことに後で気づきました。

留学の初年度、アダルト・スクールでは英語とドイツ語のクラスに出ていましたが、大学外では、YWCAの英語の個人教室で素晴らしいカップルに出会い、その方達にはずいぶんお世話になりました。バンウェル夫妻ですが、いわゆるホストファミリーのような存在になりました。このご一家が私をアメリカ好きにしました。お二人はカリフォルニア大学を1940年前後に卒業して結婚されました。アメリカの典型的な中産階級のご夫妻で、良い時代のアメリカの典型であったように思います。

夫は建築家でした。サンフランシスコ郊外のウォールナットクリーク市にお住まいで、度々夕食に招いていただいた。2度目の留学（1972年）、3度目の米国滞在（コーネル大学）のときや出張のときは、正式日程の前後に必ず泊めてもらいました。

最初の留学の1960年代には二世、三世の人達とも付き合っていました。夕食パーティがたくさんありました。日系アメリカ人のお祭りで、彼らの苦労話をパントマイムで見たことがあります。バンウェルご夫妻やユージン・リー氏のお宅にも行って、アメリカの郊外生活は良いものだと思いました。ワルドー先生にも、東部に出発する前にお招きいただいた。

IGS関連でいくつかの交流があったことも思い出します。IGSのワルドーより一代前の所長のメイ教授の奥さんがバークレーの市議会議員をしておられ、ある日、サンマテオ市の市議会議員のアーチボード氏と一緒に夕食に招いていただいて、湾岸地域の市政の話に接したことがあります。

その会話を有効に利用できたかどうかわかりませんが、当方に適切な質問があれば教えてくれる人がいたということでした。この頃、加州住友銀行が仲立ちして、バークレーと堺市の姉妹都市契約ができます。

バークレーでは、高橋安人先生（機械工学）が日本人会の中心でした。岩波全書の『自動制御理論』の著者として知られていました。頭脳流出の1人でしょうが、当時、カリフォルニア大学のバークレー校にいました。

その頃、ミツバチの研究をしていると言っておられた。この方が時々おいしい料理に大勢の日本人を招いてくれて、日本人同士が付き合う場を提供してくれました。

私は知り合いになっていた菅原寛孝さん（物理学）ご夫妻に連れて行っていただき、週刊誌などを手に入れたり、学術における日本の役割の議論を聞いたりしました。私ども夫婦がセコイア国立公園やグランドキャニオンに行く機会があったのは菅原さんとお付き合いがあったおかげです。日本学術振興会に行ってから、菅原さんの物理学者としての活躍について知りました。

もっと院生レベルの付き合いでは、杉野昇さん（工学）、竹下寿英さん（工学）、中村真一郎さん（エンジニア）を覚えています。

この頃、司馬遼太郎の『竜馬がゆく』が出版され、一巻ずつ回ってきて、皆、読了後に、「親会社を辞めアメリカの会社に就職することが日本人の『脱藩』なのだ」とか、「日本に知識を持ち帰り会社に貢献するのが道だ」とか論じ合っていました。皆さん、冒険的でした。

法律系統では、東郷伸一郎さんという検事がおられた。ロッキードなど国際的事件でも活躍されました。

1967年、古代日本史の田村圓澄さんが来られて、親しくしていただきました。お一人でしたので、我が家で夕食をとっていただくことが多かった方です。『聖徳太子』を中公新書で出版したばかりでした。その頃からは、歴史学は飛躍的に発展しているでしょうが、古代の歴史についてご教示いただきました。当時の天皇の生活や皇位争いなど、面白かった。年賀状の交換くらいのものですが、先生が95歳くらいまで長くお付き合いしました。

2年目に、財政学の大川政三さんが来られて、一橋の財政学の事情など伺うことができました。

その他では、関寛治さんに、第二次大戦のWAR GAME、あるいはシミュレーションのコーチを受けました。

政治学者では、政党論の研究者の間登志夫さんがおいでになっていて時々お話を伺っていました。

バングラディシュからのご夫婦とも、フランスからのご夫婦とも付き合いました。隣家はユーゴスラヴィア人でした。アンドリッチの『ドリナの橋』を読む機会になりました。

社交の世界で時間を大いに取っていますが、今考えると、これらはアメリカや諸国の人情みたいなものを知る機会でした。

意外に、京大法学部の同僚の先生のバークレー訪問が多く、道田信一郎、園部逸夫、龍田節、高坂正堯先生にお会いしました。2年目に、加藤一郎先生がACLSフェローでバークレーに1年おられました。1回コーヒーを御馳走になった記憶があります。何を話したかははっきり覚えていませんが、お帰りになってすぐ学園紛争になっています。東京大学法学部長になってすぐ総長代行、そして総長になられました。

第1回留学では、シカゴで開催されたアメリカ政治学会を傍聴したことも記憶しています。このとき、ACLS留学の阿部斉さん、本橋正さんと一緒になりました。私はこのとき会員になりましたが、その後出席したことがあったかどうか、覚えていません。しかし、『American Political Science Review』の購読は長く続けました。

帰国に際しては、テキサスのカウボーイ時代の博物館とか、アトランタの地域発展博物館など南部都市へも行っています。バークレーを引き払うときも、荷物を波止場に持っていくなど、大変でした。東部に行ったのでニューヨークでSailing Permitを取ることになりこれも面倒でした。居住することの意味は、この種の面倒を感じる機会であるということだったのかと思ったりします。

第2章

第2回留学（米国在外研究）と京都市政調査・エリート調査――70年代

第1回留学からの帰国後

河野　前回、最初の論文や留学関連のお話は伺いました。

次は、1970年代について伺いたいのですが、色々なことがあったようですね。再度のアメリカ留学と京都調査のあたりをお話しください。ここは、非常に大きなターニングポイントのように拝察しますので、たくさんお話をいただけるといいのですが。

ちょうどその頃、ご自分の研究に入った頃でもありますね。この10年くらいが重要そうですね。

村松　第1回の留学（1966～1968年）の後ですが、日本の政治と行政を研究しようと意気込んで帰国しましたが、京大もすぐに大学紛争に巻き込まれます。学生と総長の交渉はずっとその前からあったようですが、1969年に全学的になりました（京大問題記録編纂会編『揺れる京大』）。

紛争は自分と大学の在り方を考える機会にもなりました。また、大学内の範囲ではありますが、教員の間でも、学生との間でも、色々な出会いがありました。

河野　色々な前後関係が複雑でしょうね。

村松　そうですね。時期と仕事の関係を当時のメモで調べましたが、自分の記憶でも混乱している感じがあり、今回、やっとある程度の整理ができました。

順序から言うと、バークレー留学から帰国して半年後、１９６９年1月からですが、突然、学園紛争が京大でも大きな事件になりました。

ちょっと紛争の関係について長い話になるかもしれません。

河野　どうぞ。政治学との関係など出てくれば面白いですね。

村松　日本のことですが、日大では大きな紛争がすでにあったし、東大では、１９６８年には医学部学生が先鋭化するなど他大学のことはありますが、京大に限定します。

京大では、１９６９年1月21日、運動家の他の大学の学生が、京大を狙って押し寄せる、また東京からも新幹線で大勢やってくる、そういう噂があり、これに何とかしなければならないという、非常にナイーブな形で紛争について認識しました。

東大医学部の運営の民主化とか日大の授業料問題というような明確な出発点がなかったように思います。私は全貌をとらえていないので、このように言い切っていいのか不安ですが、「一般教員」には、そんなことであったのではないでしょうか。

1月21、22、23日にゲバ棒が激しく使われた事件以後、各所で衝突があり、その数カ月間で、大学問題が全域化したように思います。

法学部学生では、ゲバ・グループが事務室を一時荒らしたこと、くらいでした。全学では、奥田東総長と学生で、団体交渉が長く続いたこと、他の学部のことなど、バラバラの記憶で、私にとって、ここで詳細に話す用意がありません。

ゲバは各学部が学生組織の単位であったようです。

法学部の教員は十数名、1月22日の午後（12時）、正門の前に立って、ゲバ棒を持つ学生達に対応しようとしました。説得しようとしたのだと思います。ヘルメットをかぶり覆面をした学生達が、うねるように近づいてきて、とぐろを巻いて何度も門前の狭い広場を回ってから正門にぶつかっていく感じで正門を潰していった。

1人が、知っている学生かどうかわからないのですが、「もうここから消えろ」「先生達の出る幕ではない」と小声で警告してきました。私達はこのイシューに未熟でした。寮の自治という主張はありましたが、この言葉で全体を説明できるわけはありません。

大学側は、一時、正門を閉め、通用門だけ開きました（『揺れる京大』）。

はじめは正門の攻防、その夜は構内全体で、「学校を守る」立場を取ろうとして大学側に密着しようとした民青と、彼らの対立が続き、私は夜12時に、全体の構図がわからないままに、片岡昇先生と時計台建物の玄関の近くで、かがり火の横に立ちながら、「これは一体何だろう、かがり火をたいたことなど事態が歴史に残るだろうね」、などと会話を交わしました。

こんなことから、ゴタゴタは、「総長の長期間の団交があったこと」「各学部にはそれぞれの事件があったこと」「大学側も途中から判断の間違いに気づいて方針を何度も練り直したようなことがあったかな」といった感じで記憶は切れ切れです。

学園紛争が外に出ていき浅間山荘事件にまでなりますが、私は今もってこの紛争の趣旨はわからない。京大でも、教授側の「権威主義」が問われるなど、世代間ギャップやそれぞれの問題が問われたのでしょうね。バークレーのフリースピーチ運動は「管理社会への抵抗」など論文として言葉が残っていますが、日本では羽仁五郎の『都市の論理』などを除いて、この学園紛争を取り上げた論文などは見ていません。『都市の論理』は例外的な、変な老人のアジテーションでした。

大学の体質が古いという議論が一番理解できました。しかし、私はもうその古い側の一員でした。

河野　各学部で対応など違ったのではないですか？

村松　そうです。文学部では、教授1人ひとりがつるし上げにあったという噂がありましたが、西夏文字を解読した西田龍雄先生が「これまでの教授のやり方が悪いというが、それなら、自分と同じ仕事をしてみろ」と学生に言ったと聞いたときは痛快でした。

他の学部の情報も噂のレベルで入ってきました。法学部はあまり荒れていなかったのですが、学部長と「自治会」との団交の片側の末席に座っていたり、大学に泊まったりしたということになりました。

2回生（昭和43年入学）の43Jと括られていたクラスの討議には付き合いました。学生は、理論的には、安保やベトナム戦争の議論をしていましたが、結局は、民青勢力と、反民青の学生勢力の闘争でした。会議は潰されるということで、教授会開催のため、百万遍のお寺（知恩寺）を借りたこともあります。

この頃、教授会やその諸委員会で、警戒態勢の議論をしています。宿直を一定年齢以下の教授会メンバーが交代でやる。職員の宿直申し出を断る。夜間の宿直時に機動隊を呼び入れる事態になったときのタイミングや警察に電話をする人の資格なども議論しています。

法学部でも、次第に、研究者のあり方や大学のあり方の議論をするようになりました。何か大学のことを考えなければならないということで、京大内では、休眠していた助講会（講師はいなかったので助手と助教授の会）が時々会合を持ったりしました。

法学部教授会では、怪我人をめぐって、於保先生が執行部体制を批判されたのが印象的でした。「治療費などを大学側で持つのか。暴力を放置するのか」と発言された。

しかし、加藤新平部長が病気になってしまい、部長は林良平先生に交代しました。林先生の自治会との団交は気力溢れたものでした。それでも多少の譲歩をして団交を終わらせて帰ってくると、当然、教授会では激しい討論になります。

私も積極的に発言しました。長濱先生の家と近所のお店で、何人かの同僚と痛飲という感じで、三々五々に飛沫を飛ばした議論の場がたくさんあったような気がします。

当時の学生のビラの一種で、「秩序を回復せよ」という署名入りの暴力反対派の珍しいビラもあって、機動隊を導入せよと言っています。この方々は、我々の世界では知っている人達でした。小町恭士さん、錦織成史さんの名前がありました。

当時、助教授は教授会に出席していましたが権限なしでした。助教授は助手と講師をメンバーとした助講会があって、何となく不満を解消していました。外部から刺激されて助講会が再開され、他の学部の噂なども伝わってきました。

助講会では教授会内の役割・権限が明確でなく助教授が権限あるメンバーとして教授会に入るかどうかが話題になりました。それまでは、人事以外のすべての教授会に参加できるし義務もあるが、決定権はまったくないというルールでした。多数派は、権限も責任もいらないという立場でした。この点は、教授会側では意外であったようです。

どういうふうに解決したかはともかく、この種の場で意見を言い、一定の役割を表現し、その他立場をしっかり伝え教授会内での位置づけが明確になったことは、研究の世界を明るくする上でもプラスでした。

河野　教育のほうはどうなっているのですか?

村松　70年度は期末試験も採点も順調でしたが、71年度は4月に入っても行政学は開講できませんでした。

年末から不調を訴えられていた長濱先生が1月に入院され、あっという間に、5月にですが逝去されました。このときの学生紛争が直接の原因ではないのですが、いわゆるゲバ学生がいっぱいいる第一教室で演説しようとしたりしていたので、そのご心痛の影響があったに違いありません。

年を越えてからの入院でしたが、その前、71年1月、有馬温泉に弟子が集まり、還暦祝いをしました。それからすぐに亡くなられたわけです。これは、京大法学部「行政学講座」には事件でした。私自身は、先生はご存命であるという前提で、種々の研究計画を立てていました。

特に、すでに2度目の外国出張の企画をして、フルブライトの奨学金でバークレーとハーバードに行くことになっていました。ところが、というか、当然にというべきかもしれませんが、私に講義責任の問題が生じました。関西には先輩の行政学者がいましたので、非常勤講師といった他の方法もあり得ました。

しかし、4月から部長になった平場安治先生は、葬儀における弔辞の中で、「長濱先生安らかにお眠りください、教授会は、行政学の講義を村松助教授に担当してもらうことに決めました」と言われた（『長濱政寿を偲んで』より）。これで71年の講義は、はじめて村松担当ということになります。担当ということは大学院の責任も入ります。

単位と関係ない予備ゼミはやっていましたが、京大における行政学講義をするのははじめてでした。

水口憲人君は、大学院の博士課程1年目で、テーマを決めて文章を書いた経験があるから、これは問題がない。1年くらい後に、吉富先生から、「後継者をさがしているが、誰かいないか」と問われ、水口君を推薦してすぐに採用されました。

もう1人、1970年に更家充君が大学院入学、事実上、私の指導の下でロバート・ダールについて修士論文を書きますが、その後すぐに京大法学部大学院を退学し、1年後くらいに、大阪市立大学医学部に入学し医者になりました。この人は、私の研究を長く補助してくれた山田順子さんと結婚されたということもあって、長い付き合いになっています。少し後にお話しすべきことですが、他大学の行政学の担当者として大学院生の北原鉄也君（愛媛大学）と村上弘君（立命館大学）を推薦するといったことがありました。

この他、さらに72～73年の、2度目の外国出張が予定されていたのですが、問題は行政学の講義でした。

難点がありました。しかし、何とか講義と海外出張が両立するアレンジができて、予定通り出張しました。行政事務が増えたわけです。

72年度は前期集中で、73年度は、帰国後やや遅れての開講になりましたが、単位認定に必要なコマの担当を、両年度ともに実行できました。帰国すると、はじめての演習でしたが数人の学生が登録していました。久見卓氏などです。

この頃はまだ紛争中ですが、京大では、長期化している問題として、経済学部の竹本問題（竹本信弘助手の欠勤・キャンパス外では強盗予備罪として起訴など）と熊野寮の二室が占拠されていることがあり、長期に続いていていました。

京都市政の動態・調査

河野　それでは、いつ、京都調査に入ることになるのですか?

村松　京都調査は、1971年7月に実施に入っています。大学紛争は続いていますが、局所化されていました。人文科学研究所の研究会を中心に、チームができて、対象について合意ができ、三宅一郎氏のリーダーシップの下で行われました。私は途中から参加させていただきました。

具体的には、1972年春、夏の仕事です。私は、質問文づくり、サンプリング、インタビュー要員集めをして、質問調査が終わった段階で外国出張です。行政学講義を前期集中で済ませて、2度目の留学に出ました。

その前に、三宅一郎さんとの出会いですが、思い出せば、三宅さんに拾っていただいたという感じです。お話ししたように、アメリカ留学の後、「日本政治をやろう」と言って帰ってきたわけですが、どうしていいかわからなかった。しばらくは本当に悩みの時期でした。

研究論文としては、『都市問題研究』や『都市問題』から依頼されて、原稿は書いていましたが、自分の方法も主張も明確でなく、何となくアメリカで購入した本を読んでいたように思います。

そんなとき、三宅さんと偶然に出会ったのは、大変幸運でした。1971年であったと思います。ボヤっと河原町通りを歩いていて出会った三宅さんに、「どうしていいか方向がわからなくて困っています」と打ち明けたのだと思います。

その近くにあった「フランソワ」という喫茶店に誘っていただき、三宅さんから「京大人文科学研究所の三宅班の研究会に出席してみたらどうか」と言っていただきました。それで、すでに述べたように、三宅さんの「京都市民意識調査」への参加ということになったわけです。

三宅さんの市民意識調査は、すでに資金的裏付けがある企画で、途中参加でした。しかし、調査活動自体には、質問文の作成やサンプリングのはじめから参加し、途中、2回目の留学で抜けて、戻ってまた「共同研究」に参加しました。この頃、三宅さんは『ＳＰＳＳ統計パッケージ』を東洋経済新報社で出版し、日本の社会科学の発展に大きな貢献をしました。

市民意識調査ですが、一番印象的だったのはサンプリングです。調査をしたのは1971年7月中旬ですが、サンプリングには71年3月15日現在の選挙人名簿を使いました。三宅さんの指導で、「無層化三段無作為抽出」という方法でした。京都市の9行政区から六つを選び、各区では町をいくつか選び、町の中でさらにランダム・サンプリングをする。1000人になるまでサンプルを取りました。調査対象名簿ができました。補充名簿もありました。詳細は『京都市政治の動態』の巻末にあります。

河野　ああ、そういうやり方なのですね。

村松　サンプリングからはじめて調査を実施しました。調査の結果、実際に得られた有効サンプルが679。

この数字は覚えてしまい忘れません。

河野　1000サンプルの内の679が有効であったということですね。

村松　はい、多少補充サンプルも使ったと思います。

サンプリングが決定的に重要だということはこの実際経験でわかりました。サンプリングが良いと、データが「社会＝母集団」を反映します。我々のサンプルは京都市役所統計の性別、年齢別、地域別統計などともよく合っていた。職業も別の資料で照合してみたところうまくいっている。そういうことであれば、安心して解釈ができるわけです。

京都市民意識調査を実施した後、すぐに留学することになりましたが、私の海外出張中も、私の研究室で調査データは、分析が進んでいました。山田順子さんが三宅さんの指導で大型コンピュータで分析していました。

1973年の4月末、私は帰国後すぐに町内会調査をして、11月に行政組織調査をしています。さらに、京都調査は、1974年には市会議員調査と続いていきます。

京都調査の特徴は、大都市政治の主要アクターを個別的に、サーベイで調査したことにありますが、さらに京都在住の種々の社会科学者が協力して実施したことにあると思います。政治学だけでなく、社会学、社会心理学、経済学、現代史の方々などで構成されています。実務家も参加しています。

お名前を挙げると、福島徳壽郎、木下富雄、君村昌、山川雄巳、森田久男（市役所職員。のち、佛教大学社会学部教授）、山田浩之、上林良一、間場寿一、間登志夫、山口定、須藤真志、小平修、岩瀬庸理、上田惟一、波多野進（同友会事務局）、依田博、伊藤光利の諸氏が調査に参加しました。執筆者もほぼ同じです。

帰国後、最初に着手したのは京都市職員調査で、よく覚えています。この調査では係長や係員がサンプルに含まれていることが大きな特徴です。その後も職員調査はありますが、学術調査では係長以下の職員を含めることができたのはこの調査だけではないでしょうか。
組合加入職員の調査は組合交渉になるのでやりにくくなるようで、なかなか実施できないでいたと思います。ところが、京都市役所の人事担当の岡本武之主幹が、「市役所の行政組織をやるというなら係長や係員の全体をやらねばダメでしょう」と言い、それだけのことについて組合交渉をしてくれたのです。結局、このルートで、さらに職組委員長のヒアリングもやりました。

河野 もう少し、調査の前後関係を含めてご説明願います。

村松 本当にごちゃごちゃしています。時間的には、次のようです。

1971年　長濱先生逝去。私の最初の行政学講義。
1971年、平行して京都市民意識調査が行われています。そのデータ分析に入った頃に、10月、私はバークレー（UCB）とハーバードに行きました。
10月2日にサンフランシスコ空港に着き、バークレーに4カ月滞在して、ハーバード大学に行きます。それらのことについての話は別にさせていただくことにして、1973年4月末に帰国してすぐに京都調査に戻りました。1973年の講義は少しの補講で済みました。

河野 皆さんが面接をやるのですよね。

村松 職員調査のインタビューはそうでした。我々20人ほどの院生を含む研究者がやりました。1人が15人見当で面接したと思います。
私の面接では面白い会話がありました。当時私は33歳でしたが、年齢が同じか少し上だった女性を面接しました。聞きにくい質問、例えば上司との人間関係みたいなことも尋ねるのですが、その方は、「私は毎日退屈な生活をしております。今日は楽しかった」なんて言ってね。職員側の積極的な面もあったから、実行できたのでしょうね。

もっと後になって、郷里の掛川で榛村市長が誕生したとき、「何か掛川市役所のためになることをやってください」と言われて、田尾雅夫氏の協力を得て全職員の組織行動調査をやりました。一人ひとりに面接するということが仕事への刺激になり、モラールを高めることは、京都調査で経験しました。

そのモラールに関する視点ですが、私は、「労働」について、法学部の契約論的でした。〝9時～5時〟は「労働」の時間で、〝アフター・ファイブ〟は「労働から解放された労働者の『個人の価値』の追求の時間」という分け方で見ていたのですが、紛争中の色々の集まりの一つの研究会で、永田良昭さんが「9時～5時の労働時間」の中にも、instrumental value だけでなく consummatory value の視点を持ちたいと言われて、なるほどと思いました。

これは労働の中に個々人の幸福追求の過程があるはずだという議論です。私は京大定年後、学習院大学に移ったわけですが、その際に学習院大学学長をしておられた永田学長にご挨拶したとき、そういう会話があったことを覚えておられました。

河野　面接調査が、職員さん自身の刺激になるのですね。

村松　そういう面もあったのだと思います。職員側の関心もあって、調査の側もやりやすかったのでしょう。地方自治研究というと、企画の内容や対中央官庁戦略とかへの関心による地方自治研究が多いのですが、私は、はじめ自治体の内部政治過程や組織行動論に関心がありました。

アメリカ行政学を読んでいた私には、組織論は自分のテーマでした。アメリカの組織論は行政学で広く読まれていた分野です。行動論的になっていました。

河野　組織調査というのはまさに行政学ですね。どういう研究ですか?

村松　人と人のある共同関係の研究です。上司と部下の関係もあるし、同僚関係もある。組織が共通目的の下で、どう行動しているか。行政と企業がその種の典型的なシステムを持っています。行政組織が能率的かどうか、職員のモラールはどうか。組織は権威で動くのか、人間関係で動くのかなどです。

アメリカ行政学では、組織論は、科学的管理法、人間関係論やコンティンジェンシー理論と発展してきたという経緯もよく知られていました。

京都調査の前提になる組織論については、私もピーター・ブラウの「組織のサイズ」論などが好きでしたが、調査では、田尾雅夫さんからの示唆もあって、チェスター・バーナード、ハーバート・サイモン以後のコンティンジェンシー理論など、色々の論者の著作を広く参考にしたように思います。

河野　この田尾さんは、社会心理学の人なのですね。

村松　そうです。京大文学部出身で当時大学院生でしたが、最後は京大経済学部教授になりました。定年後、愛知学院大学に移りました。たくさん本を書いた人ですが、どれも質が高かった。

元々、介護士とか看護師とか行政学に近いことをやっておられました。京都市職員データも使って、しばらく後に『行政サービスの組織と管理』を書き、日経・経済図書文化賞をとりました。

河野　ずいぶん色々調査をしておられデータの整理などがあるのでしょうが、京都調査の資金はどうなっていますか？

村松　京都市民意識調査は、三宅さんの資金ですでに実行中でしたからよく知りません。

次いで、人文科学研究所の河野健二氏がリーダーで、京大の人文社会系の共同研究として応募していた科学研究費「産業構造の変革とそれに伴う諸問題の総合的研究」が当たって、法学部班（磯村哲教授代表）の資金を利用しました。この班には、私だけでなく佐藤幸治（憲法）、田中成明（法哲学）、中森喜彦（刑法）といった同世代の法学部の同僚が参加していました。

京都市民意識調査でも、分析時には、アルバイト代などではこの科研費が資金だったと思います。職員調査や議員調査もこの科研費で賄ったと思います。

また1973年に留学から帰ってからは、私が科研費調査班の事務局になり、中森喜彦さんの研究室におられた山田順子さんが移ってこられた。山田さんは、さきほど述べたように最初、京都市民意識調査の仕事をしていました。山田さんは、京都市民意識調査の後、エリート調査などで私の研究室で毎日フルタイムで働いてくれました。

私はエリート調査の成果として、『戦後日本の官僚制』を出版して、これで一区切りになりました。そして1981年、コーネル大学に行くのですが、山田さんはその時点までの数年間、村松研究室に勤務してくれました。

山田さんは、その後、大阪のシンクタンクに就職します。ずっと後になりますが、1989年1月2日だったと思います。私の最初の院生で医者になった更家充君とお二人で訪ねてこられました。「結婚します」宣言をされてびっくりしましたが、このことは縣・稲継編の『オーラルヒストリー　日本の行政学』で話しました。

資金面で言うと、職員調査の分析や市会議員調査には、福島徳壽郎氏代表の科研費も利用していたと思います。これらの研究は、人文科学研究所の黄表紙と言われる形で公刊されています。『都市行政組織の構造と動態』と『都市政治家の行動と意見』です。調査に参加した全員が執筆しています。執筆の傍ら、経済団体や労働団体の調査をしています。

すべての調査結果を踏まえて、1981年8月、三宅一郎・村松岐夫編『京都市政治の動態』が出版されました。書評がどんなであったか忘れましたが、京都在住学者の共同研究の成果として、京都新聞の三面トップに大きく取り上げられて、市政関係者は皆読んだと言われました。調査に5~6年、出版まで10年かかっているわけですよね。

河野　京都市政調査は、三宅・村松編『京都市政治の動態』で完成したわけですが、1981年は、日本の政治にとって、時期的にはどんな時期ということでしょうか？

村松 高度成長期ですが、地方では革新自治体が活発になり、ついでちょっと衰えていたかもしれない。中央では、鈴木善幸、中曽根康弘内閣の下で、第二臨調が始まっていました。土光臨調ともいいます。サッチャー首相やレーガン大統領の新自由主義をモデルにした改革の主張があったと思います。日本の赤字財政を心配する人が増えていました。

私も、日本にいれば、この第二臨調の何かにかかわりそうな交友圏域にいましたが、早くからフルブライト奨学金でコーネル大学に行くことになっていました。

第二臨調は、何といっても赤字国債残高を問題にしていましたから、財政支出の多い地方自治体と中央政府の関係も中心課題になりますので、専門家として参加を期待されていたかもしれません。

京都では、調査の開始時点は、まだ臨調前の雰囲気です。特に、革新自治体が盛んになった時期です。京都市では、社会・共産両党から支持を得ていた富井清さんが市長でした。その後富井市政を舩橋求己氏（革新支持で市役所職員出身）が引き継ぎました。我々の本の出版は舩橋時代です。

ついでにですが、戦後市政で大きな影響を与えてきた市長がもう1人います。戦後期の意味での「革新」で出発し、次第に保守に向かった高山義三市長です。つまりその時代に採用された有力幹部が残っているという時期でした。結局、この本では、高山、（井上）、富井、舩橋という実質三代にわたる期間の市政治の展開を論じたことになります。

この時期には、社共勢力の動きも情報公開的で、労働団体など調査しやすかったです。市民調査では、公明党と共産党では、面接拒否があると言われていましたが、そんなことはありませんでした。

河野 先生のお仕事はどういうことになりますか？

村松 私の仕事は、各種費用・資金の申請書執筆の下書き、アルバイトの採用と管理、事務局維持、サンプリング、調査対象になる職員組織との交渉などでした。研究会会場と事務局の関係で、京大の私の研究室が活動の中心でした。調査対象について情報収集しメンバーにお伝えし、他方、調査対象者の了解を得ていく手続きもありました。資金の配分、研究者間の日程調整といったこともあったと思います。

河野 質問表づくりの準備や必要なデータ・クロス表の作成など大変ではなかったですか？

村松 確かに、質問表づくりでは、研究会で意見が出ると、次週研究会までに書き直しの仕事があります。10名ほどの研究会です。参加者分の、いわゆる青焼きの資料づくりをする必要がありました。

執筆段階では、執筆予定者からのクロス表や多変量解析のコンピュータ処理の作業が多かったのですが、それは山田さんともう1人宮野美保子さんというアルバイトの方が常にいて、雑務も大型コンピュータセンターの利用も全部やってくれました。

初期の4年間は、経済学部の学生で、結局、富士通に就職した小阪雅信さんも献身的に仕事をしてくれました。今でもお付き合いのある方です。研究室は結構騒がしく、私は、本を読むときは、百万遍にあった喫茶店「らんぶる」や「学士堂」に行ったと思います。この系列の調査は10年間続きました。

私は、この間、若い研究者の田尾さん、有能なアルバイトの山田順子さん、小阪さん、宮野さんというメンバーと大変に良い協力関係を維持することができました。この人達を巻き込んで、綾部市民意識調査、自治大学校に当時付置されていた地方自治研究資料センター（加藤富子所長）での自治体職員調査、行政管理研究センターでの公社公団調査など多数の調査を行う余裕もありました。一部、日置弘一郎さんが参加していたような気がします。

日本では組織論は経営学と社会心理学がやっていたのでしょうが、行政学でもやっていました。当時、組織論は、アメリカでも日本でも注目を集めたテーマであったと思います。エチオーニ著（綿貫譲治監訳）『組織の社会学的分析』は、今読んでも種々の理論仮説を示唆する力があります。

河野　市会議員調査の内容に少し触れてください。

村松　京都市会議員の調査では、71名の全数調査ですが、有効回収数は67名でした。実施したのは１９７４年です。４人の方が入院などの理由でお会いできなかった。全会派が協力的でした。質問は選挙の競争率、市会議員の関心の方向、何を都市問題と感じるかや、選挙組織の動員の方法とか多面的です。

市会議員調査では、例えば木下富雄氏は、当時、Ｇ・カーティスの『Election Campaigning Japanese Style』という本が『代議士の誕生』として出版され、大評判だったので、ご執筆の章のタイトルを「市会議員の誕生」としておられた。

私もカーティスの密着取材型調査には大変興味を持ちました。新しい方法です。質問文には親の職業や所得、キャリア情報が得られるようになっていたので、多少は物語ができます。木下氏は、情報が少ない中から市民が議員になっていく道・ルートのパス解析をしました。木下氏はストーリーテラーでした。

河野　京都調査関係で何か他にありますか。

村松　町内会長調査については、データができたが、調査結果の発表方法がなかった。それで、東京の余暇開発センター（佐橋滋理事長）から補助金をいただき、簡単な報告書をつくりました。

当時、市内にシステム科学研究所（大橋所長）という団体があって、そこで印刷してもらった。これはよく読まれたみたいでした。当時としては珍しかったのだと思います。日本経済新聞社から、町内会長調査のデータをもとに町内会について書いてくれという依頼があり、日本経済新聞の朝刊・文化欄のページに「町内会長は行動派」という文章を書きました。

その次の週に、大阪本社の佐々木さんという記者さんが研究室にお出でになって、夕刊「あすへの話題」コラムに、週1回・半年間（１９７７年前期）担当してくれと依頼され、引き受けました。

京都調査では、地方議員とはいえ、政治家に度々インタビューするのは面白かったですね。

河野　なるほど。

先のカーティスさんですが、確か大分の選挙区に入って政治家に密着して、『代議士の誕生』という本にしたのですよね。結局その色々なバージョンの中で市会議員の誕生ということですよね。

村松　そうです。あの『代議士の誕生』の代議士は、佐藤文生氏でしたが、思い出すことがあります。

余談ですが、イタリアでの会議の帰途、ヴェニスに行きましたが、そこで再婚したばかりの宝塚出身の奥さんとゴンドラに乗っていた佐藤文生氏に手を振ったことがあります。１９８０年のトリノ研究会の帰途ですが、たぶん、大森、天川、飽戸弘氏がいました。ベラジオ研究会のときだったかもしれない。佐藤文生氏に手を振って、当方も名乗ったかな。いつかインタビューしたいと思っていたが、機会はなかったですね。運河沿いのホテルに宿泊しました。ピアノ弾きがいて、何か歌えというので、皆で「サンタ・ルチア」を歌いました。翌日、市役所で市の問題は何かとたずねると、「町全体が沈んでいること」と「ラグーン（防壁堤）の維持」だと言っていました。天川さんはフランス語でインタビューされました。

私にとって京都市会議員調査の経験があって、エリート調査として国会議員・官僚調査に向かうことができた気がします。

第2回留学――バークレーとハーバード

河野　72～73年の海外研究と京都調査の前後関係をもう一度お願いします。
村松　72年、市民意識の面接調査に参加して、10月にバークレーに行ったところまでお話ししました。バークレーの後、ハーバード大学に3カ月滞在し、翌年の4月末に帰国して、京都市職員調査がはじまりその事務局をやりました。

第2回留学は、第1回と違う重要性がありました。ハーバードにも行きましたので、お付き合いの範囲が広くなりました。

河野　そうですね。私もそれを伺おうとしていました。

村松　バークレーでは、最初の留学のときワルドーの後を引き継いでくれたユージン・リー教授（IGS所長）とスタンレー・スコット主任研究員のコンビは代わっていなかった。第1回の留学のときと同じキャレルをいただきました。

そのキャレルで1966～1968年の2年を過ごした成果として、先ほども触れましたが、1968年の帰国に際して、「アメリカ大都市圏域政治調査」（"Metropolitan Government in the Making"）という短い英語論文を書いてIGSのリー教授とスコットさんにお渡ししていました。それをIGSのスタッフは読んでくれていました。たぶんこれで多少の信用を得たのだと思います。

スコットさんが、IGSは、「これから世界の大都市圏域研究シリーズを出すので、『東京』篇を書きませんか」と誘ってくれました。ヴィクター・ジョーンズ教授は、英文は私が校閲すると言ってくれ、その親切にびっくりしました。ジョーンズ教授は、著名な大都市圏政治研究家でした。

しかし、編集に入った過程で、直前までバークレーにいてハーバードに移った社会学のネイサン・グレイザー教授が手をあげて、「東京」を書くと言ったようです。

そういうことであれば、村松の役割は変わります。彼をアシストする形で参加しませんかという話になって、グレイザー教授のアシスタント代として、ハーバード大学が私の滞在費該当分の予算（グラント）をつけますという話になった。ハーバード大学ではEast Asian Research Centerに研究室をもらいました。

それでハーバードに到着してすぐにグレイザーさんにお会いしたところ、彼は、「私は、やる気でいたのは事実だが、やはり言語を知らないで東京研究ができると思わないからやめたい」と言うのです。奨学金（グラント）はどうなるのだと聞いたら、今のライシャワー日本研究所の所長だったアルバート・クレイグ先生は「3カ月のグラントはそのままでいい。ハーバード滞在は自由時間だ」と言ってくれました。

私は、クレイグ先生には恩を感じます。これで私は何の負担もなくケンブリッジ生活ができることになりました。このときの3カ月は、私の研究生活にとって、新しい仕事をし、交際圏をつくる機会になりました。

ワシントンストリートに下宿を見つけました。家主は引退した地方紙記者でした。この人と、limited town meeting（市議会ではなく市民の地域代表の直接参加）で市政をやっているリンカーンという町の議会を見学しました。

クレイグ先生は、幕末の「明治維新における長州」で博士号を取った人です。ハーバードの日本研究で中心人物でした。

ライシャワーは、滞在中30分ほど2人で話した経験があります。

日記によれば、ライシャワーは、ニクソン・ショックへの日本側の対応に関連して、自己の利益と安全について、日米交渉でもっと日本は自己主張をしたほうがいいと述べていました。実は私も賛成したのですが、彼は、日本では40代、50代の人は、「自信のない世代」に見えると話しました。

河野　グレイザーさんはどういう方でしょうか。

村松　グレイザーというのは、アメリカ社会学の大物でした。『Beyond the Melting Pot』の著者で、人種問題に造詣が深く、ジョンソン政権時代には政策提言的活動もしていました。先にも似た話がありましたが、アメリカの1930年代、グレイザーは、アーヴィング・ホウ、アービン・クリストル、ダニエル・ベル達とニューヨーク市立大学の同級生で、共産主義を共に語る仲だったようですが、スターリン統治のソ連に幻滅していました。デイヴィッド・アプターの話に似ています。

このグループは保守理論家として名乗りを上げ、1965年、『The Public Interest（Quarterly Journal)』

というジャーナルを創刊します。保守派の学術的論壇誌として広く読まれました。

この雑誌に寄稿するのは、頻繁に『The New York Times』や『The New Yorker』に寄稿を依頼されるような論客達でした。行政学では、ジェイムズ・ウィルソンがしばしば書いていました。1960年代のグレイザーやダニエル・モイニハン（上院議員）は「モデルシティ事業」など政策提案をしていました。

グレイザーは、「東京」執筆は諦めましたが、私との関係は少しの間続き、主として人種問題でもある都市問題一般を論じるいくつかの公開シンポジウムに私を連れて行ってくれました。この人は、人種差別問題で激しいやり取りがあると、フロアに座っている一聴衆だったとしても、立ち上がって意見を述べる人でした。

グレイザーは、いつも「都市問題は住宅問題だ」と言っていたことが昨日読み返した私のノートに書いてありますが、彼の心にあった基本的な主張は、当時の資本主義をいかに修正するか、ということであったと思います。

河野　ハーバード大学の所在地はケンブリッジですよね。どんな生活でしたか？

村松　まず、日本人との関係ですが、石井紫郎さんが朝日新聞を読む会をやっていて、「現代日本」の研究という趣旨でした。アメリカ人も参加していました。隣室の石井さんとは、とにかく毎日話をする関係になりました。

クレイグ先生の講義を1回見学させていただきましたが、新井白石を取り上げていました。ケイト・ナカイさんが一緒にやっておられました。

クレイグさんについては、思い出すことがあります。この方のオフィスでお話を伺っているときに、ロバート・ベラーから電話があって、「プリンストン大学・高等研究所に招聘されたが、過去に左翼的であったという中傷があり、それで滞っている」という不満を述べているようでした。

私は外に出るべきと考えて席を立ったところ、クレイグさんは、身振りと眼で「聞いていなさい」と言いました。私に、聞かせたかったようです。

電話の後、アメリカにおける1950年代左翼、マッカーシズム時代の話を聞いてオフィスを出ました。このことを、非常に親しいアメリカ人に話したら、トップ研究者の間の嫉妬ということが誹謗の中にはあるかもしれないと言っていました。

河野　他にどのようなご交友がありましたか？

村松　同時期にEast Asian Research Center（EARC）におられたのが尾高煌之助さん（一橋大学・経済史）と中山茂さん（東京大学・科学史）。

ハーバードのロースクールには京大同僚の田中成明さん（法哲学）がいました。この人がいたので、私は孤独にならずに済みました。

私は自炊ができなかったので、ハーバード大学滞在中は、ずいぶん田中さんの奥様にごちそうになりました。一緒に田中さんの運転する車でニューヨークに遊びに行ったこともあります。田中さんの車は、田中さんの前年に滞在していた佐藤誠三郎さんから買ったものだと聞いたように思います。

さらにその前年、三谷太一郎さんがハーバードの燕京研究所におられたようです。この田中氏の車を借りて、一度、南北戦争の史跡コンウェイを1人で見に行ったことがあります。

また、ロースクールには棚瀬孝雄さんがいて、京大に法社会学でお招きする縁になりました。

ハーバードというところは、やはり一流の研究者が多い。田中さんからは、当時ハーバードで評判になっていたロールズの『Justice as Fairness』の話を聞きましたが、私は無謀にも、帰国後、ロールズの『A Theory of Justice』を大学院の講義のテキストに使って、途中で挫折したことがあります。自分でもはじめてトライする本をテキストに使っていましたので、良い先生ではありませんでした。ウォーリンを大学院行政学の講義のテキストに使ったこともあります。

ハーバードでの生活ですが、わずかですが時間的余裕ができて、この3カ月は、主として英語の論文の執筆に使いました。

また、先ほどの石井紫郎さんと毎晩のように話をするようになりました。石井紫郎さんは、奥さんが、お仕事をお持ちで日本に帰ってしまったものですから、毎晩飯を食うのが1人で寂しい（笑）。それでごちそうしてくれました。よくボストンに一緒に生牡蠣を食べに行ったりしました。

石井紫郎氏とのフランス旅行

河野　先ほど雑談の中でヨーロッパ旅行の話が出ていましたが、どうなりました？

村松　1973年、3月末が日本人には一区切りで、4月から講義に入りますので帰国ということになります。石井さんも私も帰国準備に入った頃、石井さんから、「ヨーロッパ旅行の計画中であるが一緒に行こうか」と誘われました。シャルトル大聖堂から初めてロワール川沿いに下って中世のお城を見てパリのシャルル・ド・ゴール空港に出て別れるという企画です。

ロワール川沿いの城めぐりは本当にホテル予約などなしの弥次喜多道中でした。どこを観光するという企画もなかったと思います。

1973年4月末ですが、この旅行は、わが人生で最もゆとりがある時期で、楽しく充実していました。車をレンタルして石井さんが運転をして、私が地図を見てナビゲーター役。2人でずっと話していました。夜は部屋をさがすのですが、田舎の町にある二つか三つのホテルで「アベブ・ドゥ・シャンブル？」と言って宿泊室探しをするのが私の仕事でした。「セ・コンプレ」と言われて断られると、次のホテルをさがします。このときローカルのワインをたくさん飲みました。大部分を飲んだのは石井さんです。

河野　どういう話をされたのですか?

村松　車の中では運転手席とその隣は親密圏です。話は自由自在でした。

自由とは何かといった大議論もしました。ある個別の事件が「自由の問題」かどうかとか、ケースを出しながら議論をしました。西洋史も日本史も私が聞き役ですが、事件・ケースを出しながらの議論ですから、多少の意見が私にもあって、ずいぶん勝手なことを言いました。

非常に細部にわたった議論をするとなると、専門分野が異なっていて話題があっちこっちに飛ぶわけですが、同僚の噂話や学術的話題などをたくさんしました。例えば、石井さんが法制史の人ということで、京大の西洋法制史の上山安敏先生の話をしたことを覚えています。

河野　どういうふうに話題にするのですか?

村松　上山先生というのは、西洋法制史講座の担当者ですが、「ドイツ官僚制成立論」を博士論文にした方です。そんなことで私には親しみがありました。

この方は、「法制史」それ自体というよりも、法制史を越えて広くドイツを論じた人です。石井さんはその講座の枠越えのところに批判的であったかもしれません。東大と京大の違いを感じました。

上山先生は、特に定年の前後から、ドイツ社会と政治について、60代になってから数冊の「主著」と言えるものを書きました。ある本で、「ヒットラーユーゲントという青年部隊は、一部、19世紀末のワンダーホーゲルの活動に遡れるものがある」などの記述にぶつかったり、その他すべて面白かった。

河野　日本での石井・村松対談を有斐閣の『書斎の窓』で読んだことがありますが、そういうロワール川旅行がベースにあったのですね。

村松　石井さんとは、同僚やそれぞれの学術分野について率直に話し合える関係だったと思います。特に、私の「戦前戦後断絶論」について議論したことを覚えています。このフランス旅行の車の中でだいぶ訓練していただいたかもしれない。そういう議論が発展して、『書斎の窓』や『レヴァイアサン』での対談になりました。石井さんは日本法制史の方ですが、特に明治と江戸の連続と断絶の問題にはご意見がありました。

河野　『書斎の窓』の対談では、石井さんは、戦前期の小作争議の研究を踏まえて発言されていたのを覚えています。

村松　そうです。

河野　先生が農林省官僚の石黒忠篤のことに言及されていました。

村松　どうでもいいことかもしれないのですが、そのとき石井さんの話に出てくる石黒忠篤ですが、この有名な官僚が公職追放を解除されて静岡県から参議院選挙に出馬したとき、県会議員をしていた友人の家に挨拶に来たことがあります。その際、覗き見していました。小学校6年生のときかな。

石井さんとの対談のときですが、私は、石井さんが言及した作品を読んでいませんでした。しかし、石井さんが、その本であったか資料かを手許に置いて、「あなたの言う政治過程とそっくりなことが書いてありますよ」と言うのですよね。仮に類似していても、私のほうは、「それは戦後の政治過程ではない」と主張したと思います。

私は、戦前戦後の日本に限って言えば、基本的には、新憲法に力があったと考えていましたので、「行政の手続きにも戦前のものが続いているに違いないが、日本社会は、全体として、憲法や家族、その他で戦後に生じた新しいルールで活動している」という観察を述べました。

河野　先生のロジックはそうですね。

村松　抽象的な話ですが、戦後日本では、新憲法で主権の所在を転換させて、また、国会を最高機関とする憲法が早くから国民の支持を得ていたのではないかと思います。

議会・政治の力についてては『尼崎市議会史』の分担執筆のときに読んだ議事録での知識がありましたし、必ずしも評判が高かった本ではないかもしれませんが、小林直樹著『立法学研究』を読んだとき、「独占禁止法の改正で与野党が対立したときに、参議院の緑風会が調停するなどの場面はいかにも議会が機能していることを示している」と感じていました。憲法41条の規定は裏切られていないと感じていました。

また石井さんとの議論のことですが、戦前に同型のものがあっても、そういうものが一個あるだけのときと、同型のものが至る所に出てくるのとでは大違いであると、今になってですが、整理できるのではないかと思います。

敗戦後、占領改革に納得していて、主権の転換や日本人の価値観や雰囲気は比較的早く変化していったのではないでしょうか。私はそのあたりに、戦前の政治を崩して新しいものをつくる規範を国民が受け入れたと見ようとしていました。比較的短い時間でそうなった。ちょっと他の力で飛躍させてもらったのだけどね。占領支配で。

河野　占領が飛躍させてくれた、ということですね。

村松　はい、私はそういうふうに見ています。

日本人がその飛躍後の枠組みを受け入れたのは、世論調査のデータ（例えば、憲法への支持）でも見ることができると思っていました。三宅・山口・村松・進藤著『日本政治の座標』における三宅さんの執筆部分にも、例えば新憲法が受け入れられているデータが出ています。

「戦前戦後断絶論」という議論ですが、私は、戦前の存在が戦後の日本に影響を持っていたということを否定するわけではありません。戦前のつながりを指摘して、そのことを主たる理由として、政治や行政を批判しすぎる議論に反対でした。それに、刑訴法など法律世界を含めて、占領期改革の影響は出ているし、文学者の日記なども少し読んでいました。国民は新しい倫理観を積極的に受け入れていったと思います。おそらく戦争への反発があったのです。

後で話をする機会がありそうもないので、石井さんとの交流についてここで触れさせてください。

一つは、石井さんとは、日文研の同僚にもなりましたが、それよりも1980年代から90年代にかけて、約10年間、石井、田中、村松を中心に「公私研究会」と称する議論の場ができました。この公私研究会は、非公式なもので、結局、成果を出版物としては出しませんでしたが、私の研究人生においては重要でした。

昨日、記録が出てきましたが、1987年9月18〜19日に最初の会を開いています。「各専攻分野から見た公私概念」という枠で、石井紫郎（「公私の重畳的関係」）、尾高煌之助（「財政政策における regulation」）、久米郁男（「小さな政府と労働組合」）、田中成明（「権利主張と公私問題」）、村松（「イギリス通信事業における政府と企業の関係」）、六本佳平（「公私問題への思考・行動様式アプローチと制度的アプローチ」）が発表されています。

最初の会の1年後に、第2回、さらに2年後に第3回を開催しています。

第2回には、アーサー・ストックウィンが参加しています。第1回は琵琶湖湖畔、第2回と第3回は、軽井沢で、皆でテニスもしています。それ以後も1年に1回くらいやって、第8回が鎌倉ですが、石井さんのお宅に行った覚えがあります。

この間に取り上げたテーマとしては、右の他、靖国違憲訴訟とか、中田薫、ハイエクなどもあります。私は、第二臨調と通信政策を報告したとき尾高さんから「自然独占」という言葉を習いました。

1泊2日のテニスと研究会ですが、夜、研究会の議論の続きをすることもあったと思います。この種の研究会を、時に、東大法学部の先生や京大の同僚でやるようになり、石井、六本さんの他、松尾浩也さん、井上正仁さんなどともテニスをしたことを思い出します。先日写真も何枚か出てきました。有斐閣の江草社長夫妻が参加されたこともあります。

この違った分野から何か共通の話題を見つけて昼から夜に向けての議論は面白かった。軽井沢では、フランシス・ローゼンブルースも参加していました。

ヨーロッパをめぐる旅

河野 石井さんと別れて、その後のヨーロッパ旅行はどうでしたか？

村松 ロンドンに行きます。ロンドンでは、高坂さんのところに泊めていただいたのですが、高坂さんとゆっくり話をしたのはこのときではないかと思います。

私が、3月31日に空港に到着すると、ロンドンはイースターで何もすることがないという話で、一緒に空港からそのままエディンバラまで行くことになりました。汽車で風景を見ながらの旅行でした。汽車は、予定外のストップをよくして到着時間は数時間遅れでした。イギリスが調子の悪い時期だったのでしょうね。

エディンバラに2泊してロンドンに帰り、翌日、イアン・ニッシュさんの仲介でウィリアム・A・ロブソンの家に行きました。ニッシュさんは出版したばかりの本をくれましたが、人生は短いので読まなくてもいいよなどと言っていました。

ロブソンとは、その頃、自宅近くで起きた住民運動の話とアメリカの行政学の長短所を議論しました。私が覚えているのは、ロブソンは2階の書斎に行って、分厚い、私の知らない、ゴレンビュースキーの本だったか2冊を持ってきて、「こんな厚い本を大学生に読ませて何の役に立つ」と。アメリカ行政学に批判的であったという印象でしたが、詳しく覚えていません。彼は、美濃部都知事のとき、東京都市計画案（ロブソン報告）を提出しました。

お会いするに際して、私は、『危機に立つ地方自治』の翻訳を読んでいました。

河野　このときまだニッシュさんはお若かったのでしょうか？

村松　お若かった。最初の本を出したばかりだったと思います。しかし、先の言葉が印象的です。イギリス人の付き合いルールなのでしょうか。

高坂さんはロンドンの国際戦略研究所におられました。

河野　レイモン・アロンというメモがありますね。

村松　高坂さんとは色々な話をしたのですが、バークレーの講義に関連して触れたレイモン・アロンのことです。

別に私もレイモン・アロンについて多少の知識がありました。彼の最初の研究はドイツ社会学を検討した本で英訳されていました。これは『German Sociology』という主として20世紀前半のドイツ社会学を扱う本です。この本の巻末文献リストに、尾高朝雄の書いたマックス・ウェーバーに関する独語論文があることを見つけて、立派だなと思いました。「この頃の日本からの留学は2年以上であったのかな」などと考えました。

全体の印象ですが、アロンは、ドイツの社会学が体系にこだわることに批判的でした。

河野　体系。なるほど。ある程度完結したシステム、体系というものをつくっていく、ということでしょうか。

村松　そうでしょうね。体系というのは、観察事象や言語の関係の包括性を決めていくときに不可欠ですが、そこにこだわると事象をゆがんでとらえる危険があるということでしょうか。

すでにお話ししたように、１９６６年、バークレーへの留学のときにもレイモン・アロンは読んでいました。アプターの講義では、アロンの『Main Currents in Sociological Thought』がアサインメントの一つでした。

高坂さんは、国際政治の世界においてバランスの良い外交論（勢力均衡論）を述べた人として、レイモン・アロンを大いに買っていました。そしてレイモン・アロンの影響を受けたスタンリー・ホフマンを読むことも勧めてくれました。戦後、ハーバード大学で19世紀ヨーロッパの古典外交を研究し、勢力均衡論で博士論文を書いたキッシンジャーの話も出ました。

それでフェスラーの『Area and Power』所収のスタンリー・ホフマンを読んだのですが、私が覚えているのは、スタンリー・ホフマンがイポリット・テーヌや、逆に極左であるピエール・プルードンなど、極右と極左のフランス人の地域の権力を分析した論文です。権力のバランスみたいなことに関する論文です。フランス革命の後、芸術家を含めて色々な見解が述べられながら実際の権力と制度がつくられていったという話だと思いました。その内容は、村松岐夫編『テキストブック地方自治』の終章で紹介しました。

河野　本当ですか。ホフマンにそういう著作があることを知りませんでした。面白いですね。

村松　ロンドンの後、イタリアを見たいと思いました。ルネッサンスの発生の地だから、まず美術館に行きたいということだったと思います。

しかし、旅行の予定は、まずドイツでマールブルク大学のツィンマーマンという財政学者を訪ねました。日記を見ると、デュッセルドルフを根拠地にしていました。たぶん私の京大時代の同級生の山本操君という人が住友銀行デュッセルドルフ支店にいたので、ホテルの予約など頼んでいたのだと思います。

マールブルク大学の財政学・ツィンマーマン教授のお宅で昼食をとっていたとき、テレビでニクソン大統領の法律顧問・ディーンが拘束されたか何かのニュースが飛び込んできたことを覚えています（1973年5月1日）。この年、ニクソンは決定的に追い込まれます。デュッセルドルフからマールブルク大学に行く途中にローレライの岩があって、アナウンスで知って窓の外を見たら、同室のドイツ人夫妻が「日本人は必ずここで岩を一生懸命に見る」と言って笑っていました。

それからイタリアに行くという日程でした。

1971年に、京大法学部にフィレンツェ大学の法学部の2人の学生が立ち寄って、イタリアに来るなら連絡をくださいと言ってくれたことに便乗しようという気持ちもありました。実際お世話になりました。フィレンツェに到着した日にウフィツィ美術館に行きました。ウフィツィには翌日も少しだけ行ったように思います。ボッティチェッリの『ヴィーナスの誕生』はよく覚えています。

また、高坂さんの紹介で、フィレンツェに住居をお持ちの塩野七生さんに空港から到着後、すぐに電話したところ、「あなた政治学者だから、マキアヴェッリが『君主論』を執筆したと言われる旅館がある、そこを見てから、明日、昼食を一緒にしよう」と言ってくれました。ポンテ・ヴェッキオでお会いし、食事はフィアンセの方が一緒でした。

トリアッチなどイタリア共産党の柔軟路線がニュースになっていた頃だったかな。ずいぶん立ち入った政治論の話などしました。フィアンセの方が日本のことをご存知でびっくりしましたが、私の訪問の少し前に萩原延壽さんと話したばかりだと言っていました。

河野　萩原延壽さん。陸奥宗光の研究をされました。

村松　私は当時、萩原さんについてよく知りませんでしたが、すでに非常に立派な歴史家で、知らないということは世間が狭いということがわかりました。後になり、ご指摘の毎日新聞連載の『陸奥宗光』でよく知るようになりました。

河野　そういう会話はイタリア語ですか？

村松　いやいや英語です。

河野　そうなのですか。英語が共通語なのですね。

村松　その後、塩野さんとは、高坂さんが亡くなったとき、文藝春秋が「偲ぶ会」を開きましたが、そこで会いました。そのときイタリアでお世話になったことを話しましたが覚えてなかったですね。あのときは入江昭さんもアメリカから駆けつけていました。

しかし、透かし署名入りの『ローマ人の物語』はお送りいただいたので、ご自分の贈呈リストに私の名前をのせていたのかもしれません。この方の『マキアヴェッリ語録』を書評したことがあります。

河野　そうですか。

村松　まあ、こんなことでイタリアをエンジョイして、その後、2日ほど余裕があってユーゴスラヴィアに少し寄って帰国するのですが、その前に、イタリアでは、少しエピソードがあります。

私は偶然にジョヴァンニ・サルトーリに会いました。京大の法学の先生と交流のあったマウロ・カッペレッティ先生（憲法の教授）のオフィスのつもりでノックしたところ、カッペレッティのオフィスではなくてサルトーリさんのオフィスでした。すぐに会ってくれました。サルトーリの部屋に2時間くらいお邪魔する機会になりました。そのとき日本の選挙区の話をしました。その間、国際電話が2回くらいかかってきて、欧米の学者の国際的交流は盛んであると感じました。

世界の政治学の発展の方向と、特にアメリカ政治学をどう思うかなど話しました。ついで誰が大きな貢献をしたかという話題になったとき、彼は、ダール、ドイッチェ、アーモンドの3人を挙げていました。サルトーリとの面談が終わって部屋を出たところで、日本に関心のある院生につかまって、彼らと、2時間ほど話をしました。良い雰囲気でした。

河野　その後、どうされたのですか？

村松　イタリアの後は帰国です。この旅行では、ウフィツィ美術館、ゲーテ博物館、ベートーヴェン博物館、メディチ家礼拝堂など、芸術系の記念館を回る時間があったのだな、と今更思います。その後は、いつも研究会目的だけの外国出張でした。

1973年以後のヨーロッパへの出張としては、世論調査機関のデータの種類や規模などの調査旅行をしたことがあります。1975年ですが、誰かの科研費を使用させていただいたという記憶です。パリで統計数理研究所の西平重喜さんにお会いし、フランス、ドイツ、スウェーデンの世論調査機関の住所・電話番号を教えていただき、それぞれの機関の方からヒアリングしました。

ドイツではマンハイム大学のデータアーカイブの教授と話をして、その後スウェーデンの世論調査機関にも行きました。データアーカイブの重要性を感じて帰りました。2010年代に、日本学術振興会にデータアーカイブの拠点をつくるために財務省に働きかけたことがあります。成功しました。

河野　スウェーデンのイエテボリですか。

村松　目的地はストックホルムでしたが、まずイエテボリ大学に行っています。ヴェスター・シュタール教授にお会いしました。ロバート・ダールが、彼の有名な『Size and Democracy』で、ヴェスター・シュタール教授の調査データを使っていたことで、関心がありました。

そのデータがつくられた調査の資金提供者が、スウェーデン中央銀行であったことを聞いたときは、社会科学の資金提供者について、少し感じるものがありました。日本では、研究費を日銀からもらってはいけないとかそんな話が出そうな時代でした。

教授とは、市町村合併の話をしました。日本の市町村合併についてよく調べておられました。日本と違い、スウェーデンでは市町村合併法でやるつもりですと言われて、「それは民主主義的ですか?」と聞いたら、「地方自治は国の行政からも考えます」と言っておられました。

その晩、イエテボリ市役所のバークレー時代の友人のお宅に泊めていただきました。テルアビブ空港乱射事件（1972年5月30日）の後、出入国管理が日本人に厳しいといったことが話題になったことを思い出します。

英語での論文執筆

河野　先ほどの西平さんは、お名前は知っています。
村松　統計数理研究所で林知己夫氏の同僚です。
　林先生は、大平首相の私的諮問委員会の一つである「多元化社会・世論」に関する委員会で座長を務められましたので、委員会に参加した私は、その後で度々お会いする機会がありました。1978～1979年の頃です。この委員会では、メンバーが交代で報告をするのですが、私は、報告の順番が回ってきたとき、官僚調査のデータを使い林Ⅲ類分析を使って古典的官僚と政治的官僚を抽出する分析をしました。林Ⅲ類というのは、多数の変数から軸となるいくつかの説明変数を見つける方法です。
　変数の選び方や検定について意見を林先生に尋ねたら、OKでした。データ分析の不安を解消して本を出しました。大平首相の委員会のときは、『戦後日本の官僚制』を書いている真最中でした。
河野　この作品は、思い切って書かれたという感じですが、まだ70年代のはじめには出ていないですよね。これは順序良く聞いていきたいと思います。
　先ほど、ハーバード大学滞在中に時間ができて英語論文をお書きになったと言っておられました件です。そのことをお聞きしたいと思います。内容はどんな論文ですか?
村松　政治と中央地方関係を扱う論文です。1972～1973年の頃ですからね。日本では住民運動の噴出や革新自治体が注目されていて、それまで見られなかった個人個人の政治へのアクティブな参加がはじまったことに関心が集まり、日本人の学者も競ってテーマにしようとした。
　それまでは、「機関委任事務と補助金で中央政府が地方を統制している国である」という中央集権論が普通の見方でした。これに対して、その頃、医者が村長だった岩手県沢内村（現、西和賀町）の「老人医療の無料化」が都会地域の選挙で取り上げられ、公害反対の住民運動とともに評判になっていました。東京の官庁の意向から逸脱しながら、福祉拡充の要求に応える自治体もあるということで、新しい中央地方関係が生まれているというのが私の主張です。中央と地方は相互に相手を必要としているという側面を論文にしました。

関西では、団地などができる場合、「宅地開発指導要綱」（川口方式）という行政指導で、新築住宅から協力金を取る仕組み（川西方式）が法的に大丈夫か非常に気になりましたが、その必要性は高いという現実があったのか、これを批判する論文も出てこなかった。地方では色々の新事件が起きていたと思います。

私は、この英語論文では、政治的に新しい革新自治体が中央政権に対して与える積極的な役割について書きました。さらに飛鳥田一雄が国会議員を辞めて横浜市長に当選したとか、有名学者である美濃部亮吉が東京都知事として登場して、地方自治体を重視する新しい政治過程が生じているとも書いています。

１９６０年、安保闘争の後に池田勇人政権と佐藤栄作政権の下で生じた、新しい経済成長の後の、政府に批判的な勢力による政治過程を描いたのだと思います。

幸い、「新産業都市建設促進法」に関する佐藤竺さんや井出嘉憲さんの優れた論文があり、そうした研究を自分流に使わせていただきました。中央政府の役割が大きいことを主張するシュタイナーの集権論とは違う内容になります。

河野　ああ、ＧＨＱにいて地方改革をやったカート・シュタイナーの『Local Government in Japan』批判になっているのですね。当時の革新自治体の動きも盛り込んで。要するに中央集権説を批判して、地域開発や革新自治体から、日本の政治がかなり分権的であるという内容の論文を『Asian Survey』に書かれたということですね。

村松　特に、シュタイナーへの批判を意識していませんでしたが、そうなるでしょうか。英語論文を3月初旬に書き終わり、方々に配布しました。

その一部が、後から度々出てくる組織ですが、ＳＳＲＣ（Social Science Research Coucil：米国社会科学研究評議会）という日本で言えば人社系科研費の配分機構で、事務局スタッフのジョン・キャンベルに届いていて、彼から手紙が来ました。「お前と同じようなことをやっているアメリカの若手がいるので、その方に論文を送れ」と言われた。そしてテリー・マクドゥーガルさんとのやり取りがはじまりました。テリーは、90年代、長くスタンフォード日本センターの所長でした。また、後に立命館大学とスタンフォード日本センターは提携しています。

この英語論文が『Asian Survey』に掲載されました。英語で論文を書くことのメリットがこのときにしっかりわかりましたし、雑誌掲載までが面白いプロセスでした。最初の私のドラフトを見て、良い論文だと判断してくれた方々が私の英文を直してくれました。京大でお会いしたリチャード・マイニアさんがマサチューセッツ工科大学で准教授になっていて、熱心に直してくれました。

私の英語論文と言うけれど、この人の英語が良かったのかもしれない。本題に入る前に仮説あるいは論文の「問い」「背景」などを書きますが、その数行の書き方などがいいなと思いました。

河野　そんなに英語が変わりますか？

村松　変わります。それは私の英文では絶対に出版されなかったと思います。ハーバードで書いたこの論文は、非公式に出回って読まれていたようです。

石井さんとの旅行やイギリス、イタリア、ドイツなどの旅行で、いい気分で73年度の講義に間に合うように日本へ帰ってきた、その後のことです。

河野　ハンス・ベアワルドが見えたのですね。

村松　はい。私の研究室に来られました。

河野　京都の？

村松　はい。ドアを開けて、「ハンス・ベアワルドと申します」と、固い口調の日本語で自己紹介された。当時、ＵＣＬＡ教授でした。

河野　日本語で。面白いですね。

村松　ベアワルドさんの主著は日本の占領下の政治研究に関してですが、研究よりも、占領時代のＧＨＱの一員で、国会法の制定に関与しているとか、大平首相とは仲が良かったということなどが重要な方のようでした。ベアワルドは、学術的というよりも、日米外交で、時々、名前が出てきますね。

で、「何をしに京大にお出でになったのですか」とお尋ねしたら、「ＯＥＣＤのチームで日本の社会科学調査団の一員です」と言っておられた。このＯＥＣＤの調査結果報告書は『日本の社会科学を批判する――ＯＥＣＤ調査団報告』に入っています。

日本は人文学も強いし、自然科学も強いけれど、社会科学が弱いと、その頃から言われていたのではないかと思います。もっと勘ぐって、そういう話にして、ＯＥＣＤに社会科学のテコ入れをしてもらおうとした学術関係者が日本の側にいたとも言います。

河野　そうなのですか。

村松　ベアワルドさんは、京大の本部棟で会議をしていたらしいのですが、時間ができたので来ましたと言うのですね。私はちょうど電話の最中で、その間、待ってもらっていました。彼は、電話を置くまでに、積み上げていた英語論文のコピーを読み終わっていたのではないかと思いますが、持って帰っていいですかと言われるので、もちろん差し上げました。そんなやり取りがありました。

その２カ月くらい後に、『Asian Survey』の編集部から、あなたの投稿したこの論文については、次の点について修正してくださいという連絡があった。コメントがついていました。

河野　そうすれば載せますよ、ということでしょうか？

村松　たぶんそうです。私としてはびっくりしましたけどね。

河野　ベアワルドさんが投稿してしまったのですね。

村松　後でベアワルドさんに問い合わせたら、「私が送っておいた、投稿した」と言っていました。勝手なことをするなということもありますが、結果として不満ではなかった。自分の英語論文を本気で「雑誌」に「投稿」するということは、私の頭にはなかったと思います。

雑誌の掲載前に、査読がありコメントがあるという「掲載手続き」も知らなかった。『レヴァイアサン』の発刊のときの準備に有益でした。そして何月号だったか忘れたけれども、1975年の『Asian Survey』に掲載されたというわけです。

河野　つまり、日本の戦後政治について、「中央集権ではなくて実は……」ということを、そもそも英語論文で発信した人はなかったのでしょうか？

村松　たぶん、政治学分野でのアメリカへの長期出張者、あるいは留学した人はいたでしょうが、まだPh・D取得者はいなかったでしょうね。どうだったでしょうね。

しかし、他方、この時期、アメリカ側で日本政治研究が活発になっていて地方自治研究も出始めていました。この分野で、最初に私にコンタクトしてくれたのはテリー・マクドゥーガルとジャック・ルイスです。マーガレット・マッキーンは住民運動と環境の研究の方で、バークレーでお会いしていました。そして1980年前後に、リチャード・サムエルズが来日します。広域行政論が、この人のMITの博士論文です。

この博士論文が1982年に出版。その少し後に、ロナルド・アクワは三鷹市の鈴木市政の「中規模都市論」を博士論文にしました。

国際比較地方自治研究会への参加

河野　英語圏と先生の御関係は早くから深いみたいですね。いつ頃からですか？

村松　そういう関係は、最初に行ったバークレーでもハーバードでもあまり深くなりませんでした。ある程度深くなったのはコーネル大学で、1977年に、ダグラス・アッシュフォード教授が主宰する「国際比較地方自治研究会」に参加したときからです。

アッシュフォードの研究会に招待されていたのは、実は、井出嘉憲さんでした。しかし、急に都合が悪くなりキャンセルをしました。それで、私のところにお鉢が回ってきたわけです。

4週間ありましたが、時間的には英語論文を書くのはもう無理のときでした。しかし、このとき、ジェームス・W・ホワイト氏が京大に滞在していて「1週間あれば翻訳をしてあげる」と言います。私は英語圏の地方自治学者に会いたかったので頑張りました。

それで、「摂津訴訟と地方自治」について日本語で数十枚書いたら、ホワイトさんは本当に1週間で翻訳してくれました。手持ちで20部くらい持っていったのではないかと思います。会場はコーネル大学のユーリスホールでした。二つ目の英語論文です。この論文では、市町村への補助金が少なく、持ち出しが多いということを話題にしました。

このアッシュフォードの会議では、ヨーロッパからのブルーノ・デンテ教授、ドイツからの財政学教授と知り合いになりました。日本に関する私の報告に出席者が多く人気がありました。

フランス政治やイタリア政治の専門家のシドニー・タロウ、中欧専門家のピーター・カッツェンスタインも出ていました。夜のパーティでは、ピーターは日本政治についての関心が深く、本当に熱心に質問してきました。ある程度戦後政治はやっていたわけですが質問攻めでたじたじでした。

私は、日本政治研究が一つの専門になっていることを知り、この研究会は私の自信になりました。この研究会にSSRCの日本委員会のアクア氏（コーネル大のPh・D）が事務局として参加していたわけですが、アクア氏と、当時、SSRC日本委員会の日本人メンバーの佐藤誠三郎氏が次の国際地方自治比較の企画を推進したものと思われます。

河野　どういうふうになっていったのですか？

村松　1977年のアッシュフォード研究会の後に、SSRCでさらに大規模の国際地方自治比較のプロジェクトが起ち上げられたのです。佐藤さんからは、このプロジェクトに入ってくださいという要請がありました。

第1回の準備会は、1978年にニューヨークで開催され、大森彌さんや私が参加しました。飽戸弘さんもおられた。ヨーロッパ研究者のスーザン・バーガーやピーター・ラングや、ピーター・グールビッチ、他にもおられたと思いますが忘れました。西欧諸国とアメリカ、日本の比較地方自治研究というこの企画に対応するために、大森さんを中心に日本チームを組織することになりました。のちに大森さんと佐藤さんは、戦後日本の地方自治を総合的に論じた『日本の地方政府』を編集されます。

こういう大規模な研究会では、3回研究会をやるのが普通です。この国際比較プロジェクトでは、第2回は1980年、トリノ大学でやりました。夕食は鏡の間で、外では警備員が2人立っていました。豪華でした。第2回ですからアイデア提出です。提示されたアイデアを見てプロジェクトとして成り立つか、誰がどこを書くか議論しました。

第3回はペーパー提出会議です。この会議が最終の研究会としてベラジオ（1982年3月中旬）で開催されました。トリノでも、ベラジオでも、宿泊付きで夜一緒に飲み食べて情報交換をしました。それが楽しかった。この飲食を共にして夜通し議論をする人もいたみたいですが、概してアメリカ人は、早く部屋に帰り翌日のペーパーをしっかり読んでいました。彼らは勤勉でした。しかし、私は湖に面したサムエルズさんのコテージを訪ねています。やや遠いので、会議が開催されたセンターへはお抱えの車で送ってくれました。当時のロックフェラー財団ベラジオセンターは至れり尽くせりでした。

ベラジオ研究会の前のトリノの研究会などで揉まれて、私は、日本では日本政治学は戦前批判の視点が強すぎて実態把握が遅れていると思いました。このベラジオ研究会での論文集は公刊されなかったのですが、日本の地方自治学者には刺激的な企画でした。このあたりのことは、大森彌・佐藤誠三郎編『日本の地方政府』の〝視角〟という最初の章に、大森氏が詳しく書いておられます。

フランスのミシェル・クロジエの弟子のジャン・トーニックとかイタリアのブルーノ・デンテとか、フランスのイーヴ・ミニーと知り合いになりました。デンテはイタリアを代表する行政学者ですが、日本でも工藤裕子さんのようにデンテ教授のところに留学した方もおられます。

このトリノとベラジオの研究会で、欧米が日本に対して敬意を払っていたことや天川さんの中央地方融合論が最初に登場したことなどで記憶に強く残りました。寄本勝美さんが、雄弁に、日本には日本の価値観があると主張したことも面白かった。

『戦後日本の官僚制』と、1970年代末の国際プロジェクトに参加の準備をすることで私の地方自治論の中身が増えていきました。

河野　日本語の論文との関係を少し詳しくお願いいします。

村松　諸外国の地方自治の情報を生で聞いて、自分の新しい視点に自信を得ました。日本も西欧諸国と同様にプルーラリズムの政治社会であって、中央地方関係はその世界で成立していると書くようになりました。

日本語論文の地方自治論を書きはじめました。従来の機関委任事務が中央の地方への強い統制の核心だという議論に対して、行政の系列を見すぎているので、政党と議会からも見る必要があるという主張をしたのでした。

ベラジオ研究会は本になりませんでしたが、先ほどの天川さんの「中央と地方の事務融合論」について、アッシュフォードが面白いと言っていました。

この時期に、先ほどの政治的要素を勘定した私の地方自治論ができていったわけですが、その視点は、はじめ1977年に地方自治法30年記念の『自治論文集』に、ベンサムからフェビアニズムの地方思想、イギリスの影響を受けたドイツの「自治」論、フランスのルソー、モンテスキュー、トクビルの「地域」と自治の考察などについて触れながら「地方自治の政治理論・素描」というタイトルで寄稿したときに得ました。

それをお読みになった河中一学さん（良書普及会）が、日本の地方自治に関する諸説の整理に向かうべきだといい、少し唆《そそのか》されたというか、奨励された感じで、1979年ですが、「地方自治理論のもう一つの可能性——諸学説の傾向分析を通して」を書いて、戦前戦後断絶という議論をはじめました。

河野　最初の英語論文の話のほうのことですが、（そういう議論をするときに）確かに、当時、日本の革新自治体は面白かったのでしょうね。

村松　面白かった。アメリカでもチャルマーズ・ジョンソン以前の学者は、国家の視点から日本政治を見ていましたが、新しい日本政治を見ようとする若い世代が育っていて、それは地方自治を見ることであったようです。

日本政治学会年報・石田研究会

河野　今伺ったような英語圏との関係もできましたが、1970年代の後半はご自身のエリート調査をおやりになっています。京都調査と英語世界の地方自治研究の話を伺いましたので、次は、エリート調査にまいりましょう。先生は段々、ご自分のエリートの数量的分析をはじめられるのですよね。

村松　はい、そうなりますが、その前に、もう一つ、私にとって重要であった政治学年報委員会の研究会に触れていいでしょうか。エリート調査の前提に必要な日本政治の特徴を知る上で、石田年報研究会が重要でした。エリート調査の質問文に必要になる事実関係などを、この研究会でずいぶん学びました。

委員長の石田雄先生からは、1972年、第2回留学でバークレーに滞在していたときに手紙でお誘いいただき、帰国後すぐに1カ月1回くらいのペースで研究会がはじまりました。

河野　石田年報委員会の研究会について続けてください。

村松　1カ月に1回くらいの研究会ではありましたが、その開催の前後に日本の政治を研究した本や論文をよく読んで臨むことになります。

升味準之輔先生の政治過程の「正常型」と「異常型」についてはアメリカにいるときに読んでいましたが、石田雄先生の団体論における本系列、別系列という団体分類論が同じ性格の指摘にも見えて、お二人からヒントを得て、「政策過程」と「イデオロギー過程」という言葉を使った政治過程論の論文を書きました。

河野　そうそう。あの政策過程とイデオロギー過程は同心円か何かでしたよね。

村松　同心円的に表現できるなどと言ったと思います。

諸政策に直接手を触れるように間近で活動する関係にあるアクターの政治過程と、これに監視・批判的に参加する社共などのアクターが力を入れる過程に分けました。

「農業政策や福祉政策といった政策過程では自民と官僚が牛耳っている。しかし日本の政治はそれで全部ではない。イデオロギー過程があって、社会党や共産党が、安全保障はもちろん、すべての政策に厳しい監視をしている。自民党に失策があれば、選挙において社共が議席を増加させるという競争があって、政策過程に規律を与える」という説明です。

論文の段階で大嶽秀夫さんに送ったときのコメントが手紙の中から出てきました。沖縄返還など首相政治が視野に入っていないなどの批判が書いてありました。大嶽さんの本はまだ出ていないと思うのですが、やはり抜き刷りを送ってもらっていたのかもしれません。手紙での知り合いでした。

升味さん、石田さん、田口さんの分析は皆立派で面白かったですね。非常に参考になりました。

河野　その世代の圧力団体論が有効であったということですね。

村松　はい、その通りです。この世代の方々の研究は充実していました。

60年代は、私は辻清明先生や行政学者のものは読んでいましたが、まだ政治学者の研究については腰を据えて読んでいませんでした。この石田政治学会年報研究会で、内山秀夫さん、内田満さんや西尾勝さんと話す機会が増えました。横山桂次さんや大原光憲さん、十亀昭夫さんといったはじめて会う方々がいました。

この石田研究会の報告や意見交換の過程で、「戦後政治学」と言われる方々、つまり具体的に名前をあげると、升味準之輔、石田雄、田口富久治、伊藤大一といった先生方の共通性や違いなどについて、世代とか交友関係なども含めて、勉強したと思います。

藤田省三さんの『天皇制国家の支配原理』の地方・地域を含めて国家思想の全体を論じる「明治20年の地方自治制」論が面白かった。

河野　73年に帰って来られてからということですか?

村松　そうです。先の方々だけでなく神島二郎、京極純一、岡義達などを読みました。

20年代に政治学者になられた方の団体論や意識論を読んで、規制や補助金に関係する諸利害関係の交錯する過程と、野党が労働団体と世論を動員する政治過程を分け、次に、両者は互いに影響し合うダイナミックな過程として関連づけました。

河野　先の同心円図式ですね。

村松　こうしたイメージができた段階で、京都市政の諸アクターの調査の経験がありましたから、政治エリート（官僚、議員）のサーベイ調査ができるのではないかとおぼろげに考えはじめました。

エリート調査については、まず、１９７６～１９７７年頃に、調査の可能性を探っていましたが、実施に一挙に行くことができたのは、研究資金が思わぬ形で手に入ったことが重要です。資金が得られそうだということが、調査を進めるべく背中を押してくれたと言っていいと思います。

教授会で、法学部長から、総長の下に「新しい研究企画」か「新しい教育企画」に関する研究に資金を給付する制度ができたという報告がありました。競争が少ないと思われた教育事業の申請をしてこれが当たりました。１年約５００万円、２年間でした。１年目に官僚調査を、２年目に議員調査をやり、学生にはサーベイ調査法と統計分析という講義をしました。アメリカの権力構造論の影響があって、団体調査を実行することもぼんやり考えていたと思います。

官僚と議員の調査について、アメリカですでにほぼ同じタイプの調査を実施していたので、そのアメリカの調査にヒントを得て実施したという方がいると聞きましたが、それは違います。三宅一郎氏のリーダーシップで行った京都市政調査の延長です。

私の調査は、政官関係を論じるための実証データを得たいという関心から出ています。ジョエル・アバーバック、ロバート・ロックマン、ロバート・パットナムの3人のミシガン大学チームが、数カ国のエリート比較調査を完了しているという情報は、日本のエリート調査の準備をしている過程で、具体的にはニューヨークのＳＳＲＣ主催の国際比較地方自治研究会の準備会の場で知りました。それは質問文はほとんど完成し、官僚調査に入る直前でした。しかし、すぐ後で述べていますが、ミシガン大調査が使った質問文を二、三、日本の調査に利用できました。アメリカで同種の調査が実施されたということは元気づけになりました。

エリート調査の実施

河野　官僚調査をはじめたあたりの経緯や成果についてもう少し詳しくお話しいただけますか？　研究会の組織化とか、あるのではないですか。資金の問題は少し伺いました。

村松　そうですね。過去50年の間に計画通り、官僚、議員、団体という政治の主要アクターに関して3回の調査を実施したので、結果として、私のメインの仕事になりました。質問文づくりと調査体制（研究会組織）をつくることがいつも重要でした。

まず、第1回の調査体制ですが、これをつくっていくのが結構、面白かった。権威ある研究主体でなければならないと考えて、当時、政策科学研究所・所長の東畑精一先生に相談に行きました。官僚調査の代表者として名前を出していただくお願いをしました。

その頃、研究所の他のプロジェクトにおそらく参加させていただいていて、理事の笠原さんと知り合いになっていたので、東畑先生のアポを取っていただいたと思います。バークレーで知り合った、竹下寿英さんもこの研究所の研究員でした。しかし、東畑先生は、「私は、もう引っ込むべき時だよ」とおっしゃって、説得に失敗しました。

河野　それでどうなりましたか？

村松　まず佐藤誠三郎さんに相談しました。佐藤さんとの出会いは、１９７3年にウィスコンシン大学のあるマディソンに近いラシーンの会議場でのある会議においてです。日米の知り合い同士の非公式会議という感じで、日本では神谷不二氏、高坂正堯氏、アメリカではＵＳＴＲ（アメリカ通商代表部）の責任者を務めたことがあるトレザイス氏がいたことを覚えています。

10人くらいの会議であったと思いますが、マディソンの飛行場に東アジア研究の院生（ウィスコンシン大学）が出迎えてくれて、同乗者がお互い自己紹介しました。グレアム・アリソンが同乗者でした。『決定の本質』の著者です。

正式の会議のようなものが終わって、高坂さんはトレザイスなどとブリッジをやることになった。佐藤さんと私はバーでお酒を飲みました。「日本政治学と東大」というか、当時の支配的見解、方法論などを議論しました。そのとき、佐藤さんとは意気投合したと言える部分があったと思います。ですから、研究チームをつくるに際して、相談に応じてくれる期待が持てました。

佐藤さんは、「調査するのは面白い。私は協力するし、村上氏に話してみましょう」と言って、奨励的でした。それで、村上泰亮さんのところに行きました。最初は東大の駒場に行ったと思います。ＯＫでした。村上さんはその頃、三木内閣に「生涯設計計画」を提案していました。

河野　他の方はどうでしたか？

村松　同僚の高坂さんも大変関心を持ってくれてやりやすかったです。質問文づくりやサンプリング段階から、東京での研究会に参加してくれました。富永健一さんからは、その代わり、東洋経済新報社の『経済学大辞典』第2巻の富永さん編集部分の「権力構造」という項目の執筆をせよと言われました。

この項目の執筆では、マルクスの他、ヨーロッパのパレート、ミヘルス、モスカの系譜、アメリカではライト・ミルズ、フロイド・ハンター、ロバート・ダールをはじめて正面から扱うことになり、いい勉強になりました。

ダールは知っていましたので、改めてハンターをよく読みました。このときにはじめて、私は、国会議員と行政エリートの調査を、アメリカの権力構造論で展開されていた多元主義と関係づけて調査しようと考えたのだと思います。私の頭には、イェール大学のダール達とハンターの学派の権力構造論争があったわけです。

ついでに思い出すのは、この頃、先の大平首相のもとの九つの諮問委員会の一つに参加していたこと、綿貫譲治さん司会の「現代政治研究会」に参加していたことです。東京に頻繁に来ていました。大平諮問委員会の関連では、委員会会合の準備をしているとき、首相と佐藤さんなど数人の委員会幹部が懇談する場面に居合わせたことがあります。第二次オイルショックのときです。

1973年の第一次オイルショックでは東京のネオンが消えましたが、その場で、佐藤さんは、今回の第二次オイルショックでは、銀座のネオンサインを消すべきでないと言いました。結局、その発言の翌日からだったか、東京の中心部のネオンは消えなかった。政治家の影響力が目に見えた場面でした。

河野　エリート調査の質問づくりとデータを解釈するための研究会もなさったのですか？

村松　そうです。まず質問文は何度も揉んで固まりました。東京での研究会の原案はいつも私が提示するわけですが、原案づくりでは京都で伊藤光利さんに定期的に相談していたと思います。

京都市議会議員調査、エズラ・スールマンのフランスエリート調査も参照しました。また、実施の直前に先ほどお話ししたＳＳＲＣの第１回国際比較地方自治研究会（ニューヨーク会議）で、ロバート・パットナムに会って、ミシガン大学チームが、数カ国の「議員と官僚」の調査を終わって、すでに部分的に論文を書いているということを聞きました。

それでＳＳＲＣの会議の終了後、パットナムがいた国務省の〝ハンチントン・オフィス〟でお会いし、質問文のいくつかを聞き出して、それが、実施直前で間に合いましたので、日本のエリート調査に使いました。

当時、ようやく、意思決定は官僚中心という視点とは違ったイメージも世間に出ていました。柿澤弘治氏の、「霞ケ関三丁目の大蔵官僚はメガネをかけたドブネズミといわれる挫折感に悩む凄いエリートたち」（『ファイナンス』1976年7月号）という随筆が評判になっていた頃でもあります。

データ分析の研究会を数回持ちましたが、皆さん、村松を助けてやれというおつもりであったようです。1976年から77年にかけてですが、研究会場として、村上さんが代表を務める「政策構想フォーラム」の場所をお借りしました。

河野　会場を借りたと言われましたが、政策構想フォーラムとはどういうものですか？

村松　当時村上さん達は、若手経済人の信頼を得ていて、「政策構想フォーラム」の名前で定期的に研究会を開き、提言活動もしておられました。研究者も経済官僚や堤清二さんのような経済人と意見交換をしていたようです。

場所は、赤坂見附付近にあったホテル・ニュージャパンに置かれていました。このホテルは火事で焼けたと思います。そこを質問文やデータ研究会の検討の場所に使わせていただきました。

河野　富永健一さんは、ＳＳＭ（出身階層調査）にご関心があったと伺ったことがありますよね。どのような形でご関心が表れていますか？

村松　質問文にはっきり出ています。

この調査は、政治過程で生じる行動と意識調査が中心でしたが、ＳＳＭと同じ質問文をかなり入れました。そのため質問文の数は、2倍になりました。

意識や行動の調査はインタビューで、ＳＳＭ部分は「留め置き」という形で、お答えいただける方はお願いしますという形でやりました。予想外に回収率も良く、富永さんは、いくつかの分析を試みました。

しかし、データが出てくると、官僚は東大法学部出身者が圧倒的ですし、所得階層も皆高く、出身地域も東京が多いなど自明ともいえることが出てきて、社会学的には面白くなかったと思います。

とはいえ、それらがデータで確認されたという面があります。幹部官僚には首都圏域の出身者が多いというのは、世界の傾向ですので、比較論的には良いデータができたのかもしれません。

河野　皆エリートで同じ階層出身ということでしょうか。それ以外にもありますか？

村松　はい。課長になる年齢とか、女性が驚くほど少ないことも確認しました。だから常識的に知っている以上のことが出てこなかったということかもしれません。

官僚のサンプルの目標は250で8官庁です。自治省、厚生省、労働省、建設省が元内務省系、大蔵省、通産省、農水省、経企庁が経済官庁というように考えていました。永井道雄氏が文部大臣だったので、やりやすいから文部省を入れようという主張もありましたが、旧内務省系と経済官庁というのが理屈に合うということで決まりました。

8官庁では、事務次官と局長は全員対象にする、あとは課長レベルからの対象者とし、ある程度ランダム性を持たせました。厳格な統計論では意味がないでしょうが、3回同じ局長職・課長職をサンプルにする努力をしています。第3回は、省庁再編後でしたので、同じ課長職を追いかけるのに苦労しましたが、人事院の方のお世話になりました。

河野　研究に参加した方々の間はうまくいきましたか？

村松　全体としてみれば、まったく問題なしで順調にやっていました。

思い出すことの一つは、官僚調査の「御願い状」に書く研究会参加者の名前の順序です。名前を並べるときに、筆頭に「村上泰亮」と書いて、高坂、佐藤、富永、最後に自分の名前を書いて、村松岐夫にはカッコをつけて「事務局長」と書いたのですが、これだと本当に村上さんが代表者に見えます。この点は、村上さんにご迷惑をかけたかもしれません。

もう一つ、ちょうどその期間に日本経済新聞（夕刊）の「あすへの話題」というコラムを担当したことから、富永さんに、「昨日のコラム面白かったよ」と言っていただいたりしました。「あすへの話題」のコラムの執筆者だねということで、調査の対象になってくださった官僚の方の信用を得る上でプラスでした。

河野　その官僚調査の結果は、基本的なご主張に沿ったデータでしたか?

村松　そう言えます。第1回のデータでは政党優位という認識あるいは認知の方が多かったとはいえ、決定的に多かったというわけではありませんが、世に言う官僚優位が出ているデータではなかった。政治家優位ではないかという視点から論文を『法学論叢』や『自治研究』に少しずつ書いて、『戦後日本の官僚制』にまとめました。

政治家と官僚の間にはお互いへの忖度関係があると見ようとしました。忖度関係については、フリードリッヒが使った英語の anticipated reaction を「予測される対応」として訳し、政治家と官僚の関係を説明するのにいい言葉として使いました。本人の気持ちを予想しながら、代理人は行動するという関係を意味しますので、「忖度」と訳していいでしょうね。

しかし、当時、私は、[rule] of anticipated reaction の中の rule という単語を訳さなかった。これも重要でした。ここでのルールとは、野球のルールみたいに、ほとんどそういうふうにして動いていく決まり、ということでした。

また、地方自治体と中央官庁の関係でも、自律性(「自治をほしい」)と活動量(「仕事を拡大したい」)の関係を見ると、中央官庁が地方自治体に多くをゆだねるために、結局、中央の意向の実現は、自治体の意欲と活動に依存する。その反面でそこに自治が生じると主張をしました。結局、国レベルの政治過程も中央地方関係も、政治または政党の活動を入れて考えたいという見解を提示したわけです。

この観察とデータを各省ごとに全部書き終わって、原稿を東洋経済新報社に渡したときは嬉しかった。初秋の時期でした。普段出席したことはないのですが、北海道(根室市)で開催された「全国都市問題会議」に出席することにして、飛行機に乗りすぐに眠ったようです。

北海道に着いてからも研究会には少し顔を出しただけで、摩周湖の2泊バスツアーに行きました。枚方市の職員の方と相部屋でした。研究会会場では伊藤大一さんが1日目に私を呼び出してくれていたのですが、結局このときはお会いできませんでした。

『戦後日本の官僚制』については学会誌だけでなく『中央公論』などたくさんの書評が出るという幸運がありました。だいたいは、結論的な政党優位の部分に注目が集中していました。私信もたくさんいただきました。

河野　外国の方との交流のお話に行っていいでしょうか。

村松　この後の外国の学者との交流は重要でした。１９７７～１９８０年は、種々の国際研究会に参加している最中で、そうした研究会に参加していく過程で、自分の見解というかデータ解釈の視点が熟していったように思います。

官僚制データでは、自らの優位性を見る官僚を古典的官僚、政治過程で生き抜こうとする官僚を政治的官僚と名づけました。外国で同種の議論がある場合、日本でのデータはこうなっているというふうに、英語で発表していくべきだと思いました。

日本の政治が特殊であるという議論が好きな人がいますが、どこが同じかを議論することがもっと重要であると考えていました。第1回データは、１９８４年の『ＡＰＳＲ』にエリス・クラウス氏と共著で発表できました。１９８６年の第2回エリート調査では、科研費の助成が受けられ国会議員と官僚を同時調査できましたが、同じ質問を多く使う日米共同調査としても実行しました。

『British Journal of Political Science』に日米共同執筆で掲載していただく機会がありました。

河野　分析やデータの整理には時間がかかったでしょうね。

村松　その点ですが、データ処理の体制があったことが重要であったと思います。

コンピュータ（ＳＰＳＳ）による統計的処理では、70年代、80年代は、今よりもたくさん作業がありました。選択肢を数字で表現する、変数名をコンピュータで使えるように8文字にする、ラベルの説明もローマ字、といった作業などがありましたが、自分でやれるようになっていました。IBMカードへの書き込みとパンチです。

70年代は、ずっと山田順子さんに助けてもらいました。その当時の様子を2018年の早稲田大学の行政学オーラルの研究会で説明したとき、実際のデータ分析をした山田順子さんの役割と地位がわからないという質問が出ました。先ほどもお話ししましたが、アルバイトをお願いしていた方です。本当に有能な人に助けていただきました。

河野 山田さんという秘書さんのご協力が重要だったということですね。

村松 秘書と言うのが良いかどうかわかりませんが、まったくその通りです。

データが分析可能なところまで整理されていると、理論的な仮説もかなり具体的になります。クロス表をたくさん見ていると、論文に使うのに良いクロス表も決まってきます。多数の変数の中に潜在している軸を見つけ出す統計学的手法である林Ⅱ類、Ⅲ類の多変量解析を適用するのに適切な変数も見えてきます。

山田さんは、簡単な計算は、講義時間の前に依頼しておくと、授業が終わるまでには出力してくれていました。修正してもう1回やってもらう。私は次の講義に出かける。山田さんがいなければ私の執筆活動は限定的だったでしょうし、別の方向に行ったかもしれない。つい先頃もコロナの前ですが、電話で話をしてお互い懐かしがりました。

調査の直後には作業が多く、山田さん以外にも何人もアルバイトの方を頼みました。次第にその種の作業はパソコンで済むようになっていきました。

河野 やはりデータを扱う上でのスキルを山田さんは持ってらっしゃったから、いいコンビネーションでやれたということですよね。

村松　はい。先にお話しした京都市民意識調査データの分析は、1971年ですが、これはちょうど私がアメリカに行っている間に進行して、山田さんへのコンピュータ教育は三宅一郎さんがおやりになったようでした。

河野　そうなのですか。でも三宅一郎さんが教えて、それで山田さんは非常に早く習熟されたわけでしょう。すごいですよ。

村松　山田さんは、京都市立芸術大学の西洋画の出身の方でした。大学の近くにお住まいでした。京都調査は数年かかったし、調査関係者は十数人いたのですが、新年会は、山田さんのお宅でやったりしています。

ある年の正月、1月4日、私が研究室に出掛けたら山田さんはもう研究室にいました。他のアルバイトの方も研究室に来ていました。当日、「それでは新年会だな」ということになり、同様に朝から研究室に出ておられた北川善太郎さん（民法）も一緒に山田さん宅に来られました。

河野　山田さんのお宅は広くていらっしゃったのですね。

村松　そうですね。長く京都にお住まいの方で、我々は、ご家族とも親しかった。そういう人に恵まれて、71、72年くらいから81年まで、実際、先ほど、お話ししたようにたくさんの調査をしました。

『戦後日本の官僚制』の出版と団体調査

河野　81年に『戦後日本の官僚制』の出版ができました。それでどうなりましたか？

村松　出版してすぐに、コーネル大学に1年滞在すべく出かけました。

幸い、コーネル大学に滞在中に『戦後日本の官僚制』がサントリー学芸賞をいただくという良いことがありました。後年、京極純一先生の推薦文を読みましたが、嬉しかったですね。意図を読み取ってくれる先達がいるのだと思いました。

コーネル大学は、イサカという綺麗な町にあって楽しかった。ナイアガラ瀑布も旅行しました。70年代から、コーネルには出会いのあったダグラス・アッシュフォード、T・J・ペンペル、セオドア・ローウィがいて、親しみも感じていました。ピーター・カッツェンステインやシドニー・タロウなどが新しい友人でした。

ファカルティ・クラブの会員になって、そこでランチを食べていれば、多くの人に会えると思っていましたが、アメリカの学者は、ランチを自宅から持ってくる方が多かった。多少の交友ができましたが、期待したほどではなかった。

コーネルでのメインの仕事は、先ほどのベラジオ研究会のための論文準備でした。

河野　そうですか。そうすると、先生は調査をたくさんやっておられると思いますが、他の調査とどう関係していきますか？　そういうときの研究組織とかはどうなっていますか？　メモにあるトヨタ財団というのは何ですか？

村松　調査の内容で資金源や協力者は当然変わります。

トヨタ財団というのは団体調査の資金源です。1980年に申請し、調査を実施し、81年に報告書を書きました。伊藤光利（名古屋市立大学助教授）、辻中豊（筑波大学助教授）、村松が実施者ですが、真渕君（院生）にも加わってもらって、トヨタ財団への報告書にしました。この中で伊藤氏が戦後日本政治を論じています。高坂さんが名誉責任者、私が実際の責任者でした。

高坂さんの名前は世間に向かって重要と考えましたが、高坂さんは実際、団体調査にも関心を持っておられたようです。医師会の武見太郎さんから電話があって、「高坂氏が自分で来るならインタビューに応じてもいい」ということでした。高坂さんは行ってくれました。

また、高坂さんの名前が代表で報告書の上にあったからであるのかどうか、アメリカの研究者からたくさん引き合いがあり、手許にあった報告書の余部をトヨタ財団に送った覚えがあります。

団体は、政治過程の「実質部分」と私はよく言いますが、アメリカでは、「選挙と選挙の間の政治」とも言います。見えにくい政治過程ですが、主役は団体です。何より外国でも、日本のロビイングについて大勢が知りたがっていたのだと思います。

共著者は、それぞれの役割を果たしたと思います。辻中さんの修士論文は、ベントリーやV・O・キーなどアメリカの政治学の核になる議論を丹念に分析しておられました。私は、ローレンツ・シュタイン以来のドイツにおける社会の発見ということを背景に、日本人が論じてきた「国家と社会の対立」の中で戦後のアメリカ政治学を読んで得たものを、当時の多元主義vsネオ・コーポラティズムの議論の経緯の中で書いたと思います。

伊藤光利氏は、データの分析で、「大企業労使連合」というコンセプトをつくり出した。真渕君の分析も鋭い。私はこの団体データがあってこそ多元主義が論じられると考えていたので、これ以降自信を持って多元的民主主義を主張しました。自分でデータを得て自信になったと思います。主団体の影響力は社会や産業の分野では集中する方向もありますが、それぞれの分野はかなり自律的でした。

1986年の日記は空白ばかりで、合計しても20日分書いているだけですが、11月26日、『戦後日本の圧力団体』が自宅に届き、ホッとしていました。実証的団体論はその頃ほとんどなかったと言っていいと思います。

この分野の先達の1人は永井陽之助さんですが、ずっと後になって、青山学院大学に移られた頃、「あれを使って講義しています」と言っていただいた。

その頃は多忙でしたね。メモがあります。

11月19日（水）の1日が項目で記してあります。

午前中（10時30分～12時）大阪学院大学「講義」
午後1時　立命館大学「行政学講義」（1時～2時30分）
午後3時　京都市行政改革懇談会（座長）、京都市・新消防庁施設の見学
午後5時30分～7時　立命館大学二部「行政学講義」

1日が忙しく、週に1回はこういう日があり、他方、週に1回は東京に行き、二、三の会合を済ませる日があるのが普通でした。木曜日は、教授会があるか教授会委員会があるので京都を出られません。たぶん、京大での講義は木曜日午前。金土日は東京出張可能として日程をつくっていた。月曜日には論文執筆。出張ではプライベートな時間ができます。ロンドンでは『レ・ミゼラブル』を観たし、ニューヨークでは『コーラスライン』を観た。東京では、根津美術館で骨董と庭、帝国劇場で『華岡青洲の妻』（1991年）を観たことも強く印象に残っています。妻を演じた十朱幸代さんとは別の会でお会いできました。

伊藤光利さんとはずいぶん一緒に仕事をしました。たぶん、我々は、同じ方向を目指していたということではないかと思います。団体調査では辻中さんが不可欠でした。調査にかかる前、週2回くらいかな、3人で質問文をつくって、夜になれば、必ず飲みに行きました。

村松・伊藤・辻中は、その後も何度か協力関係にあります。トヨタ財団による団体調査（団体調査第1回）については、「調査質問文を伊藤、辻中と検討」というメモが日記にありますが、その成果『戦後日本の圧力団体』の出版は1986年です。伊藤氏との第2回の協力では、別に伊藤と村松の京都府下の市町村議員調査を郵送で行い、得た材料で村松・伊藤の『地方議員の研究』という共著を書きました。地方議員・

議会を論じた最初の本の一冊です。郵送で回収率50％でした。同時期、関西学院大学のチームが、地方議員のインタビューをしています。第3回は、3人共著の『日本の政治』です。

1986年実施の第2回の議員と官僚調査は、先に述べたように日米共同調査ですが、科研費の助成が受けられ、順調でした。しかし、団体調査の第2回の資金がなかなか見つからなくて苦労しました。

この団体調査のことは後に回して、10年以上飛んで2000年代になりますが、エリート調査の第3回データの分析では、クラウスさんに加えて、ロバート・ペッカネン、メグミ・ナオイ、イーサン・シャイナー氏などが、それぞれこのデータでご自分の論文を書いてくれました。データ分析の研究会が、カナダのトロント大学で開催できたのは、久米郁男君とチーベゲン教授のお蔭です。

シャイナーさんと第3回調査のデータを使った共著論文がありますが、私ではついて行けない統計的分析が入っています。クラウス＝ナオイ論文は、団体の地方支部と選挙区の関係を取り上げ、議員が地域利益と結びついていることを証明する良い論文でした（『American Journal of Political Science』掲載）。

このお付き合いの中で、学習院大学における私のゼミでシャイナーさんにお話しいただいたこともあります。シャイナーさんは、日本で社会党が弱い背景をデータで説明しました。学習院のクラスの中ですが講演の方は要約的に私が通訳をしましたが、学生が英語で質問をしたのは嬉しかった。またエリス・クラウス、ペッカネン、シャイナー、村松チームは京阪奈にある国際高等研究所の支援で、研究会を開き英語による共著を詰めていきました。

そういえば、2000年代に入ってからだと思いますが、京阪奈の国際高等研究所との関係で、田中成明さんと一緒に北京に行ったことがあります。もう1人、能の研究家の天野文雄さんがご一緒でした。私は清華大学に行き、専門の若い方から、この国の地方財政の比重が大きい中央地方関係を説明してもらったと思います。

日本で、三宅康之氏からその前に大分説明は受けていましたし、その後の改革など読んだように思いますが、中国の中央と地方関係については、私はまだしっかりわかっていません。

このとき、天野氏が中国に滞在しているという情報があっという間に駆けめぐり、到着の翌日、10人を超える学者が天野氏を囲んで研究会を開催しました。この情報の回るスピードにはびっくりでした。

その後、再び訪中する機会があり、丹羽宇一郎大使を訪問しました。

日米のエリート調査比較

河野　パットナムさんに戻りますが、ミシガン大学の6カ国のエリート調査と先生の調査はどんな関係だったのですか？　パットナムさんは後からたくさん翻訳本が出た方ですね。すでにその前からパットナムは大御所だったのですか？

村松　１９８２年、最初のベラジオ研究会のときは、パットナムさんは、まだお若くて、私よりも1年か２年若いのではないでしょうか。だから大御所ではないけれど、すでに非常に天分のある若手として誰もが噂をしていました。よく知られているように、卓越した「社会資本論」を展開し、20世紀の後半を代表する社会学者になりました。２０１７年に東京で講演されたときは、20世紀に発刊されたすべての本のテキスト分析をして、自分を表す言葉として20世紀の初頭に多かった「Ｉ」は中期に「We」になったが、その後「Ｉ」が再び多くなったというトレンドの分析をすると言っていたようです。このあたりは鹿毛利枝子さんのメモを参照しています。この講演会には、東洋経済にも支援してもらいました。

調査の実施は私のほうがわずかに後ですが、私の『戦後日本の官僚制』のほうが、『Bureaucrats and Politicians in Western Democracies』より早く出版されました。アメリカの3人の協力と調整に時間がかかったのではないかと思います。それはともかく先に出版できてよかった。調査も、自分独自の発想でやりました。

ということで、エリート調査をするというのはまったく私自身のアイデアです。

河野 研究の開始ということも、出版についてもわかりました。そういうことは明確であるほうがいいと思います。出版は先でよかったですね。

村松 彼らの研究意図というか仮説も、私の関心とは方向が違っています。官僚の進出で、〝政官関係は、だんだん政府事務を共有する傾向がある〟ということでした。

共有はだんだん官僚の活動領域が広くなるという図式です。日本も共有が進んでいるが、政治家の進出による共有領域の拡大というアメリカとは逆方向です。

この3人の共著については、私が、1985年に、『日本政治の座標』で紹介しました。

ミシガンチームは、後から聞いたら、日本も含めていて、先のチームにアキラ・クボタ氏が加わっていましたが、うまく官僚のインタビューができなかったようです。また、クボタ氏は、彼なりのインタビューデータシリーズを『月刊官界』という雑誌に書いていたようです。私は、『月刊官界』のクボタ論文の存在を聞いていていましたが読まなかったと思います。

河野 ミシガンチームの見解と、ある程度は共通点があるのですか？ また、こういうことは協力関係になっていくものですか？

村松 お話ししたように、政官の間で、役割の共有関係が拡大しているという観察は共通です。

共同調査では、一部の質問文に共通の趣旨になるものを意図的に使いました。この第2回の日米共同調査で得たデータを使い、クラウスと村松岐夫、先方はアバーバックとロックマンで、日米・エリート比較の論文を4人で書くことになります。これが『British Journal of Political Science』に掲載されました。

ここでは、両国のデータに関して、経済行政型官僚と政治型官僚を分けて、高級官僚の政治認識の違いを見つけようとしましたが、違いがあるというデータではありません。あまり冴えない論文ですが、エセックス大学に置かれていたジャーナル編集委員会は掲載を決めました。

やはり日本を入れて比較する研究は重視されていたのだと思います。私は、国際学界の場に日本に関する政治学情報があるべきであると考えていて、英語論文を書く機会があれば書くという姿勢を続けましたが、英語力の限界を常に感じていました。

パットナム氏を有名にした『Making Democracy Work』という書物は、1993年の出版ですが、1982年にベラジオ研究会でお会いしたときには準備をはじめていたと思います。

彼は時々、会議を抜けて、イタリアの学者と一緒に長期計画の準備をしておられました。イタリア憲法に書かれているが長く実施されていなかった「レジオン」の議員調査をするとのことでした。

河野　ずいぶん色々なことがあったということになりますね。

村松　1980年代は、エリート調査で本の出版に向けて論文を書きながら（『自治研究』にはたくさん論文を掲載していただきました）、さらに少しずつ英語論文も書き、国際ネットワークに参加していったということだと思います。

80年代には、このようなタイプは、他には大嶽秀夫さんや猪口孝さんなどがいましたが、まだ珍しかったと思います。今は、まったく事情は変わり、日本人の英文一流雑誌への投稿・掲載も多くなっています。私が昔話を持ち出すのは恥ずかしいくらいです。

河野　色々な所に先生のネットワークが広がって、その後の研究はだいたいこのあたりですでに芽を出していて、それで一つひとつまとめていった。最初は、地方自治と官僚制。それから圧力団体も出てくると。『レヴァイアサン』も、その世界で仕事をしていた中で提案されたということでしょうか？

村松 そういう過程で着想を得たと言えます。1987年秋に発刊ですから、一番国際的な諸研究会と付き合っていた頃です。

河野 先ほど、先行研究をたくさん読んでいくに際して年報委員会が、研究上、一つのきっかけであったと言われていました。その際は、アメリカの政治学者の研究も先行研究に含まれていますか？

村松 日本の先行研究もアメリカの先行研究もともに重要でした。英語でも日本語でも手当たり次第、参考になるものは何でも参考にしたと思います。アメリカの文献では、ロバート・ダールの影響を受けた人達が多かったですね。ネルソン・ポルスビー、アーロン・ウィルダフスキー、セオドア・ローウィなどです。

先日、日記でわかったのですが、私がダールを読んだのは、1963年で、助手論文を書く前でした。意外でした。8月8日読了。ダールの初期の民主主義論は好きでした。特に『A Preface to Democratic Theory』が好きでした。この点は、的場敏博さんと同意見でした。

しかし、このときは、ダールが自分にとって重要な人になるとは思わず、ワン・オブ・ゼムとして読んでいたのだと思います。

ダールにアメリカでお会いしたことはありませんが、1968年のアメリカ政治学会（シカゴ）の会長演説は、阿部斉さんと後部席で一緒に聞きました。演題は「都市と政治」でした。私はこの年に帰国しました。このときのスピーチが、『Size and Democracy』という書物になります。

ダールについてもう一つ言うと、ダールは日本に来たことがあります。1980年代半ばだと思います。関西にも来て、私のところにもお出でくださるというので、私の研究室でお待ちし、休憩のあと、十数人の研究会でお迎えしました。三宅一郎さん、山川雄巳さん、木村雅昭さん、それに院生などです。

しかし、ダールと多元主義については、早い段階で読んでいたとしてもしばらく忘れていたようなところがあります。むしろ70年代半ば、ローウィの論文を読んで多元主義の全体に納得したという感じもあります。

同志社大学＝京都大学の1979年夏のアメリカン・セミナーにローウィが招聘され、多元主義についての議論をする機会があり、認識も深くなったと思います。またダールご自身は、当初の多元的民主主義論よりも、参加に加えて「抗議」も尺度に加えたポリアーキー概念を提示して、支持を広げたようですが、私は、最初の『民主主義理論の基礎』が好きでした。後になって「外書講読」の講義でも使ったと思います。ついでですが、ローウィ講師のサマーセミナーには全国から参加していただいた記憶があります。そのとき、竹中千春さんや古矢洵さんも来られたのではないかと思います。

東大の社会科学研究所では、1980年代のいつだったか、ローウィの読書会があって、1度出て来いと言われましたが、その頃行く時間がなかった。多忙だったからだと思います。思い出すのは、私が、ローウィに口頭で、「『ローウィかダールかどちらをとるか』と聞かれればダールをとる」と言ったら、「私もそうだ」と言って笑っていたことです。

1980年代には、第二臨調について『中央公論』に書いたり、ベラジオ研究会に向けた大森・佐藤研究会に出席したり、『行政学講義』の間違いを正すとか、地方自治研究資料センターの『公私組織機構の比較』への原稿執筆とか、色々やっています。

日本行政学会の研究会前後では、東京に長く滞在しています。エリス・クラウスとの論文内容の調整もしていて、なかなか忙しかった。

1979年はローウィの『自由主義の終焉』の翻訳をはじめていました。ローウィは、日本を多元的民主主義の国だと結局は見ていたと思いますが、日本の圧力活動などを説明すると、ロビイングというより、あっち（官僚）にもこっち（族議員）にも向かって行動するわけだからカレイドゥーイングだな、などと言っていました。

カレイドゥーイングという言葉は英語にはないと思います。ローウィの造語です。kalei-doing と書くのかどうか、わかりません。カレイドスコープのイメージです。

河野　『自由主義の終焉』の翻訳は、先生がスタートさせたのですね。

村松　そうです。たぶんアメリカン・セミナーの縁で翻訳をしたのだと思います。ローウィは我儘なところもある人でしたが、話は面白かった。ローウィの本は英語が難しいと言う人がいますが、ケースの叙述分析は丹念でしたし、何よりチャーミングな人でした。

各章を若手研究者と大学院生に割り当てて、10人で訳しました。私は1章を翻訳しました。全体を読み直すのに時間を使いました。監修はしっかりやったと思っていますが、それでもこなれていない日本語が多いですね。

河野　セオドア・ローウィの、先生が翻訳された『自由主義の終焉』は、どちらかというと多元主義批判だったと思いますが。

村松　確かに、アメリカ政治学界的には、ローウィは左翼っぽいところがある多元主義者です。

河野　どういうふうに読まれたのかなと思っていました。どこが左翼っぽいのですか?

村松　20世紀半ばの都市経済の衰退を扱い、多元主義のネガティブな側面を論じているところだと思います。資本主義の変質と政治を語っていて、アメリカ都市の現状にきわめて批判的であったからです。

リカードの賃金論、スミスの分業論、マルサスの人口論などに触れていて、賃金も、不動産価格も人口も行き詰まっていると指摘し、都市は衰退していると論じました。

アメリカの政治が行政府に多くをゆだねている実態は、建国の構想とは異なったものになっていて「第二共和政」であるとしてここに力が入っていますが、結論の方向は、「行政拡大」の可能性に注目した見直し論です。

多元的アクターの自由な交渉で疑似マーケット的な政治過程が生じ、これが公益を目指す政治過程になる、少なくともこれが多元主義者の仮説でした。しかしローウィは、「多元主義モデルにおける疑似マーケットでは、行政の存在が無視されている。独立性のある行政活動がパブリックインタレストを生むのであり、アドミニストレーション（執行部機能）への着目と分析が必要だ」と言いました。

行政の実態は裁量が大きすぎると言って批判的でしたが、他方で多元主義の問題の矯正は行政に期待していたと思います。ここが明快ではないが苦心しているところです。最後の手段としての矯正の可能性は司法重視でした。

河野　社会問題などでは保守的であったようです。

先生は、なぜ多元主義を主張されたのですか？

村松　実態の反映だと思っていました。日本は、自由の国で多くの利益関係が政治の舞台にのります。また当時の官僚制中心のいわば一元的権力構造論を理論の言葉で批判したかったのだと思います。日本における利益集団の影響力をもっと見るべきだと思っていました。

行政への期待を述べていますが、やはりローウィで注目すべきなのは「依法的民主主義」（Juridical Democracy）であるかもしれません。根本では、立法が曖昧になっているため行政の裁量権が大きすぎると指摘し、これに対する処方箋として、もっと詰めた立法をすること、また立法の基準に基づいた裁判をきっちりやれということになる。その議論に賛成していました。

河野　そうだったのですね。

村松　アドミニストレーションの活動が多元主義の歪みを正す鍵という主張を読んで、行政学を新しく見る視点があるのかもしれないとも期待しました。

河野　なるほど。

村松　翻訳出版の直前に翻訳しきれなかったところを確かめようとして、彼がいたスタンフォードにおかれていた行動科学高等研究所を訪問したことがあります。予想よりも小さな施設でしたが、この施設に招聘されているメンバーは、ランチミーティングその他の場で、交流と融合が推奨されているという雰囲気でした。ローウィは、机の上に、L・D・ホワイトの『The Federalists』とか『The Jacksonians』とかを置いていました。先に言ったアドミニストレーションの研究に関係があります。

コーネル大学での研究

河野　先生の1970年代初頭のお仕事の話に戻っていいですか。

先生の英語圏での初仕事は地方自治でしたよね。地方自治研究はどう発展しましたか？　ハーバードで書いたものの後です。

村松　ハーバード大での執筆のすぐ後に、アッシュフォード教授が主宰する「国際比較地方自治研究会」に参加して論文を書いたことはお話ししました。この研究会は本当にいいチャンスでした。その後、種々の外国からの招待がありました。私の英語力でやっていくのは本当に冒険でした。ただ不思議とプレゼンはダメでもレスポンスが良かったと言われました。たぶん、自分の発言への批判は英語でも聞こえるのです。日本は地方自治の研究が盛んで、手持ち情報が良かったのではないかと思います。

河野　1981年にコーネル大学で在外研究されたのだと思いますが、それは官僚制の本を出した後ですね。

村松　そうです。

河野　では、コーネル大学滞在以後が重要ですね。コーネルでの話を続けてください。資金とか。官僚制論の英語出版もありますよね。

村松　このときのコーネル大学への出張は、資金的には、フルブライト奨学金が旅費・滞在費の大部分を出してくれて、ほかに、T・J・ペンペルから彼が管理していたChina-Japan Programの基金を一部いただいて1年間分になったように覚えています。ここではまだベラジオ研究会に提出する論文を執筆中で、その完成が主たる仕事と思っていました。しかし、ペンペルが一党優位政党制のプロジェクトをはじめましたので、私もこの頃から、政党システム論に関心が向きました。

河野　政党研究に移られたのですか？

村松　それほど政党研究に軸足を置いたということはないですが、ペンペルさんのプロジェクトに対応すべく帰国後に、京都でも研究会をつくりました。西川知一先生の西洋諸国のカトリシズム、的場敏博君の戦後日本、森本哲郎君の戦後フランス政治の話を覚えています。

コーネル大学の話に戻りますが、研究室は、ユーリスホールのChina-Japan Programにスペースをもらいました。

コーネルでは、仕事だけではなく、他分野の日本研究者と親しくなりました。ロバート・スミスさんという日本研究の社会学者が立派な研究をしておられることを知りました。コーネルの人類学者（後にハーバード大学教授）で『築地』を書いたテオドル・ベスター氏とも親しくなりました。米山俊直さんなどイサカを訪問する日本人にも会いました。

日本研究の方々は、木曜日の昼食時にブラウンバッグミーティングを定期的にやっておられて雑談をしていました。「ハーバードで日本研究に院生がいるそうだ、どの分野かな」とか、噂話が盛んでした。情報交換ですね。議長役はロバート・スミス氏でした。この方は、SSRCでも日本委員会の議長でした。

この木曜日のグループがイサカから1時間ほど行った居酒屋で年末に行った忘年会に私も参加し、日本研究の皆さんと非常に打ち解けて、面白かった。カレン・ブレーゼルさんは亡くなられましたが、懐かしい方です。『とはずがたり』の翻訳で全米図書賞翻訳書部門を受賞した方です。

河野　その他何かコーネルでのご経験がありますか？

村松　木曜日の会に、あるときロサンジェルス空港で免税店を経営しておられるコーネル卒業生がおいでになり、日本研究に50万ドルの寄付を申し出ます。空港で日本人から儲けているのでそのお返しだと言っていました。できるだけ「現代」関係の本を買うようにという注文もあり、私も本のリストアップに参加しました。

キャンパスでは、日本に関する講演や研究会がよくありましたが、ほとんど参加して、スピーカー・講演者に質問をしたりしていました。武者修行です。

河野　ずっとコーネル大学におられたのですか？

村松　はい。ただ、コーネル滞在中、イェール大学だけでなく、ハーバード大学、MIT、ノースカロライナ大学（チャペルヒル）などで、招聘されトークをしました。イェール大学では、ジョン・ホールさんが夜の宴会にも出てくれて感激でした。この宴会で、イェール大学のスタッフに丸山眞男論を情熱的に話す方がいて印象的でした。佐藤英夫さんは元々知っていましたが、より親しくなったような気がしました。

ワシントンDCのウィルソンセンターに招かれたときのことは、特別によく覚えています。出席者には、G・レームブルッフ、スーザン・ファーがいました。

実は、そのトークの前夜は大雪で、翌日も大雪という予報でしたので、いかにして、ワシントンに行くかが問題でした。あとでウィルソンセンター事務局のモース氏に聞いたら、「雪で行けない」という電話をもらえばそれでよかったということでした。今考えるとおかしいのですが、私は、行かねばならないと考えていて、グレイハウンドバスならば、乗り継げば行けるということで実行しました。真夜中発のグレイハウンドバスを4回乗り継いで、翌朝、ワシントンのホリデイインにたどり着き、午前中寝て、所定の3時に間に合いました。

夜のグレイハウンドバスというのは、本当にわびしいものです。適切にトイレ休憩をとり、腹の足しになるハンバーガーやコーヒーを買い、飛行機に乗る余裕のない人と同乗していたように思いました。

このトークでは、官僚の話をしたのですが、レームブルッフと親しくなって、後のF・ナッショルドとの日独プロジェクトにはプラスでした。

翌日、帰国途中にピッツバーグ空港で雪のためホテルに閉じ込められて退屈しましたが、ピッツバーグ大学で日本政治を教えていたゲアリ・アリンソンに電話をしたら、「寂しいだろう」と言って、長時間、相手をしてくれたのは嬉しかったです。

日本人では、コーネルには、龍谷大学の石田徹夫妻が先に行っていて、よく一緒に遊びました。車のない間はお世話になったと思います。

一党優位政党制プロジェクト

村松　ペンペルの一党優位政党制プロジェクトでは、準備会が81年9月10日前後ですが、コーネル大学・国際研究所（ユーリスホール）の一室で開かれました。このタイミングで第1回が開かれたのは、アメリカに来る予定の大嶽秀夫さんの日程に合わせたからだと言っていました。飛行機代の節約です。

『Uncommon Democracies』として成果が出るのは1990年です。この一党優位の研究会を通じて感じたのは、やはり英語で苦労していることです。その第1回の準備会の討論を、大嶽さんはわかりますが私はわからない。大嶽さんの発言から相手の英語を理解する。そして議論の内容を知り、「私の意見はこうだ」と言えるわけです。

もう一つコーネル大学滞在がきっかけになったことがあります。

私は、自分の官僚制論を英語にする機会をさがしていました。すでにお話ししたことですが、ペンペルの研究会の休憩時間にエリス・クラウスさんと話をして、官僚制に関する共著論文を書いて一流誌に投稿するようにしようという約束をしました。これが彼との共同研究のはじまりです。

エリス・クラウスさんはシドニー・ヴァーバの下で博士論文を書いているので、データ分析が得意でした。私の日本での政党優位論にも賛成していました。このクラウスさんとの共同事業は長く続きました。最初は「政治家－官僚関係」で、アメリカ政治学会誌『ＡＰＳＲ』に掲載されたことは、先ほど触れました。

掲載は１９８４年ですが、アメリカの日本研究者からは「おめでとう」という手紙を数通いただきました。

河野　そうでしたか。

村松　それで大嶽さんと私ははじめからかかわる形でペンペル・プロジェクトに参加しました。しかし、経費その他について日本側で推進したのは佐藤誠三郎さんだったと思います。

ペンペルは、この準備会を梃子にして、フランス、ドイツ、イタリア、イスラエル、スウェーデンの政治学者に一党優位政党制プロジェクトを呼びかけます。日本からは複数参加ＯＫ。他の国は１人参加だったと思います。やはり日本を比較の俎上に載せるための企画であったように思います。

私は、政党システム論を大胆に書く準備がなかった。クラウスさんと共著で、日本の団体政治が一党優位政党制の下でどうなるかを考察するみたいな観点から書きました。

第２回の会議は、ペーパーを書いて提出する本会議を本当にやるかどうかを決めるものでした。ハワイ島のコナでやって、これが豪華で面白かった。１９８３年1月9日から12日の4日間です。シドニー・タロウもピーター・カッツェンステインも来ていたと思います。この回までは、後に東京都知事など政治家になる舛添要一さんも出席して、フランスのケースについてメモを出していました。そういう、最終的には執筆参加をしなかった人達が勝手なことを言ってリードしてくれる。高坂さんもいたし、佐藤誠三郎さんも来た。

ところが、この会議では、佐藤さんは大嶽さんに厳しい言葉を投げ、大嶽さんも負けじと反論してお二人の会話に時間がとられました。高坂さん、ピーター、タロウなど黙って聞いていました。日本は合意の社会という印象はウソだったと誰かが話しかけてきたのが面白かったですね。佐藤さんは、大嶽さんが少しでも非武装中立路線に好意的な発言をしたと見ると噛みついていたのではないかという記憶です。ソリが合わなかったようですね。

このハワイ会議の結論は、やはりSSRCの委員会がサポートするに値する研究プロジェクトであるから続行しようということになりました。ペンペルを支援するために、最後のミーティングで手を叩いたかもしれない。

このハワイ会議ではDominant Partyの定義についての議論が多かった。具体的に言えば、ゴーリストのフランスを含めるかサッチャー政権も十分に期間を経ていると言えるかなど国ごとの議論が有益でした。各国の専門家が出ていましたのでそれぞれの国の政治の比較に自然になっていました。

夕食時の団欒は、波打ち際の、波と風でやかましかったレストランで知識を披露し合うといった会話でした。楽しかったですね。高坂さんという方は、こういう場でも話をリードします。

河野　このときに、先生は政党システムにご関心を持ったのですか？

村松　そうですね。今のような経緯ですから、私の政党研究は、はじめ政官関係への関心で、自民党における族議員の影響力や派閥の力学に目が向いていましたが、ペンペルの一党優位政党制プロジェクトに参加して、政党システム論の視点からも積極的に自民党と野党の関係を見るようになり、モーリス・デュヴェルジェとジョヴァンニ・サルトーリの本や国別政治や議会の研究を読みはじめたと思います。

それまでは、近代主義の目線の政党論は、組織に注目して議論していました。日本では、地方政党組織が弱体であることが、いわゆる〝遅れ〟でした。

しかし、自分自身の議論でも、日本の政党の地方組織について知識が少なく、長い間、不安感を持っていたところ、2000年代になって、建林正彦氏のプロジェクトで、数個の県連幹部にインタビューをし、県連事務局の活動の資料と情報を得ることができました。そのお陰でやるべきことをやっていない不安のようなものがなくなりました。八ッ場ダムをかかえた群馬県連の建物は立派でした。あと、静岡県、高知県、熊本県、佐賀県の県連インタビューをしています。若月剛史氏、笹部真理子氏と一緒でした。

河野　確かに、日本では政党組織への関心が強かったですね。

村松　政党システム論については、文献を読むとともに、同僚の的場敏博君からだいぶ学びました。的場君は還暦前に亡くなりましたがいい仕事をした人です。命がけで京大教授をやった人です。

河野　一党優位は、政党システム論では多党制に含まれるのですね。

村松　そうだと思います。「政党システム論」というのは政党の数とそれらの相互関係がもたらす権力関係の研究ですよね。

一党優位政党制論で政党の研究をやっていって、スティーブン・リードと親しくなりました。スティーブンは、デュヴェルジェの小選挙制と二大政党制の関係を「M（選挙区の定員数）＋1」の研究と表現して明快に論じました。元々デュヴェルジェの考えたことを踏まえて日本とイタリアを中心に論じている重要な人です。

ゲアリ・コックスは、the first political scientist to note the 'M + 1 equilibrium' という言葉で評価しています。つまり、スティーブンは、ここに関心を持つ学派のドンの1人です。中央大学を引退しましたが、引退に際して、ハーバード大学で、「S・リード教授引退記念シンポジウム」が行われました。

Mというのは選挙区の定員数。そのプラス1が立候補者数ということになる。そうなるかどうかが仮説です。研究が深くなっています。もうついていっていません。データも、過去に遡って明治以降の全立候補者や全部の上程法案のデータが電子情報になっているとかの世界です。日本では早くから川人貞史さんがやって議会・政党の研究や日本歴史の研究を充実させました。

河野　政党システム論の文献というとどんな論文になりますか？

村松　それまでに私が読んでいたのは、「The Dominant Party System」です。「優勢政党は好きなように利益配分を行う、野党はおいしくないところを少し与えられるだけ」という指摘の論文で、私は不満でしたが、プロジェクトに参加した後から読んだところ、ずっと深みのある面白い論文でした。すぐ後のE・C・バンフィールドのイタリア研究では、近代化に遅れた地域の政党の活動の様子が見えて、これも面白かったです。

One Party Dominance とか、Dominant Party System が有効な政党システム論であったかは重要な論点ですが、日本では、佐藤誠三郎・松崎哲久著『自民党政権』が出版されたことも重要です。一党優位のプロジェクト完成の途上の研究で、SSRC研究会での議論が利用されています。しかし何と言っても、自民党に関して徹底してデータを収集することによって大きな貢献をしました。

私はこの頃から、官僚制と同じ時間を使って選挙や政党の研究を読みはじめたのだと思います。研究の進展が早い分野でした。1990年代のはじめ、京大と五百旗頭真氏と宮沢節生氏に依頼されて、神戸大で国会というテーマで講義（半期）をしたことがあります。

シアトルでの思い出

河野　村上泰亮さんの日米の社会科学者による日本政治経済分析プロジェクトについてはあとで詳しく伺いますが、1980年代はじめですか、70年代末でしたか。

村松　これは先ほどのペンペルの一党優位政党制プロジェクトの前からはじまっていました。私は『The Political Economy of Japan (1)』に、「パターン化された多元主義」と題する論文を書きました。大勢の経済学者にお会いしました。浜田宏一さんが東大をやめてイェール大学に移られた頃です。１９８７年に出版されるのですが、その準備を兼ねて、コーゾー・ヤマムラ（ワシントン大学）のいるシアトルに、１９８５年の夏、３カ月間、滞在することになりました。

このシアトル滞在は、共著者のクラウスさんとの話し合いに便利であったことが理由だったのですが、あまり共著論文の執筆には役に立ちませんでした。料理をして失敗したこととか、アメリカの音楽を聴くようになり、ジェーン・フォンダのレコードを買ったとか、そんな思い出が多いです。

一番良かったのは、コーゾーと親しくなって、『Journal of Japanese Studies』（ＪＪＳ）という雑誌がアメリカにおける日本研究の重要な雑誌であることを知ったことかもしれません。その年から、私も、ＪＪＳの編集委員になったと思います。この種の雑誌が、日本の政治学者に必要だと思いました。

執筆者の国籍を問わず、日本研究の歴史学や社会科学論文が掲載されていました。脇田晴子氏の歴史の論文やロバート・スミス氏の社会学論文など、良質の論文を読んで楽しかった。私自身は、この滞在を利用して、中曽根政治論と、中央地方関係（水平的政治競争モデル）論をＪＪＳに寄稿しました。

滞在中の８月12日、日航機事故がありました。シアトルはボーイングの所在地ですから、大きな話題でした。

河野　その他どんなことを覚えていますか？

村松　７、８、９月は、日本は暑いときですが、シアトルは歩いていても汗が出ない程度で、朝、キャンパスの林を歩くときなど快適でした。コーゾーの家はワシントン湖を一望するリビングがあって、素晴らしいロケーションでした。お宅の近くに市営のテニスコートがあって、何回か打ち合いや練習試合をしました。タコマ富士と日系人が呼んでいたマウント・レーニアもよく見えました。

その1985年の夏、シアトルで、コーゾー・ヤマムラが彼の研究室で出会い頭に言ったことは、「日本は経済的に成功した、近代化を能率的にやった、しかし平等を犠牲にした」でした。

特に、「日本には敗者復活戦がない」ということです。この指摘は印象的でした。「東大に行くとそれで全部決まり」みたいに、外国からは見えるのかなと思いました。

彼が注目していたのは「大学に行ったかどうか、どの大学か」が格差を生む原因となるということで、私は必ずしも賛成できなかった観察です。

河野　その3カ月間、ずっとシアトルにおられたのですね。

村松　いいえ。途中、夏にIPSAパリ大会（1985年）に出席のためにパリに行くのですが、途中ロンドンに寄りました。加藤一明さんと連絡をとって、お会いすることになっていました。7月9日にロンドンに到着して、税関を出たところで、ロンドン滞在中の西尾勝さんと加藤一明さんのお二人にお迎えいただきびっくりしました。お二人とも、山崎一男さんの持ち家に宿泊しておられました。山崎氏は日本生産性本部のロンドン支部長のような立場の人でしたが、郷里の掛川西高校出身であることがわかり、この日は、4人で食事をしました。

後に、京都大学法学部が実務家教員を必要としたとき、山崎さんを講師として迎えました。

ロンドンでは、このときでなく、1991年に行ったときですが、掛西高時代の一級下におられた清水真砂子さん（児童文学者。『ゲド戦記』訳者）のロンドン滞在と重なり、お世話になった思い出があります。

パリに到着すると、パリ祭（7月14日）なのか、他の何かのお祭りの前夜ということで町は猛烈に混んでいました。路上、たくさんの人がダンスをしていました。IPSAの研究会は、7月15日から20日まででした。

ジャネット・ベカールレクレルクは、パリ大会の分科会「地方自治」で「フランスの中央地方関係」の論文提出者でしたが、前日の打ち合わせをしました。このパリ大会で、武者小路公秀さんが会長演説をしたのを聞きました。

晩さん会では、シラク市長が挨拶。ヴェルサイユ宮殿での宴会だったと思います。イギリスからは、その分科会に若い頃のジョン・ホール氏が参加しました。

早稲田の内田満さんが、研究会1日目の私の司会する「地方自治」分科会の会場にいらして、やりにくかったですね。

河野　IPSA初参加ということですね。

村松　そうです。しかし、このとき参加した私にとって重要であったのは、ガイ・ピータースに誘われて『Governance』創刊の会議に出たことだと思います。袖を引いて連れていかれたという感じでした。

IPSAのSOG部会の会議でした。準備は前からあったでしょうが、ここで正式にコーリン・クラークとガイ・ピータースを中心に雑誌を出版することになったと思われます。創刊は、1988年4月15日となっています。ここでも雑誌の発刊ということが頭をよぎりました。

7月23日のメモは解放感に満ちていました。日本への帰国も近づいたし、JPERCの論文も完成していたように思います。ワシントン州北部でカナダ国境に近い、エリス・クラウス氏の家のあるベリングハムに一度行きました。

ここで28歳のクラウス氏は、『築地』を書いた文化人類学者テオドル・ベスターを教えています。当時ベスターは20歳です。

河野　先生はエリス・クラウスとご一緒の論文が多いですが、エリスさんとの交流はいつからですか？　どういうようなお付き合いでしたか？

村松　クラウスは、京都大学に1975年に1年間滞在したことがあり、そのときに知り合いになったのだと思います。しかし、特別に親しくはなりませんでした。

その後、さきほど言ったようにペンペルの一党優位政党制論のプロジェクトがはじまったとき、コーネル大学で一緒になり、そこで我々が多くの点で似た見解であることを知り、私から日本の政官関係について共著論文を書くという提案をしました。『APSR』掲載の論文のすぐ後のJPERCのPatterned Pluralism論です。

彼の主著の一つのNHK研究の翻訳を監修したことがあります（『NHK vs 日本政治』）。翻訳の実務は、早稲田大学におられた後藤潤平氏（当時、早稲田大学院生）がやったのですが、訳された日本語が良くできていたので、私は、一つの章にだけ二、三の注意をして、あとはお任せでした。このNHK研究は、ニュースの情報源をNHKのニュース報道の言語の数量的分析とその解釈を中心にした「メディアと政治分析」研究を一歩進めた作品です。

河野　他の研究者の方とはどうでしたか?

村松　1970年代の半ばですが、アメリカの日本研究の政治学者が京都に度々来ておられます。スーザン・ファーーさんは、京都市役所の「お茶くみ事件」というのをケーススタディにして本を出版されています。この方は、ジェンダーを政治学として取り上げた最初の1人です。私の家においでいただいたこともあります。夕食後、近所の公園でやっていた盆踊りに参加するなど茶目っ気のある方でしたね。ハーバード大学の政治学部教授ですが、その後、ライシャワーセンター（後、研究所）のスタッフをずっと兼任していました。

振り返ってみて、ヨーロッパの方々との交流は90年前後からで、70年代、80年代前半には、まだはじまっていません。

河野　先生は、その頃から政治学の研究成果を熱心に出版されていますが、お若い段階では行政学者でいらしたけれども、だんだん行政学を含む政治学をやろうというような感じをお持ちになったということでしょうか？

村松　私には、政治学と行政学を区別する感覚はあまりなかったような気もします。政治学的ですが、行政活動を中心に書いています。辻先生も、長濱先生も、政治学にも属する方々です。官僚制を中心に政治過程を論じるという枠は前世代からあったわけです。

ただ、確かに、助手論文で行政責任論を取り上げていた頃は、進むべき方向は、先学のドイツ行政学やアメリカ行政学の文献を参考にしながら、戦後日本という文脈の中で、「行政学の本質」の探究に必要な概念とその定義、構想とアイデンティティを探求することだというふうに考えていたと思います。

伝統的なやり方でやる、だから良い本を探さなければならない、早く読まなければならないといった感覚が、我々の世代にはまだあったでしょうね。ただ、何が行政学かは、日本では決まっているわけではなかったから、元来、行政学に政治の分析が必要だということもあり、アメリカ政治学に接した後は、政治学もやろうとして当然であったと思います。

余談ですが、パリからシアトルへ帰国後の8月20日に映画『瀬戸内少年野球団』（阿久悠原作）を観ました。映画では、戦後の「小学校」の英語の授業で、テキストの最初の例文が、「I am an American boy」であったことになっていました。そう言わせるのですよ。ドキッとする例文です。このときの子供達が、20年後に企業戦士として経済で活躍することになるわけです。

第3章 『レヴァイアサン』創刊の前後――80年代

アメリカ政治学者の「日本政治」への注目

河野 80年代前後から、英語論文の執筆が増えていっていることは伺いましたが、それがどう発展するのですか？「いつ頃から」とか言えますか？ それと、ネットワークが国際的に広がっていますね。

村松 確かに、外国に同学の友人は多数できました。80年代の終わりにＳＳＲＣの日本委員会の委員になったことなどでも交流が増えたと思います。

委員会で、資金の申請書を読み、どれを採択するか、委員間の議論がありますが、アメリカ人がどういうふうに日本研究をしようとしているかの議論を聞いていて、面白かった。先に触れたロバート・スミス教授（社会学）のチェアとしての判断力に敬服しました。この委員任期中に『Showa』を書いたキャロル・グラック氏とも話す機会がありました。

あるとき、彼女は会が終わった後、「演劇を観ましょうか」と誘ってくださり、有名な『コーラスライン』を観せていただき、それから夕食でしたが、行ったのがカニ料理店でした。英語の会話とカニをむしり食べるのは両立しなかったと言うべきですが、建築学をやりはじめた息子さんの話なども聞いて何となくアメリカの話が深くなってきたと感じました。

『コーラスライン』の筋書きは、10人ほどのダンサーが舞台に出ていて、一人ひとりの人生を踊りで表現するという単純なものですが、ヒアリングができず、適宜、グラックさんの解説が必要でした。

戦後日本は、ヨーロッパ、アメリカのマーケットのシェアを奪って注目されていました。70年代、80年代になって欧米、特にアメリカは、日本の政治も民主主義のルールで動いていることにも注目しようとしていました。日本をヨーロッパに紹介しようとしているという雰囲気もありました。しかし、日本人はこれに応えるような発信をしていなかったという時代であったように思います。

この時期、日米欧という感覚があったと思いますが、その学術版だったのかもしれません。

河野　ありましたね。本としてもサイマル出版会から出た、ハンチントン、クロジエ、綿貫著、綿貫監訳の『民主主義の統治能力』があります。

村松　ＳＳＲＣはその日米欧企画の学術版でしょうね。

サイマル出版の本の中ではハンチントンは、governability 論で、途上国に加えて先進諸国でも参加の増大と財政膨張の関係を指摘していました。

3人の執筆者の中では、「近代化と参加」のコストを論じるハンチントンが一番面白いですね。この頃は、日本を含んだ比較ということの関心が、地方自治に及んできたときであったかもしれない。とにかく、私は、「日本人が今の日本をどう見るのだ、そこをどんどん書いてください、日本を伝えてください」と、アメリカの政治学者に促されました。

それは、ほとんど実証的研究をやれという意味だったと思います。会議や会話での自分の英語力はわかっていますから、はじめは躊躇しましたが、アメリカの同世代の日本政治研究者が多かったので、元気づけられました。同世代の同僚と言えるのは、ロナルド・モース、ジェームス・W・ホワイト、テリー・マクドゥーガル、T・J・ペンペル、マーガレット・マッキーン、スーザン・ファー、エリス・クラウス、リチャード・サムエルズ、ロナルド・アクアなどです。さらに若手ではフランシス・ローゼンブルースがいます。スティーブン・リードとは後で友達になりました。

この人達は、元来、日本政治の研究者ですが、有名なヨーロッパ研究者としてダグラス・アッシュフォード（仏英）やシドニー・タロウ（仏伊）、ピーター・カッツェンスタイン（中欧）も積極的でした。ローウィ『自由主義の終焉』の翻訳をやったのもこの時期です。

河野　その頃のことをもう少しお願いします。どういう展開だったのでしょうか？

村松　国際社会の中で、日本は、学術的にはもう一つの民主主義の国として、比較の対象国としようという機運があったということではないでしょうか。これは、アメリカからいえば占領政策の成功ですから、全体的に日本を好意的に見ていたと思われます。

比較の対象としてよい国がもう一つできたという認識が生まれて、先のアッシュフォードの研究会でも熱心な勧誘があったのだと思われます。とにかく英語で書く日本人がほとんどいなかった時代です。

当時、飛鳥田一雄横浜市長は、自衛官募集ポスターを貼らせないとか、戦車の市道通過を阻止する立場を表明して、沖縄基地反対闘争と連帯しました。外国の日本研究者にはそういう側面に好奇心を持たれていたように思います。最初の留学のとき、１９６７年、美濃部亮吉氏が東京都知事選に勝利したときはアメリカの新聞でも知事の顔写真が大きく出ました。

河野　それは確かにそうですね。

日本政治に関する通説、つまり「強固な中央集権説に対してやや違和感がある、違うのではないか」という考えを、同じ世代でアメリカ側でも共有していたということでしょうか？　自分達の仮説なり直観は裏付けられたのではないかというふうに読まれたのでしょうか？

村松　たぶん、そういうことでしょうね。新しい目で日本を見ようという動向は感じました。日本は官僚の国という主張が、それまでに浸透していて、それが本として結実したのがチャルマーズ・ジョンソンの『通産省と日本の奇跡』ですが、この議論への反発や批判が出てきたという頃だと思います。この頃のアメリカ人の日本研究者には、エリス・クラウスさんとジェームス・W・ホワイトさんがいました。

クラウスさんは第1回のリサーチでは、学生運動で本を出しています。ホワイトさんの最初の作品は公明党研究でした。クラウスさんやホワイトさんはそれぞれ2度目の来日で、京大に籍を置いたのですが、ともに三宅一郎さん経由で連絡をいただきました。

河野　面白いですね。そういうふうに先生は、日本人の政治学者として、英語圏の研究者との交流を深められた、ということになったのでしょうか？

村松　そういうことでしょうかね。この頃、日本政治の研究者が多数アメリカで生まれていて、その仲間に入っていったということだと思います。その前にも、三宅さんは、むしろ世界数カ国の比較研究グループのメンバーだったのかな。

三宅さんにインタビューをしてお聞きしたのですが、三宅さんは、１９６０年代初期にアメリカからの帰国後すぐに、ミシガン大学の調査方法をそっくりそのまま「直輸入」して、宇治市で調査をしたことを強調しておられました（「選挙と投票行動の研究」）。その成果が『異なるレベルの選挙における投票行動の研究』です。１９７０年代の京都調査は、この最初の大著の後の研究だったわけです。

さらにこの頃、三宅さんはシドニー・ヴァーバと連絡を取っておられたと思います。

私も同世代の、日本政治研究者のグループに入っていきました。

投票行動と世論調査と行動論

河野　三宅さんのお仕事はどんな感じですか？　投票行動のご研究でしょうか？

村松　三宅さんは、投票行動の研究者として大きな業績があった方ですが、関連して世論調査や選挙研究にも大きな成果をあげてきました。

投票行動論では、政党支持の幅、政党支持の類型、政党支持の党派的類型など、非常に広く投票行動分野で安定したデータを継続的につくり、調査・研究方法を開拓されたように思います。

アメリカ型の投票行動の調査研究は、早い段階で日本政治学に浸透していましたが、さらに、ガブリエル・アーモンドとシドニー・ヴァーバの『The Civic Culture』のインパクトがあったと思います。政治社会を大きく政治文化論的にとらえるアプローチです。

河野　『The Civic Culture』は、ヴァーバとアーモンドですね。この本は一時期かなり若手の人達の関心をひきましたね。その『The Civic Culture』を読んで、日本政治の研究に、具体的に役に立ち、こういう研究業績が出た、ということはないのですか？

村松　あります。例えば東京では、綿貫譲治さんがいち早く対応しています。日本人の選挙や世論に関するいくつかの日本政治研究に反映しています。さらに、この人は、他の理由もあるかもしれませんが、この方向で自由に研究していくために、東大の文学部をやめて上智大学に移ったという噂がありました。

世論調査の方法については、三宅さんや綿貫さんの影響で、サーベイリサーチが各種行われたし、次の世代の世論・投票行動・選挙研究者を生み出したと思います。三宅さんは社会心理学的でした。有効性感覚、政党支持などのほかに、保守党支持はイデオロギーではなく、中小企業主などの「自前意識」と見る独自の見解があります。選挙研究は後から出てきます。

選挙研究は前の世代でも行われていたし、世論の調査という点ではマーケティングが先行しています。しかし、三宅さんのような学術の意味での統計処理による全力投球の研究は、はじめてではないかと思います。三宅さんが「全面的にミシガンの方法を採り入れた」と言ったことは、考えると、非常に重要なことかもしれない。

それは、「科学には幾種類も科学があるはずがない」という立場だと思います。だから、その時点で、最も科学的と信じたことをやるのだということだったと思います。科学的に研究するということは、「ちょっと日本へ適応させてみる」「日本には日本の方法がある」といったそれまでの外国の方法の摂取とは違うという強い主張をさりげなく言われたのかなと思います。

河野　なるほど。

村松　『The Civic Culture』には、当時から、英米だけが民主的な政治文化を持っているみたいな偏見が垣間見えて愉快でなかったことは事実です。しかし、分析が鮮やかで、あの方法であんな面白いことが言えるのだということを世界に示した。ジェームス・ホワイトさんもエリス・クラウスさんもほぼ私と同世代で、ともにスタンフォード大学で博士号を取っていますが、お二人とも指導教授のヴァーバを尊敬していたと感じました。ホワイトさんは『ＩＫＫＩ』（一揆）の著者として有名です。

ドイツの研究者にも支持者が多い。この頃、世界中でサーベイネットワークができたのではないかと思います。三宅さんもヴァーバと親しくなっていった。インドやエセックス大学にも拠点があったと思います。

私は、１９７２年、バークレーに滞在中、スタンフォード大学に三宅さんをお訪ねしたとき、東大の池内一さんやイケ・ノブタカさんにお会いしました。

アメリカでは選挙研究や世論調査がさらに発展し、ヴァーバのさらに次の世代が出てきます。その世代を代表する1人は、パーティシペーションなど価値観を含む質問文調査で数カ国を比較するロナルド・イングルハートです。参加をキーワードに民主主義の拡大を論じる『静かなる革命』を書きました。

河野　イングルハートは、そういう世界をつくった人の1人と言っていいのですね。

村松　はい。そう思います。政治意識を分析するために「参加」などの脱物質的な価値観が生じているので、この視点からの調査を主張しました。

先の翻訳が出た後のことと思いますが、このイングルハートに対する京極純一先生の反応が強烈でした。京極先生が、イングルハートを中心にした研究会に参加したときの発言にはヒヤッとしたが面白かった。あのとき、京極先生は意地悪でさえあった。

その研究会は1980年の夏でした。イングルハートを招いて、比叡山で研究会が行われたのですが、イングルハートに対して京極先生が、「イングルハートさん、パーティシペーションというのは日本語で何と言いますか?」と質問しました。それに対しては「たぶん参加でしょう?」というレスポンスでした。その後「フランス語では何と言うのでしょうか?」「パーティシパシオンでしょう」と。そして「パーティシペーションとパーティシパシオンは同じですか?」と。「どうして同じだということがわかるのですか?」と、詰問調で言いました。通訳はレグホンという日系のアメリカ人でした。

河野　京極先生がイングルハートに質問したのですね。

村松　答えられないですよ、そんなこと。「言語間で完全な訳語はないので、質問文にズレは生じうる」と答えると、京極先生は、それでは比較ができていないではないかと、声を荒らげて叱りつけるように言った。この雰囲気を覚えていますが、このことを、日本の学界で話題にする人がいないのはどういうわけでしょうか。わからない。日本選挙学会などでは話題になっていたのかもしれません。

河野　京極先生の言いたかったことは、そもそも比較というのが、政治については無理だ、ということでしょうか？

村松　たぶんそうです。京極先生は、『日本の政治』の内容を政治学の講義でしておられたのだと思います。そうなると、日本の特殊な、あるいは特有の政治文化があるという主張です。自信のある人だと思いました。ある国の政治文化について他国と比較ができるか、という疑問を投げかける立場です。

河野　ということは、遡って、ヴァーバとアーモンドの『The Civic Culture』も、京極説に則って言えば比較できないということでしょうか。『The Civic Culture』やアーモンドについての非常にシニカルな評価というのを私はだいぶ聞いたことがあります。なぜダメなのかというのはその後気になっていましたが、今の京極先生のお話を聞くと少しだけわかります。

村松　また、どなたかが「アーモンドかチョコレートか知らんけど、ダメだ」と言うのを聞いたことがあります。

河野　本当にそう言われているのですか？

村松　うん。私は聞きました。その方は率直な方ですから、従来型研究からの直感的な反応であったかもしれません。

河野　面白いはずがない、ということでしょうか？

村松　だけれども、あの本によって日本でも、諸外国でも、比較政治を議論しようという人が急激に増えたと思います。比較政治研究の成功例だと思います。だから世界的なインパクトがあったと言うべきだと思います。

河野　アーモンド、ヴァーバの受容をめぐって日本の政治学界の中に、相当温度差があったようですが、今お話を伺って少しわかったような気がします。京極先生がその方向でおっしゃるという一方で、どちらかというと若手で、何か新しい方法論がないかとか思っているような人達には、「世論調査を通すと面白いことが言える」という、ある意味ポジティブな受容の仕方もあったということでしょうか。そんな感じですか？

村松　そうなのでしょうかね。しかし東大ではポジティブではなかった。今、話の対象としている世代の前の世代の感覚かもしれません。京大では猪木さんが、『The Civic Culture』を出版する前のヴァーバ（30歳くらいか）を、何かの研究会の後、京大の清風荘（元西園寺公別荘）での昼食会に招待したことがあります。猪木さんは評価していたに違いありません。

それで、東大はアメリカ政治学全体に対してポジティブではないと、かねてから「東大法学部政治学論」というのは私の中でのテーマになっています。

河野　具体的な批判ではないのですか。

村松　多数者がお嫌いであった、と感じていました。アメリカへの留学者においてその方法を使うという立場を取る研究は東大から長く出ていない。これに対して、早い時期の留学者の1人である三宅さんはとりあえず、一番優れた方法であったとして、丸ごと使うという立場でした。

河野　東京では方法論的にダメと言っていたのでしょうか？

村松　そんな感じでしたが、そうとだけとも言えないと思います。名古屋市で開催したときであったか、日本政治学会研究会で、三宅さんの報告への「つまらない研究になってしまうのではないか」という辛辣な批判があったとき、フロアから辻清明先生が好意的に擁護しました。調査を積み重ねていけば意味があると言われた。ご自分ではあまり実行はされなかったし、実行する方向に持っていくことはしなかったとは思います。ただそれぞれの立場から、アメリカ政治学に対して、意見があったのではないでしょうか。

先の比叡山のシンポジウムですが、シンポが終わった後でパーティになりました。そこで、私は京極先生に自己紹介をして、「先生のようにおっしゃったのでは、サーベイリサーチができません」と言いました。私は、京都市政調査に参加していましたから、「もう研究がストップする以外ないです」と文句を言ったのですよ。
そうしたら、「村松君、コンシューマーとプロデューサーの立場は違うのです。私はコンシューマーとして言っただけで、プロデューサーはその立場で頑張ってください」と言っておられた。

河野 京極先生らしい言い方でしょうか？

村松 そこで京極先生と少し知り合いになったかもしれない。
また、もう20年くらい前のことですが、たぶん２０００年前後です。サントリー文化財団の理事会の合間ですが、先生の定年退職後に生じていた国立大学の諸「改革」についてお話ししたときですが、京極先生が「村松君、私はかなりアメリカ政治学を読みました。しかし今になると、余分なことをしてしまい時間をムダにしたのではないか。もったいなかった」というようなことを言われた。だから根本的に何か気が合わなかったと思われます。ご自分には自信がおありだったと思います。だから、東京にそういう風潮があったと思われるのです。

河野 何かそういう傾向というのはあったと思います。

村松 そう思います。

河野 しかし、東大には加藤淳子さんや川人貞史さんがいますよね？

村松 もちろんです。蒲島郁夫さんや谷口将紀さんもおられます。その後も続きます。これらの方々は、確かに先端をリードしているのですが、それは「最近」のことという感じです。

河野 最初何となくずっとマイノリティだったでしょ？　東大政治学の。

村松 そうかもしれませんね。

調査データ処理の方法論

河野　村松先生が、例の１９８９年の政治学会年報委員会委員長だったときに、研究会に三宅先生がお出ましになって、少しお話を伺ったことがあります。三宅先生には最初のトレーニングは政治学というより、歴史学だったと伺いました。

村松　あの年報委員会の研究会は懐かしいですね。『戦後国家の形成と経済発展』という形で成果になりました。

河野　三宅さんはあのとき、修士課程にいたときは、幕末と明治の薩摩藩について研究しておられたと聞きました。それがアメリカにいらっしゃってガラッと方法論を変えたというふうに伺って、そういうことがあるのかなと思ったのですけれども、そうなのですか?

村松　京大人文科学研究所に採用されたときには、坂田吉雄教授の研究班で採用されました。日本政治史研究だったのでしょうね。坂田さんは、あの世代では珍しくマルキストでない歴史家です。三宅さんを受け入れることと関係があったと思います。

河野　なるほど珍しいのですね。

村松　しかし、三宅さんは、アメリカに行っている間に、選挙と投票関連のデータの分析で事実を語るという方法にコミットしました。事実への興味という点で歴史学と類似点があるのかな。

三宅さんは宇治調査を終えたその直後ですが、前記の『異なるレベルの選挙における投票行動の研究』の執筆の後でしょうが、コンピュータとＳＰＳＳの普及のために獅子奮迅の働きをしています。

三宅さんは、京大と北海道大学にＳＰＳＳを導入しました。大型コンピュータ自体は60年代前半に入っていたと思いますが、社会科学のコンピュータ利用が遅れていたのだと思います。

河野　60年代末ですね。

村松　三宅さん自身の『異なるレベルの選挙における投票行動の研究』では、一部証券会社のコンピュータを借りて計算したと聞いています。

河野　つまり大きなコンピュータが大学になかったということですか?

村松　そう言うべきなのか、とにかく三宅さんが利用できるコンピュータがなかったということでしょうね。社会科学での利用が想定されていなかったので規定上対応してくれなかったのかもしれません。コンピュータの発展が急速な時期で私はわかりません。しかし、60年代末に京大は大型計算機にＳＰＳＳを入れるのが早かったことは覚えています。

河野　それでも早いほうなのですね。

村松　うん、早いです。大型コンピュータ自体は、東大が一番早いでしょうがね。

ＳＰＳＳは三宅さんが京大に入れた。そしたら、いち早く北大の伊藤大一さんから私のところに電話が掛かってきてね、「三宅さんに導入のお手伝いをお願いしたいけれどどうすればいいか」ということでした。

伊藤大一さんのお弟子さんに蓮池穣という方がいるのですけれど、行政学者です。まずお弟子さんの蓮池さんが京都に出張して来られて、京大のコンピュータを見学して、やはり北大に入れると決めたのではないかと思うのです。京大構内で蓮池さんにお会いしたことを覚えています。

河野　伊藤大一さんは行政学ですけれども、コンピュータでデータ処理をするというようなことに関心を持たれたのですね。

村松　北海道大学で要望があれば飛んでいったのだと思います。この地域の政治学者には調査に関心のある人が多い。札幌は世論調査データの多いところでした。この頃に、新しいタイプの研究者が続々と出たのだと思います。

しかし、私の『戦後日本の官僚制』に対しては、エリートに対する質問調査のデータを統計的に処理するという方法には、伊藤さんははっきりと批判的でした。

今になって思うと、私のデータも実証的であると言ったって不完全なデータであったし、汗顔の至りです。しかし、当時は戦後政治を戦前の延長ととらえるという視点からの議論が多く立派なケース研究があるが、結論が先にあるという感じで、調査から知見を得るという形にしていない。仮説が先で、それを実証していく流れが不十分と感じました。この頃に、辻清明先生の官僚論に少し違うと感じはじめていました。そこを示すために自分の分野で良いデータをつくりたいと思っていました。それでサーベイに関心を持ちはじめていました。

河野　もう少し説明してください。

村松　先行研究では、大部分の人の研究で官僚制優位論ということが「前提」になっているという感じでした。日本は、議会と政党が優位の欧米と異なる。さらに「遅れている」となる。その点がヒントになって、当時の近代主義と言われる風潮が論文の組み立て方に関連していると考えました。

近代主義が、一部に、西洋モデルで「特殊な」日本の現実を「裁く」という方向で述べられる。そんな単純なものでないとしても、政治過程の研究成果は、そう受け取られるように書いていると思われました。つまり石田雄さんや田口富久治さんなど重要な研究をした著者達が、よく読んでみれば別の方向にも結論をもっていけたと思われるのですが、結論の点では官僚制優位論になっていきます。

そこにはイデオロギーがあり、その方向はマルクス主義的に好意を持つが、しかしそれより、むしろ近代主義的であって、西洋モデルがまずあり、西洋モデルに近づきたいという主張のように思われました。

イデオロギーや権威ある年長世代の研究に違和感を持っても、反論するのは大変ですが、このところにチャレンジしたかった。チャレンジするには、仮説と新しいデータが必要でした。仮説としては、近代社会の欠落を探る方向ではなく、欧米と同じになっているという方向のデータの探索をしたのだと思います。

私が主張をする上で、三宅さんのサーベイ手法は素晴らしい武器でした。

河野　アメリカの日本研究はどうなっていますか？　関連することだけで結構ですが。官僚への見方などどうでしょう？

村松　アメリカでも官僚制優位論が通説でした。先のジョンソンの官僚論があります。ジョンソンはいくつかの論文のあと、『通産省と日本の奇跡』を出版し、非常に広く読まれました。ペンペルの文部省研究もその方向でした。

しかし、『戦後日本の官僚制』の出版後、これがジョンソンへの反論になっているという見方もダニエル・オキモトなどから聞きました。

さらにその後、フランシス・ローゼンブルースが、政治家優位の日本政治論を出版し、私のデータもそこで利用されたのですが、その頃から新しい方向が出ていると思います。

私に対して、「逆に、官僚を本人とし、政治家を代理人とする本人代理人論をなぜもっと詳しく展開しなかったのか？」ということを、あなたからも質問されたことがあります。合理的選択論からはそう進むのかもしれないが、その当時、私の関心は、ゲームの理論の世界に入っていくことではありませんでした。むしろ日本政治が多元主義化の方向に向かっている諸事実を集めることに熱心でした。

『戦後日本の官僚制』については、結構、色々なコメントをいただきましたが、方法・データの解釈・官僚優位への批判の視点を首尾一貫して批判する書評が出たとき、政治学が面白く感じられました。

河野　それが伊藤大一さんだったのですか？

村松　伊藤さんでした。

河野　伊藤さんは、どうして世論調査はいいけれど、エリート調査には批判的なのですか？

村松　世論調査は国民だからいいけれど、政治のエリート集団は、一般の方よりも複雑に考えて回答する可能性が高いと言っておられたのだと思います。今もそう言われるかどうかはわかりません。

河野　官僚調査についてそういうコメントをされたのですね。伊藤さんは大嶽秀夫さんの処女作『現代日本の政治権力経済権力』の書評を書かれていました。それがなかなか鋭いものでしたので、すごい書評を書かれる方だなとは思っていたのです。エリート調査についての伊藤さんのコメントというのは、先生はどう思われますか？

伊藤さんの村松批判は、どこにお書きになったのでしょうか、『行政学会年報』ですか？

村松　『年報行政研究』の書評です。私はそれに対してすぐに伊藤さんを含む諸批判に対する批判的見解の論文を書いてお答えしました。私は、１９８０年代、闘争的なところがあったのかな。

河野　伊藤さんへの回答は『法学論叢』の「日本官僚制論へのワンモア・ステップ」ですね。その論争は、その1回でとりあえず収まったということですか？

村松　それは論争などというのではなく、私がそれまで書き足りなかったことを補足し、色々な批判にも答えるという形式の論文です。伊藤さんは、私の主張の重要な論点を皆批判しているのですし、私も、伊藤さんのご批判は心から受け止めています。

したがって、30年後、3回目の調査データによって『政官スクラム型リーダーシップの崩壊』を書いたときも、伊藤さんの議論を軸にして論じました。この本全体で伊藤さんの疑問に答えようとしています。

河野　内容に触れていただけるでしょうか？

村松　ポイントは権力論です。伊藤さんの権力論は、権力をゼロサムで見る視点でした。先ほどの『年報』における書評において明確でした。そこを読んで、私は、多くの戦後に発表された近代主義を含む政治学の論文の「権力イメージ」がゼロサムだったのではないかという推測をしました。国家の権力に対して市民が抵抗する構図です。戦前の政治を経験した人達の政治論として自然です。カール・シュミットを引用する私の先生もそうでした。

ところが、私の3回の調査を通じて「政と官」の関係をデータで見ると、逆に、政官関係のデータは、「権力のプラスサム」ゲームでもあるということを示していました。一方の影響力を拡大すると、他方も拡大するというのは矛盾ではなくプラスサムになりうると考えました（次頁表）。戦前国家における権力の姿はゼロサム的権力であったと思いますが、変化していたのではないでしょうか。

これらのことを確認したとき、『政官スクラム型リーダーシップの崩壊』のモチーフができました。データをそういう視点から整理することに気づいたのは伊藤大一さんの書評のお蔭です。伊藤さんは素敵な論敵でした。

伊藤さんの大蔵省論は立派なケーススタディをしていますが、これも参考になりました。

河野　そうですね。伊藤さんの大蔵省の論文はすごいですよ。今でも覚えています。その方がサーベイ調査はお嫌いということですか？

村松　そういう感じです。『政官スクラム型リーダーシップの崩壊』の結論の部分ですが、戦後の政官は長期にプラスサム的なゲームだったと見てきました。しかしそれが、90年代後半以降、私の感覚では、修正が必要かもしれぬと時々思います。

さらに90年代以降、政治主導の主張と官僚バッシングの風潮が続き、両者の間に微妙な関係が生じました。結局、政治家は、公務員の人事権を通じて、官僚を思うように使いたいという意思を内閣人事局の設置で示したと思います。

安倍内閣の下の東京高検検事長の黒川氏の定年の延長問題はその表れです。

表　官僚の影響力と国会審議の影響力（1976年官僚調査）

（p＜0.01）

官僚の影響力	国会審議の影響力		計（%）	N
	影響を及ぼす	影響を及ぼさない		
0～13点	62	38	100	48
14～15点	69	31	100	65
16～17点	73	27	100	79
18～21点	85	15	100	59
全　　体	73	27	100	251

河野　先ほどのプラスサム関係ということは、発見なのですね。

村松　「発見」というほど大げさなものでもないのでしょうが、権力の一面の見方を変えると、違う学術上のテーマが生じると思います。そんな議論ができそうです。このことと、「戦前戦後連続・断絶」の見方と関係があるのではないかと思っていました。

政官の関係について、政官の間では一方が強くなればそれだけに他方にも有利な関係だったのだという議論が、それまでになかったのではないでしょうか。だから、上のような表は矛盾だと、伊藤さんは言いました。しかし、戦後日本の政官関係にはウィン・ウィンの密接提携の時代がありました。ただ、2010年の『政官スクラム型リーダーシップの崩壊』では、密接提携が後退したと論じました。

そのあたりの一部が最初の官僚調査のデータで議論できたということです。

河野　そのご主張は、明示的に伊藤大一論文への批判と関係があるのですか？

村松　『政官スクラム型リーダーシップの崩壊』では、終章の前の章で、その点、つまり伊藤さんの村松批判への反論だと書きました。

河野　今度、もう1回読み直します。

村松　伊藤大一さんは、私の反論を、研究としてはじめからポジティブに認めてくれていたように思います。反論に怒る方ではないのです。伊藤さんは書評を書いてから、1年後くらいに私を北海道大学での研究会に招聘してくれました。北海道大学の研究会で、日本の政治過程における国会と官僚を論じました。機会を与えていただいて、私は嬉しかった。

河野　先生が北大でレクチャーされたのですね。

村松　研究会での報告です。ただ当日、丸山眞男先生が来て講演をされたのです。だから、行政学っぽい人、行政法っぽい人しか来ていただけなくて、政治学はそっちに取られちゃったかな（笑）。憲法の中村睦男さんにはご馳走になったように思います。それでも質疑応答は活発でした。読んでいただければわかります。

国会運営

村松　北大研究会では、国会を論じる部分では、マイク・モチヅキの博士論文のデータと概念を使いました。岩井奉信さんの『立法過程』はまだ出ていなかったと思います。

河野　マイク・モチヅキの粘着性（ヴィスコシティ）論ですね。

村松　そうそう、ヴィスコシティ。国会で自民党が多数派でも、その多数派の原案が自動的に決定されるのではない。質疑はなかなかの実質をもつという主張です。マイクの議論とデータを私は利用して、日本の国会を論じたのです。それが『北大法学論集』に掲載された「立法過程と政党・圧力団体・官僚の関係」です。

これには、報告後の質疑応答まで含めて載せてくれています。政党優位であるが、国会でのヴィスコシティや憲法の規範の力であるというふうに書いています。また政党組織の力であると同時にこの憲法規範の力であると書いた。私は、「国会は、国権の最高機関であって、国の唯一の立法機関である」という明文が明快で強い規範力を与えたように思います。

１７７頁の表の「国会審議の影響力」とは政権党のことで、国会と官僚制は相互強化している。抵抗勢力が野党です。

河野　野党第一党ということですか？

村松　多数派は事前にほとんど決めていて、国会は質問をする野党議員、メディア、世論に対して説明する場になっている。野党は、イデオロギー的に意見が異なっている。当然、政権側に不満であるから一から批判します。実際、安保問題その他、非常に粘りました。背後に労働組合や学生などの社会的勢力がある。国会における日程戦術や牛歩戦術なども、ヴィスコシティという概念に含めていました。

国会に粘着性を発揮させているのが野党であり、国会には野党を大切にする手続きと読める部分がありました。

河野　80年代ですか？

村松　うん、55年体制の成立の頃からのことを頭に浮かべていますが制度は戦前からのものも有効でした。少数派としては、そうしたルールと慣行で一応の役割を果たすわけです。

河野　そうですね。北大でレクチャーされたときに伊藤さんはフロアからか、あるいはコメンテーターとしての何か、コメントはなかったのですか？

村松　伊藤さんからはなかったと思いますが、その際の質疑応答はこの掲載論文に全部出ています。良い質問をしてもらって、たくさん気づきがありました。深瀬忠一さんというフランス公法専門の方が国会研究をしていて制度論的なご質問があったことを覚えています。

河野　国会研究って意外と少ないような気がしますが。

村松　その頃のものは、マイク・モチヅキ。それとモチヅキと共同研究をした岩井奉信氏のものです。しかし、その後、福元健太郎氏、増山幹高氏が出てくる。川人さんの理論的かつ実証的な研究がだんだん出版され、この分野をリードしています。川人さんのデータは豊富で日本の歴史も議会と政党から分析している面があります。さらに野中尚人氏も国会論に参加している。大山礼子さんのものも鋭いと思いました。

しかし、私は国会を語る資格はありません。最近は建林正彦さんや待鳥聡史さんの世代の議論を読んでいます。本はないけれど、伊藤光利さんが、代表論という観点から、１９７０年代から国会にずっと関心があった。

河野　建林さんの日本の国会論はいかがでしょうか？

村松　建林さんには、『議員行動の政治経済学』という本があります。彼の最初の関心は、特定の政策との関係での議員の行動研究であったと思います。最近は政党システムと組織の研究の本を出してマルチレベルの政党システム論を展開していますが、彼の関心はイタリアの議会と政党研究に広がりました。

国レベルだけでなく、県市町村を含めたマルチレベルの諸政党・会派のつくるダイナミズムが政治を決めていくという議論だと思います。

日本の政治学の動向も、私が10年前に見ていたのと違う地図になっているようです。

河野　国会運営といえば、最近、私達は政党の事前審査というテーマで論文集を出しました。

村松　読んだと思います。

河野　それは『自民党政治の源流』ですか？

村松　そうです。連続と断絶の議論になるとどうなるかという話とつながっていると感じました。

敗戦直後の頃、政党幹部はどういうふうに行動を変えたのか。私は、この時期の研究をしていません。占領下では、当然、別筋の正統性の働く場がありますから、気持ちの良い説明は難しいでしょうね。

河野　なるほど、そうでしょうね。

村松　政治家だって、世界のどこの国にも都合の良い経験があれば採用するでしょうね。自民党は政友会の記憶から、うまくいった手続きを「思い出した」のは自然ですよね。

河野　そうですね。

村松　もちろん、昔のシステムや手続きがひとりでに動き出すわけではありません。自民党は結成後、国会と党総裁の選出において多数派の重要性を戦前より強く認識して、派閥工作が活発であったし、政権を維持するために、官僚にも依存しました。

保守諸党の動きが、結局、重要でした。旧来のルールと憲法41条と、保守諸党の多数派形成の行動、自民党結成、これらに初期には占領政策が絡んでいます。私は、この期間の研究をしているわけではありません。

例えば、占領改革における農地開放は政治改革として大きいが、旧農業地域の慣習・ルールも残りました。この時期の研究は難しいですね。

河野　私の意見もそうです。

村松　うん。全体として、精神は違ったものになっているわけですが、自衛隊だって日本の軍隊の持っていたノウハウを反省とともに受け継いだものがあると思います。政党もそのノウハウや人のつながりもあると思うのですね。だから事実が切れるということはありえない。

河野　ないですね。国会もそうなのですよ。

村松　新憲法の「国会は、国権の最高機関であって、国の唯一の立法機関である」という条文が重要になったと思います。国会法もこれに従って整備されました。

戦後の憲法は、規範の力がその効果をもたらす条件の研究がもっと必要かもしれない。

河野　国会が制度的に優位だからそうなっているということでしょうか？　国会の優位性というのは戦前期には、暗黙の了解としてあったかもしれないけれど、制度化はされていなかったわけです。

村松　でも斎藤隆夫の演説も制度の基盤がありました。帝国議会も軍部にどんどん抑えられていくけれど、議会の活動は止まっていないのですよ、一度も。

河野　帝国議会は停止していないですね。

村松　そして、一応戦後の意思決定もアメリカが間接支配で統治したのでしょうが、議会は止まっていないのですよね。

河野　議会が停止していないという点は、確かに大きいですね。

村松　長い占領でしたから、5～6年の間にその後の日本の社会行動、経済活動の復興を進める法律ができる。しかし、独立回復後の「独占禁止法の改正」についていえば、当初の独禁法の規制緩和を狙うわけですが、緑風会の調整で通っているのですよね。関係団体の圧力活動を背景に議員が主張していることを対象に国会の審議について実証的な研究をしている本があります。小林直樹『立法学研究』です。やっぱり戦後は変革しました。

河野　その議論は、財閥解体も含めてでしょうか？

村松　財閥解体はこの本のテーマではありません。財閥解体がその後どうなったかの説明には大論文が必要です。

河野　そうですね。わかりました。では「官僚調査以後」についてはこれでいいですか？　気が済んだ、ということで。

村松　いわゆる政党優位論には、一世代後の方から異議が出ていると思います。最初は、山口二郎さんや飯尾潤さんなどですが、牧原出さんも別の視点を提案していて、フレッシュです。

さらに、最近では、「政治主導論」、「官邸主導論」などの主張がありますが、政党優位とはまた少し違うことを主張しています。政治の在り方の議論には今も関心を持っています。

第二臨調

河野　ところで、この頃、第二臨調が続いていますが、関係はなかったのですか？

村松　第二臨調についてはある程度インサイダー的に観察していました。部分的には強い印象のある課題です。土光臨調ともいわれていますし、黒幕は瀬島龍三氏ともいわれています。私は、佐藤誠三郎氏、公文俊平氏達の学者グループが世間でいわれているより重要だったと思います。10年前であれば、頑張れば一冊の本を書くことができると思っていたほど準備をしたことがあります。しかし、今は年を取って忘れてしまったし、資料を紛失してしまったものがあって、私のかかわったところだけ少し触れます。

第二臨調は、「増税なき財政再建」を掲げた行政改革でした。私は、第三次答申（主要報告）が出た後、すぐに『中央公論』にこれを論じるという約束を佐藤誠三郎さんにしていました。第二臨調の一部のような形で設置された臨時教育審議会では第四部会で国立大学の民営化が扱われ、私は参考人として呼ばれて反対の意見を述べました。瀬島龍三氏は手強いと思って覚悟して出掛けましたが、幸い遅れて登場され、早く席を立たれました。国立大学の改革論はずっと続きますが、この視点を持ち続けたのは誰かが気になっています。

飯尾さんとか大嶽さんとかに、本格的に論じた本があります。私は、少しだけインサイダーであったので、その観点から第三次答申について小論をメモ風に『中央公論』に書いたのですが、佐藤さんと『中央公論』の編集部からは、ポイントを外していないと言っていただきました。しかし、私は論壇に参加する人間ではなかったですね。第二臨調よりも、新しく企画していた政治学雑誌の創刊の企画が心で生まれていてそちらの方に気分的に忙しかったですね。『レヴァイアサン』のことです。

河野　第二臨調はどういうふうにとらえておられたのですか?

村松　第二臨調から、新自由主義の思想が政治と行政の制度と実務に浸透していくわけですが、その観点から戦後日本政治を分析できる良いテーマでした。財政膨張には、歴代首相の政策がありました。

福田赳夫のあとに首相になった大平正芳さんは、このことに気づいていて、一般消費税導入を示唆して選挙で負け、そのことが遠因で40日抗争という自民党の内紛が生じ、大平さんの2回目の解散になりました。大平首相の急死ということがあってこれが鈴木内閣の第二臨調につながります。私はこの頃の政治家と官僚の関係について、かなり接近して観察した気がします。増税がアジェンダになると自民党内の抗争が出てきて、国債発行になってしまうというのは、自民党は「強い」政党ではないということでしょうかね。

鈴木内閣の下で、中曽根行政管理庁長官が誕生した頃に、中曽根さんを長官室にお訪ねして二、三回お会いしました。この時のインタビューは『Voice』の44号に掲載されました。中曽根さんは第二臨調を発足させることについて、佐藤誠三郎氏、公文俊平氏、香山健一氏らと一緒に準備的な会合をされていましたが、私も、紀尾井町の老舗料理屋「福田家」で中曽根さんにお会いしたことがあります。

アメリカの規制緩和について中曽根さんと話をしたときは、中原伸之さん（東亜燃料工業社長）がご一緒でした。中曽根さんが小さな手帳を手にしながら、「え?　村松先生、deregulation というのは何ですか」などと言われたのにお答えしています。

中曽根さんは、私が言ったことを手帳に書きこんでいくのですから、ちょっと心が動きます。中曽根さんの学者取り込み策です。規制緩和について、もう十分に知っておられたでしょうが、演じられていました。政治に親近感を持ちましたが、全体として言えば、私は、佐藤さんと一緒に政治の中に入っていく気持ちはなかったですね。

70年代の政治と官僚の関係については、大平さんの私的諮問委員会「多元化社会の生活関心」の中で首相の見解を聞いたことがあります。彼は、「官僚のセクショナリズムが問題だ」ということと、「政治家も官僚もそれぞれの役割で頑張ってもらいたい。両者は協力関係にある」などと、官僚をやる気にさせるようなスピーチをしていました。その大平委員会の議事録はあるはずだと思います。この頃は、官僚制がまだ強い主張で政治に対抗していたのでしょうね。

河野　規制緩和はどうですか？

村松　私は、通信行政については日英比較はしましたが、本当は、日本のどの分野で規制緩和が求められ、規制緩和で何が得られるかについてしっかりとした見通しを持っていなかった。しかし他国の研究者との会話から規制の多い国だと思っていました。実際には、いわゆる第二臨調本番が終わってから、80年代末から90年代にかけて臨時行政改革推進審議会という形で、第二臨調の枠は維持されて、宮内義彦氏のイニシアチブで、新自由主義的な方向での規制緩和が大幅に進みました。私は、基本的には国にはやるべきことがあると考える立場でした。

80年代はむしろ、国際研究会につき合うことや『レヴァイアサン』発刊を考えることに忙しかった。規制改革の側面に私は鈍感でした。

河野　三木武夫さんの福祉国家論のサイクル論というのが、次は、緊縮財政志向だという主張になるのでしょうか。

村松　それは、どうなのかな。民間もサイクルの一環として責任を持つという点はそうですね。福祉のサイクル論が緊縮財政かどうかは知りません。三木さんはアンチ田中だったでしょ。ご自分の思想を福祉でまとめていって政策にしようとしていたのかな。

河野　福祉国家論という点でフォーカスすると、必ずしも緊縮財政ではない福祉のサイクル論なのでしょうね。

村松 そうかもしれないですが、政府が財政問題にセンシティブになるのは78年のサミット以降ではないかな。77年のサミットから帰って福田首相は7％成長率を約束していましたが、その頃でもケインジアンの経済学者は、財政状況を特に問題と見ていなかったことは確かです。

河野 あのサミットですね。

村松 その年、各予算項目で大盤振る舞いでした。ある大学では、急にエレベーターに予算がついたとか言っていました。

法律に書かれている国債発行の条件に関する「但し書」のほうを大々的に利用してきたのが、その後ずっと続いていて、今も国債発行でやっています。日本の国債発行高はケタ外れですが、どうなるのでしょうか？ １９８０年代、サントリー文化財団関係の研究会によく出席させていただいていた頃ですから、１９８０年代半ばだったと思いますが、香西泰さんとの会話で推測すれば戦後経済学主流のケインジアンは、緊縮財政論は日本にとって良いとはされていなかったという感じです。

サントリーの研究会は、この頃の私にきわめて重要でした。関西の他分野の先生や、名前だけ知っている東京の先生方と知り合いになって世間が広くなったように思います。西洋史の木村尚三郎氏とか建築家の黒川紀章氏などです。その他、実に大勢の方にお会いしました。どこかですでに触れているかもしれませんが、全体に山崎正和さんが中心でした。文化人類学の梅棹忠夫さん、作家の小松左京さんと話す機会もあったし、ペルーの日本大使公邸人質事件の後の青木盛久大使、工学系の石井威望さん、経済学の植田和男さん、蠟山昌一さん、早逝された渡部経彦さん、美術史の高階秀爾さんご夫妻などです。経済学の森口親司さんはテニスが得意で、研究会の前後に指導してもらいました。植田さんとは合間に碁をしました。植田さんも素人碁でしたが、私が負けました。

JPERCとSSRC

河野　JPERC（村上プロジェクト）のお話をお伺いいたします。

村松　JPERCは、Japan Political Economy Research Committeeの略称だと思いますが、JPERCと言ってすぐに何であるかわかる人は今はいないと思います。当時そう言っていたということです。

プロジェクトは、戦後日本の政治経済を、国内、国際、文化の視点からとらえようとしていました。1970年代末です。

私にとっては、ここもエリス・クラウスさんとの共同研究を継続する機会になりました。一緒にずいぶん話し合いました。このときも、エリート・データ分析を使いながら、戦後日本政治の全体を論じようとしました。

河野　その話をもう少し続けていただけますか？「論文の内容」と「国際プロジェクトの手続きや出版に至るプロセス」とがあるでしょうが、その両方をお話しください。

村松　NIRA総合研究開発機構が資金源でした。日米双方から、日本の現代政治経済を分析しようというプロジェクトでした。全体の監修は村上泰亮とヒュー・パトリック（当時イェール大学教授）で、「The Domestic Transformation（国内政治経済）」の巻は安場保吉とコーゾー・ヤマムラ編集、「The Changing International Context（国際政治経済）」の巻は猪口孝とダニエル・オキモト編集、「Cultural and Social Dinamics（国際社会と日本文化）」の巻はヘンリー・ロソフスキーと公文俊平編集で、全3巻が発刊されました。私は、第1巻の執筆メンバーです。

河野　研究会はどんなふうに進めるのですか？

村松　私が入っていたのは第1巻の研究会ですが、それはアメリカ型の方法でした。第1巻の序文を読むと、村上さんは、NIRAと国際文化会館、ハワイ大学に隣接するイーストウェストセンターにお世話になったと書いています。これらは研究会会場のことだと思います。

第1巻・第1回は、品川プリンスホテルが会場。3日間宿泊。途中の休憩時間に、テニスや水泳の時間がありました。夕食は一緒で種々の議論に花が咲きました。

第2回は、ハワイ大学でやりました。私が2日目の朝一番の報告担当でした。早朝、宿舎のリンカーンホールの周りの鳥の声がうるさくて目が覚めました。鳥の声で眠れなかったと言おうとして「Birds, ……」と言いかけたら、そこでなぜか爆笑。人が笑ってくれて、説明しやすかったことを覚えています。

当日欠席の佐藤誠三郎さんのコメントは公文さんが代読されたのですが、批判はたくさんでした。ご不満だったのだと思います。どれにも一応お答えして意見は変えなかった。

昼休みに小宮隆太郎先生と組んで、村上・堀内組とテニスの試合をしました。村上さんはいいフォームのテニスでした。小宮さんはパートナーの守備位置について厳しく指令していました。夕方、浜田宏一さんや金融論の堀内昭義さんと買い物に出かけて、途中の会話で、浜田さんが東大を辞めてイェール大学に移られた背景など私的なことまで話題になって、経済学の方々と打ち解けた感じがありました。

第3回の研究会は、六本木の国際文化会館で開催されました。

河野　それぞれ、会議は1巻ごとに1回ですか?

村松　1巻ごとに3回でした。私は他の巻の会議には出ていませんが、やったと思います。

河野　ずいぶん緻密にやったのですね。

村松　当時のアメリカの共同研究のフォーマットだったと思います。1回目、アイデアをそっと出す。執筆者やテーマの大体を決め、価値ある1冊になるかの意見交換が目的です。

2回目にはドラフトを書く。ドラフトを書いて、皆で「揉む」わけです。プレゼン15分で質疑応答45分。ここでは、批判や、本の編集者と他の参加者との間の調整が仕事です。

3回目は完成品を書き最後の修正と調整にあてられるわけです。

皆で集まって、正規の研究会と同時に夕食時に団欒をすることが研究活動に大変有益だという認識が、このフォーマットにはあります。

河野　どういう内容を書かれたのですか？

村松　テーマは、自民党の結成以後の日本政治についてです。私は、保守主義のイデオロギーがないままに日本の自民党の勢力維持の意欲が強くなっていく過程に関心がありました。自民党は、吉田なしに自民党をつくるわけですが、池田と佐藤の背後にいます。1955年以降、石橋、岸、そして池田に政権が代わる過程で、特に、岸から池田に移るときなどは策略があります。

結局、官僚人脈は、党人派よりも強く働いていた時代です。その全体がまとまっていくのは、「憲法改正なし・経済優先・安全保障のアメリカ依存と縮小型軍備（専守防衛）」という政策であったと考え、さらに、この政策路線が、その後安定的に維持されることで、社会の種々の利益や価値観が自民党政権に受け入れられ、多元主義的な政治過程が生育されたと論じたと思います。

他方、保守党の結束を維持させた外からの力として社会党と共産党を中心とする野党との緊張が重要でした。「保守本流路線」は、一方では社共との緊張があり、保守側に政策の失敗があれば議席数を減らします。党内は責任問題で紛糾する。他方、省庁官僚制との関係では、官僚に対する影響力を持つものの省庁別官僚制からの制約を受けて、省庁の争いを解決できない。そういう傾向がパターン化されているという議論です。

patterned（パターン化された）という言葉を使ったのは、一党優位ではあるが、省庁官僚制と野党をその枠に入れていることで他の一党優位政党論と違うという趣旨を出そうとした結果です。その趣旨を表現する言葉が、「patterned」に落ち着きました。クラウスさんとはstructuralという形容詞もあると議論しました。

青木昌彦さんの「仕切られた多元主義」などと一緒の多元的民主主義といわれますが、我々の「パターン化」は官庁で「仕切られていた」という意味だけではありません。官庁の仕切りだけでなく、社共支持の批判的政治過程と政策過程の間には緊張がある政治でした。

河野　定型化された多元主義は、今日まで続いたのですか？

村松　先の論文は1980年代に書いたものですが、1990年代半ばに再検討したことがあります。私は、SSRC日本委員会の仕事を佐藤さんから引き継ぎましたので、先ほど触れましたが、この頃年2回の会議に出席していました。ご質問に少し関係があることです。

90年代、SSRCと日本学術振興会の共同会議もあって、中間地点が開催地になり、ホノルルに行っています。日米共同研究事業として、私の任期のとき、曽根泰教氏とゲアリ・アリンソンが率いた事業を推進していました。この事業の成果として、アリンソン、曽根共同編集『Political Dynamics in Contemporary Japan』が出版されます。この本に、「Patterned Pluralism under Challenge」というタイトルで私も寄稿しました。

この論文で思い出したのですが、2006年の『レヴァイアサン』で、多元主義の効用を論じている大嶽論文を偶然に見つけて読みました。大嶽さんは、種々の形で論じられた「日本型」多元主義について、共通要因と、相互の違いを論じていました。そこで大嶽さんは、私の論文「Patterned Pluralism under Challenge」を、「『多元主義』は常識化して議論の必要がなくなった」と言っています。論文の趣旨には賛成でした。

河野　多元主義は世代的にはどういうことになりますか？

村松　「多元主義革命などというものが生まれたということは元来ない。『擬似革命』だったのではないか」という意見が、『レヴァイアサン』14号の、田辺国昭、辻中豊、真渕勝による当時の若手座談会に出てきます。これは独特のレトリックです。

多元主義革命などという意図はどこにもなかったのではないでしょうか。政治認識の問題です。仮説でもあります。そのあたりの議論の整理は必要でしょうが、『レヴァイアサン』では、近代主義的論陣に対して、前世代とは異なる趣旨を自由に論じる論文が多数掲載されるようになったことは事実だと思います。学界の雰囲気が変わったと言えると思います。ただ最近の民主主義論は、また変わりました。

河野　１９８０年代に関して、他にも何かありますか？

村松　ＳＳＲＣのスポンサーで、スーザン・ファー主宰の「メディアと日本」に関する研究会がイギリスでありました。ここでも共著論文を書こうとしましたが、事業が最後まで続かなかった。メディアは、クラウスさんのお得意分野です。

河野　なぜイギリスなのですか？

村松　ＳＳＲＣは、経費が大して違わなければ、開催地を多様にしています。研究者の魅力が増えるからです。そのときは、関係者がオックスフォード大学を選んだのではないかと思います。それは、アーサー・ストックウィン先生のお世話になった会議です。会議では、ＭＩＴのエレナ・ウェスティニ教授に会いました。経営史系統の人で、マスメディアでなく、ケーブルテレビのようなマイクロメディアの重要性を指摘していました。

日本の明治についてこの方の『Imitation and Innovation』という本があります。ここでエレナ・ウェスティニさんに出会ったおかげで、私の行政学教科書で警察や郵政など明治の行政を扱う気持ちになりました。すれ違っただけという感じの人ですが、外国人学者との接触は有益だと思いました。

その頃、西尾隆さんの森林行政史の本が出て、これは明治がいかにドイツの林業政策を取り入れたかの分析で面白かった。行政の面における「模倣」の具体例を教科書に書くことができました。

この研究会が終わった後、ロンドンで『レ・ミゼラブル』を観ました。チケットが売り切れという噂でしたが、私が、ホテルのコンシェルジュを通じてペンペルとクラウス、自分用の3枚を手に入れて得意でした。

河野　伺っていると先生は、外国にいる時間が本当に長いですね。非常に失礼な質問ですみません、国立大学ってそんなに自由なのですか?

村松　私、授業はさぼらなかったですよ。ある週に外国に出ると次の週に補講したと思います。忙しかったですね。それと、外国に行くことは、研究活動の一部でした。

この頃で思い出すのは、空港での待ち時間が辛くて、司馬遼太郎を読んで解消していたことです。『胡蝶の夢』とか『菜の花の沖』とか『空海の風景』とかが、読んでいた本です。ノースイースト航空はよく使いましたが、機材整備に時間のかかる会社で、シカゴのオヘア空港では13時間待ったことがあります。藤沢周平や杉本苑子、永井路子や山本周五郎なども飛行機に乗る緊張感をほぐしてくれます。いつも持ち歩いていました。

河野　よくわかりました。関連して面白い話などありますか?

村松　私の特徴は、英語が下手ということです。そのことは皆許してくれて。ある会話で、かなり複雑な説明をしたのですが納得してくれました。

そのとき、クラウスが、「どうしよう! ミチオの英語が全部わかる。俺の英語がおかしくなったのか」と言っていました(笑)。

河野　いやいや、そんなことはありません。先生は英語のご論文は、もうこの頃にはずいぶんあったでしょう?

村松　少しずつ増えました。国際的な研究会でも自分の書いたことに関連していることだけは聞き取れましたので、何とかいくつかの論文を書きました。

外国へ出て、研究会参加者と話すことは、自然に諸事確認をしたり、新知識を比較的簡単に得る方法だと思いました。外国にあると思われる類似の「制度」の「機能」を知りたいという好奇心を自然に満たしてくれます。

ＮＰＭ（New Public Management）についても、ノルウェーのヨハン・オールセンの研究会に招かれて、１９９２年ですが、その頃やっと、大半の行政学者が、本当は抵抗的であるというあたりに気づきました。招待状には、最近の諸改革について各国のケースを知りたいと書いてありましたが、彼らの関心は「日本が、ＮＰＭと新自由主義にどう対応したか」といったものでした。

日本の対応というべき第二臨調を論じたものの、オールセンの企画の意図とは少しずれていました。それでもベルゲンに行き、フィヨルドを見学して帰りました。クリストファー・フッドやガイ・ピータースが出席していました。

外国からの研究会に招かれたときは論文を書かざるを得ません。1年に1回くらい論文を書いていたのだと思います。

河野　そうすると、向こうから旅費と滞在費を出して招いてもらうという対価的な関係ですか？

村松　そういう関係であったと思います。私は、この時期、日本で公的に旅費が出る方法があるということを知りませんでした。それで外国の研究会に出る経費を探していたといえるかもしれません。

90年代までの外国出張は、アメリカとかイギリスの資金によるものです。理系の方に聞いたら、皆、研究室費などでどんどん外国の会議へ出ていたようですね。

河野　先生は科研費でも出られたでしょう。

村松　それは、１９８０年代の終わりくらいからではないですか。人文社会系では、申請者が必要をあまり感じなかったのかもしれません。「旅費」は、科研費の中に入れることができるという感じではなかった。政治学系では、「全体で１５０万円」の申請で「旅費30万円」を取るような企画は通らなかったのではないでしょうか。しかし、これはあってもよい申請ですね。文系では海外との討論が研究に不可欠です。
関連して、研究会の後の夕食会の費用は、今の日本では会計上の論点です。ＳＳＲＣは、主催する研究会後の宴会は実施すべしという立場だったと思います。楽しみであり、情報交換の場です。研究費はそういう情報交換に奨励的です。日本も実際にはやっていますが、経費節約的です。会費をとると思います。

『レヴァイアサン』創刊

河野　色々な所に先生のネットワークが広がって、その後のご研究は、色々なところで芽を出していきます。それで一つひとつがまとまっていく。最初は地方自治や官僚制。それから色々な形で圧力団体になりますね。中曽根政治も出てくるのですね。『レヴァイアサン』も、その世界で仕事をしていた中で提案されたということでしょうか。１９８７年に『レヴァイアサン』の発刊となっています。

村松　このことは、自分でも、どういうふうに発展していったか振り返ってみたかったことです。90年代のことにも先に触れてしまいましたが、この雑誌の創刊は１９８７年秋です。
創刊の趣旨は、創刊号の巻頭言にも書いてありますが、「冒険」と言うならば、これは大きな冒険でした。私は外国人の研究会に付き合ってはいましたが、日本政治学の発信は十分ではなかった。もっと日本政治分析の外国への発信が必要だと強く思ったのですが、実行方法が限られている。レヴァイアサン型の雑誌がもっと必要だと考えました。若手が論文を公表する機会が少なかった。

村上さんのプロジェクトへの参加やシアトルでの日本研究雑誌の編集を見て、日本政治を対象とした研究を盛んにするために、若い世代による「日本政治」を中心とする政治学雑誌を発行したらどうかという構想が心に浮かびました。

さらにIPSAパリ大会のときに、『Governance』誌の発刊の会議に誘っていただき、ここでも示唆を受けました。シアトルでの滞在では、『Journal of Japanese Studies』の編集の様子を直に見て、ノウハウを学んだように思いました。

新しい政治学雑誌の創刊ということを考えたのはそのあたりからではないかと思います。1985年にシアトルから帰った後、実証的な研究で良い仕事をしておられた大嶽さんに相談しました。近しい知り合いというわけではなかった。しかし、大嶽さんの『アデナウアーと吉田茂』や『現代日本の政治権力経済権力』など素晴らしいと思いました。

彼も、二つ返事で賛成してくれました。そこで「もう1人必要ですね」と2人とも考えました。その3人目の名前を出す前に、大嶽さんがハンブルクに2年留学することがわかりました。この2年間の沈黙は努力を要したと思います。この話を完全凍結しました。2人以外は絶対知らない。大嶽さんの帰国後に、ただちに話を再開する。それまでは準備もしない。準備は、3人揃ってから3人ではじめる。そういう合意ができました。

この約束は守られ、2年後の秋、日本政治学会研究会の会場で、猪口孝氏に2人で話しかけ、彼もすぐに賛成してくれました。

ここから2週間くらいの間、まず先輩として、政治学会理事長・松下圭一氏、それともう1人どなたかに相談し、また出版社の推薦をお願いしたりしました。松下さんには「君らがやるというなら趣旨は良いが推薦文は書けない」と言われました。雰囲気は消極的でした。

創刊趣意書では、近代主義の啓蒙の論調に批判的で、実証的な政治学を主張しています。個人的なことを述べるならば、大平首相の諮問委員会や石田年報委員会で関東の政治学者にお会いし、政治家にも出会う機会が多くなったこともあり、東京という土地に親しみを感じるようになっていました。『レヴァイアサン』発刊の趣旨では、「仮説の先行、実証性、日本政治、外国との比較、外国学者、紀要でなく総合雑誌でもない」などのことを「宣言」しました。結局発刊は少し遅れて、1987年秋です。そのあたりは忙しかった。4号分くらいの執筆予定者を準備して、論文の公募をしました。私は現代を論じる若手の歴史学者にも支持していただきたく、ほぼ同世代の方にそれとなくお願いしました。五百旗頭真さん、北岡伸一さん、御厨貴さんなどは別のプロジェクトで知り合いでしたので、執筆をお願いしました。

発刊の趣旨については、3人で長時間議論した上で大嶽さんが持ち帰って文章を書き、翌日、また3人でやり合って、その3人会議で文章を詰めました。一種の挑戦でしたから慎重に準備しました。最初の議論は猪口邸でやり、邦子さんの手料理が出ました。木鐸社の坂口節子氏も一緒でした。箇条書的にすると次のようになると思います。

1. 日本政治を専門的に分析しよう
2. 問い（仮説）を立てて、その実証をやろう
3. 近代主義による啓蒙は時代遅れだ
4. 先行研究を大事にしよう
5. 国際舞台を視野に置こう
6. 紀要でなく、総合雑誌でもない
7. 「比較」が方法的には重要だ

第1号の巻末の座談会ではひどく思い切ったことを言っています。また座談会でわかるように、3人の間で創刊の趣旨を共有していても力点の違いがあるように感じていました。私は京大、大嶽さんは京大法学部ですが大学院はアメリカと東大法学部、猪口さんは東大教養とアメリカで育ちました。そういう違いがあるような気もします。反東大という意図があったという人がいますが、そんなことは考えていませんでした。

河野　ご主張も雑誌の運営も新しかったと思います。

村松　80年代は、日本の政治学で、実証的論文が重要視されるようになった10年だったと思います。『レヴァイアサン』は、投稿を奨励しましたが、期待するほどの投稿数はありませんでした。しかし、良い執筆者が続き質の高い雑誌になりました。創刊に際して、すべてが順調であったわけではありません。覚えていることをメモにすると次のようなことがありました。

まず、すぐには出版社が見つかりませんでした。はじめ、我々が批判している世代の方々にも何人か『レヴァイアサン』の出版をしてくれる会社の紹介をお願いしましたが、二、三当たってみたがダメでした。ローウィの翻訳でお世話になった木鐸社に相談したところOKで、発刊が可能になったわけです。木鐸社も決断を要したと思います。

木鐸社との関係でも、文部省の出版助成を2年続けていただいたことは有益でした。このときの科研費ルールにぎりぎり対応する努力をしました。文部省の担当者の方が協力的でした。書類を調える方法を教えてくれました。木鐸社の坂口さんと2人でやりました。書類物件も残っています。文部省の方にお礼を言いたいのですが、名前はメモしていません。この場を借りて、当時の研究助成課の方々にお礼を言わせていただきたい。

その『レヴァイアサン』ですが、創刊号をはじめ最初の頃は、毎号数個のコラムをつくり、また、社会との連携を強めるため、編集同人の3人がそれぞれ5人の著名人に短い随想を書いてもらって、読者層を広げようとしました。結構、手間のかかる仕事でしたが、そのため私は例えば、政治家の土井たか子さん、広中和歌子さん、江田五月さんらと話をする機会がありました。江田さんは、裁判官の頃から妻を通じて知り合いでした。皆、面白いものでした。藤波孝生さん（元官房長官）の原稿はまだ保存しています。この作業は楽しかった。

当時を振り返ってみると、私どもは、日本の大学で、「日本政治」という講義が行われるべきだなどとも話し合ったものですが、今、日本の諸大学に「日本政治」の講義があるのかどうか、よく知りません。放送大学では日本政治の講義をしているようですね。

創刊号の「座談会」でも政治学の効用を一生懸命主張していますが、法律と弁護士のように、知識が職業に直結することが有用無用の基準ではないと思います。私も、さかんに政治学が「役に立つ」と主張していますが、本当だと思います。政治学の情報が職を与えるのではなく、歴史とか文学の知識と同様に、つまり「教養」として、「それ自体」が有用だとか議論したと思います。

商社に就職し南米での仕事から帰ってきた京大時代の教え子から、発刊直後に、高坂正堯さんの国際政治学の講義が役立ったと聞きました。人間は、先人の経験から学んで前に進むわけですが、政治家や官僚の活動や団体指導者を客観的に分析すれば学ぶことは多いはずです。個別分野になっている知識とは限りません。政治学の全体の常識のことです。

政治は複雑な人間関係や利害、そして大きな時代精神のようなもので動きます。教養として重要だとよく言いますが、すべての職業で、政治の知識の重要性の程度は高いものだと思います。また高いレベルの決定をする人には直接的にも必要だと思っていました。

これは今もそう思っています。政治学の古典や歴史は不可欠な知識です。出口治明さんの著書が売れているのはそういうことではないでしょうか。ルソー、ロックの政治思想やウェーバーの社会科学は、歴史も動かす力のある思想でした。最近、人文社会系の学問を不要であると考える有力者がいるといいますが、教養のある人ではないでしょう。

河野 途中で、編集同人が増えますね。

村松 同人の3人が編集作業をしてみて、すぐに投票行動や意識を統計的に分析する専門家が必要であることがわかり、1988年の夏から蒲島郁夫さんが同人に加わりました。編集委員会は、1カ月に2度くらいやっていたのではないかと思います。これは坂口さんのところにメモがあるかもしれません。場所は、御茶ノ水の「山の上ホテル」と「ガーデンパレス」が多かったかな。

河野 世代的にはどんな感じですか?

村松 『レヴァイアサン』とそれにかかわる人の世代ですが、1940年代初期の生まれではじめるという意識はありました。そんな議論をしました。一世代前の三宅一郎さんや綿貫譲治さんが支援してくれていて厚みがあったと思います。三宅さんは、第1号の寄稿者であったし、綿貫さんには、第10号の発行時、全論文に目を通して、10号分の書評をしていただいています。三宅さんからは寄付金を頂戴し、その年に英語で出版した最良の論文へ三宅賞を5年間差し上げることができました。

河野 その頃同時に、猪口さんの現代政治学叢書の構想が出ましたね。

村松 そうです。時々、共同作業と間違われますが、あれは猪口氏個人の仕事です。私は1冊を頼まれ、第2回配本に、『地方自治』を書きました。この猪口叢書と『レヴァイアサン』は特に関係はありません。

河野 『レヴァイアサン』批判は聞こえてきましたか?

村松 『レヴァイアサン』に対しては多くの批判がありました。創刊の直後、ある歴史学者から、「創刊の趣旨はおかしいではないか。皆もう若手はあの趣旨でやっている。それをわざわざ書くのは変だ」と言った人がいます。

亡くなられたので名前は出しにくいですが、例えば、坂野潤治さんです。渋谷の駅の近くに「じょあん」という居酒屋を東大出版会におられた土井和代さんが開店し、研究者が大勢行っていました。そこでの話です。しかし、私には、1987年にはまだ「近代主義の制約」があって、関西から見れば、東京の雰囲気も坂野さんの言うようにはなっていなかったという認識でした。東大の内部ではそうなっていたのかどうかは知りません。

酔った勢いでの発言に反論しても仕方ないので、論争したというわけではありません。『レヴァイアサン』の発行は63号（三十数年の間）続いたのですから、必要はあったということではないでしょうか。

ハンス・ベアワルドが、私の論文を無断で投稿してくれたときから考えると、約15年後に発刊したということになりますが、私が『レヴァイアサン』の発刊を提案するに至るには、ガイ・ピータース達の『Governance』という雑誌の発刊が刺激やヒントになっていますので、外国人とのネットワークや出版社や色々のものが必要であったということだと思います。

編集同人を次の世代に交代したとき、田口富久治さんは、「意外に早く同人を次の世代に譲ったね」というコメントをくださったことがあります。それがプラスであったという意味でした。

ロンドンのパディントンの駅構内のカフェでロナルド・ドーアさんにお会いしたとき、ドーアさんは創刊趣意書をお読みになっていて「前の世代の社会科学も質は高いではないか」と言われたが、私どもの雑誌の発刊には賛成でした。いただいた論文は第1号に間に合わなくて、第4号への掲載でした。品田裕君に翻訳を頼みました。

ちなみに、『レヴァイアサン』の論文のスタイルには、外国人読者も寄稿者もいるという前提がありました。発刊趣意書のパンフレットの裏面は英語で書いています。

河野　最後に、『レヴァイアサン』に関しては、「その後」がありますね。また、全体としてのご感想は？

村松　『レヴァイアサン』は63号で閉じることになりました。

実は、２０１８年、病気をされた坂口さんの快気祝いを東京在住の者でやりました。加藤淳子さんが日程調整をしてくれたのでしょうが、青山一丁目のレストラン（キハチ青山本店）でした。久米郁男、辻中豊、曽我謙悟、鹿毛利枝子、古城佳子氏など、大勢集まりました。写真があると思います。『レヴァイアサン』の存続は坂口さんにかかっていましたから、極端に言えば坂口さん次第ということでした。

感想としては、『ＡＰＳＲ』『Asian Survey』への投稿経験は役に立ちました。論文の投稿や編集者と査読者のコメントなどに対応しながら身につけたことがあります。国際研究会の参加や共同執筆で学習したことが多いですね。

河野　他に何かありませんか?

村松　色々の変化がありますね。実証的と言っても、統計的処理はレベルが高くなっていきます。調査対象として、政治意識よりも選挙のほうが盛んになっていったでしょうか。待鳥聡史さんとか、その他の最近の民主主義論も、新しい時代の主張なのでしょうね。

学習院への就職あたりから病気で『レヴァイアサン』はしばらく見ていませんでした。しかし、今、読み返してみて感じることがあります。執筆者の組み合わせが多様になっています。

例えば、第36号は、特集が「日本から見た現代アメリカ政治」で辻中豊氏と田中愛治氏の共同編集だったようです。創刊10年の時には考えなかった連携かもしれない。この特集は、久保文明氏や待鳥聡史氏のようにアメリカの議会政治自体だけでなく、アメリカ政治全体の中で議会研究への新しいアプローチを丹念に追っています。しかし当然日本の政治のことも考えておられるので、日米の構造が比較される。新アプローチは、堀内勇作氏のようにアメリカで教鞭をとっている方も寄稿されています。

それから、あなたの中北浩爾『一九五五年体制の成立』の書評が良いですね。中北さんは、個人的には存じ上げませんが、ほとんど現代政治研究者と重複するところを見ている日本政治史家である点で、あなたと似ています。内容を読んでも、従来の有力説と異なる55年体制の理解の仕方や「埋め込まれた自由主義」というアメリカの現代政治研究の第一線と同じ概念を引用しながら、政治的転換を論じている。

これに対して、むしろ55年体制の経済計画段階で見る、つまり社会党の統一と保守党の合同といった発展を成果より「芽」に見ようとする点で、違いを見せていて面白い。あなたご自身がそこを見ようとしているという感じもあります。

私は、このあたりを正面から論じたことはありませんが、アメリカ人と議論したとき、池田内閣の経済成長計画に関しても、岸内閣のときの「計画」に「芽」があるという主張に対しては、池田内閣が労使紛争でも石田労政によって手を打ちながら、経済成長路線を進行させたという政治的意思がなければ、所得倍増計画は進まなかったと政治面を強調したことがあります。

山口定さんは、他の点では私と違いますが、池田内閣の役割については同意すると言っておられたことがありました。

河野　もう少し続けていただけますか。

村松　はい。この号を全体として読んで感じたことを、最初の同人10年後の傾向かもしれないので申し上げます。久米さんが、編集後記を書いていますが、そこでは、ヨーロッパ政治学会と日本政治学会の共同プロジェクトとして「危機の政治学」があったことに触れています。こういう発展も、そこで執筆するペーパーを論文として発表する受け皿としての『レヴァイアサン』があったことが可能にしたと感じます。

事実、次の37号で、久米さんがセーレンとの共同リーダーシップで、労働政治などを特集しています。ヨーロッパ政治学会と制度的連携をしたことが生きたと思いました。セーレンは、アメリカ政治学会会長をした近年のアメリカ政治学のリーダーの1人でした。

先の36号あたり以降、政治学内異分野の融合的あるいは比較論的な論文が出てきますが、小選挙区導入後の政治をどう見るかに関する書評論文で見ると、谷口将紀氏や堤英敬氏がお得意のところに特化して論文を書いているのも良いですね。総じて政治学の研究のバラエティが提示されています。

こうした変化を見ると、この36号あたりの数年読んでいなかったことで、学術的活動と離れていたことを改めて思い出します。私はちょうど東京へ来た直後で、足痛で病院を探しまわっていた時でした。

東京に来た頃で思い出しました。近くのスーパーで購入したものの自宅搬送を依頼した際、住所と名前を書いたら、事務をしていた方から、「『レヴァイアサン』の村松さんですか？」と尋ねられました。びっくりでしたが、学生時代からずっと読んでいてそれがこの方の誇りだったということです。出身大学は法政大学でした。そういうこともあるのですね。学生の間にも売れたということでしょうか。

大学院教育

河野　政治学は発展したと思いますが、日本の大学で、文系の大学院生の数が少ない理由は気になります。企業が大学院卒の若い人を採用しないというのはなぜでしょうか？　学部卒のほうが柔軟に企業環境に順応できるからだと言います。本当なのでしょうか？

村松　本当になぜでしょうかね。新しいことを言う人が、だんだん大切になっているように思うのですがね。このテーマは日本の社会経済秩序にかかわる核心になる課題です。

私は、大学院教育はきわめて有用だと思っています。企業や公務員の仕事に慣れ親しむ前に自分の思考力を鍛えます。大学院の修練は論文を書くことです。論文というものは、作業として自分のテーマで調査し長い文章を書く作業が中核にあり、ここに力を入れることが生命です。外国の文献にも接します。

一つのテーマを長文で主張する。そのために、当該テーマが出てくる背景を説明し、証拠を説得力を持って順序良く出していきます。どの学術分野でも論文を書くということは色々な要素を含みます。まず自分の好きなテーマの選択ということがある。それに日本語でも英語でも発表する能力の涵養《かんよう》になります。長文という外形で言いましたが、対象について深く認識することですから、社会人として有益に決まっています。大学院の軽視は国力を弱めます。

逆から言うと、良いテーマと関連する調査と分析がなければ、説得力のある長文にはなりません。調査と分析を必要とするものはある程度大きいテーマです。さらに修士とか、博士とかの資格がかかわるので、先生と学生の両方の当事者の間では理屈の上での対決になりうる。双方必死です。

当該学術分野の先端を行くような論文を書かせるならば、英語もできるようになるし、企業に行ってからも有益な人材になるのだと思いますが、企業の学術への冷淡な傾向は、いわゆる「日本的経営」と関係があるのかどうか。私にはよくわかりません。

外国留学すれば、自分のアイデンティティを外に向かって自分の言葉で語ることができるということになって、社会や人生を総合的に判断する力を養います。政治学はそういう課題に答えます。

企業が、すぐに役立つことを求めすぎているのではないかと感じます。公務員や企業で「役に立つ」を判断する情報が狭すぎるのではないでしょうか。『失敗の本質』が企業人の間でなぜベストセラーになるのでしょうか。これは経営学、政治学、歴史学の共著です。

第4章 執筆圏域拡大――80年代～90年代初期

1989～1990年代初期の政治変動

河野　80年代から90年代にかけて政治が変化しました。お仕事も詰まっています。先生の研究のこのあたりのことを伺いたいです。90年代を、できたら時代を追って整理できますか？

村松　1989年、自民党は参議院選挙に大敗し、国会の勢力として後退します。参議院はネジレの時代になりました。ベルリンの壁崩壊、ソ連邦解体のあった時期です。自民党の参議院選挙敗退の原因は、一般消費税導入への批判だったのでしょうが、リクルートスキャンダルもあったと思います。さらにその後、自民党は一時、政権を手放します。

ベルリンの壁崩壊は、1989年11月9日ですが、これについては、日記によると岩間陽子さんが高坂正堯さんにその日ただちに電話をして、高坂さんが、また私の家に電話をくれるということがありました。これは高坂さんの親切です。

1993～1994年、自民党が分裂し、日本新党や新党さきがけが生まれ、その後、非共産8党会派による日本新党・細川内閣が成立し、細川内閣の下では、小選挙区制度が導入されました。小選挙区制の導入は、政治学でも事件でした。二大政党制を期待する政治改革だったと思います。官僚制の研究においても、小選挙区制は、新しい大きな変数になりました。

そういうわけで、多くの方が政治学的には「小選挙区制導入の結果がどうなるか」など準備をはじめていたでしょうが、私には、第2回団体調査をするチャンスがなく、気にしていました。エリート調査は10年に1回という目標がありました。それで、政治家、官僚、団体のそれぞれ第3回調査の準備が必要でした。

また研究の方法としては、1980年代のアメリカ政治学は、権力構造論に代表されるような政治社会学が中心だったと思いますが、アメリカの雑誌を読み友人の議論を聞いていると、例えば、ピーター・カッツェンスタインは、政治経済学的な方向を打ち出していたし、大学院生でも、真渕勝君は金融を研究対象にしたし、久米郁男君は、労働の経済学的な側面を含む博士論文を書いたわけで、参考にしているアメリカの文献にも変化が生じました。北山俊哉君の産業論も読みました。

政治がどんな結果をもたらすかを論じるようになったわけですが、さらに90年代には、行政学でも政治の結果に関して政策評価という議論をするようにもなります。私は、アメリカ政治学の先端をいつも気にしていましたが、自分自身の研究は、むしろ、最初に関心をもった「近代化論」のその後を考えていたようにも思います。

河野　80年代から続いているご研究というのはどういうものですか？　メモに、ブルッキングス研究所の日米事業というのがありますね。これも80年代の延長ですか？　どういうメンバーでやったのですか？　アメリカ人との共同研究が多いですね。

村松　この日米事業については、お付き合いの研究会参加という認識でした。企画から参加したわけではなく、印象は薄いですね。新自由主義の下の「新しい税制」研究会であったのだと思います。

私は「関心が薄い」と言って対応したのですが、「『英米独仏日の比較』の中で政治経済を見る試みなのだが、政治学者の参加がないのでとにかく参加してくれ」ということでした。

研究会の場でわかったのは、そこは「レーガンの税制の、税率の大括り化が、富裕層の消費を奨励するという理屈を推進したい人達のグループ」だということでした。

本ができてから、野口悠紀雄さんや榊原英資さんが執筆していることを出版物を見て知りました。「共同研究」というイメージではありませんでしたが、編者であるサミュエル・カーネル教授のいるカリフォルニア大学サンディエゴ校（ＵＣＳＤ）の先生との接触が深くなりました。

私は、真渕君と共著で、「Introducing a New Tax in Japan」という論文を書きました。真渕君と共著でなければ書けなかった論文です。日本国際交流センターが世話役でした。ＵＣＳＤへのお付き合いでもありました。

河野　ところで、既に出てきましたが、ＳＳＲＣ（Social Science Research Council：米国社会科学研究評議会）というのはどういう団体なのですか？

村松　アメリカの歴史学、人類学その他社会科学者にとって極めて重要な「研究費配分機構」です。民間の団体です。ロックフェラー財団が１９４０年頃に人文科学や社会科学のために基金を提供して設立されたと聞いています。

アメリカでは、ヒューマニティーズ部門には別の重要な研究費機関がありますが、日本研究で見ると、アメリカにおける人文社会系の研究費についてはＳＳＲＣが重要です。ここで十分に説明するほどの知識は私にはありませんが、日本委員会があって、日本文学、日本歴史といったような日本研究の諸分野のアメリカ人研究者がそれぞれ委員を送っていました。１９８０年代には日本の学者も1人置くというルールがあったようです。

委員会のセクレタリーは日本研究の分野でPh・Dを取ったばかりの若手の職でした。スーザン・ファーもジョン・キャンベルもエリス・クラウスも、博士号を取りたてのときには、SSRC日本委員会の書記であったと思います。SSRCがすべてというわけではないでしょうが、政治学には重要な研究費配分機関でした。

一党優位政党制プロジェクトもSSRC事業ですが、私が委員会のメンバーのときには、アリンソン、曽根プロジェクトがありました。これについてはすでに触れたように思いますが、アメリカのワシントン郊外の会議施設で充実した議論をした記憶があります。

執筆者とは別に、アメリカの東部諸大学の日本研究のマイク・モチヅキ、マーガレット・マッキーン、フランシス・ローゼンブルースなどが出席していました。日本は、真渕、久米、辻中さんが参加しました。成果は、先述の『Political Dynamics in Contemporary Japan』という本になりました。

政治学年報と行政学年報

河野　学会の年報の仕事も80年代の続きでしょうか?

村松　90年の前後には、日本政治学会と日本行政学会の年報委員会の委員長を引き受けています。政治学会では、年報は、科研費予算を取って、研究会を重ねた成果を特集とする慣行がありました。私は1987年を引き受けています。そのため科研費の申請をしたり、参加者の日程調整をしたりする、まとめ役の仕事が多くなっています。

政治学年報の研究のテーマは、「政治経済学」の流行が来ていたので、こうした発想に近いと思われた大嶽、樋渡、真渕、久米さんを念頭に「political economy」ということでやってみようとしました。河野さんとはここではじめてお会いしたのだと思います。

私自身は、日本では戦後政治と言えば「イデオロギー対立」というテーマが浮かびますが、この年報では、その背後に動いていた経済主導層と労働層の「和解と妥協」が重要であったと書いています。「生産性の政治」というチャールズ・メイヤーの言葉を引用しています。

真渕君は金融や日本銀行を研究していました。田辺国昭君が合理的選択論で地方交付税の分析をしたことや、ここで樋渡ご夫妻とお会いしたことを覚えています。大山耕輔氏が占領期の研究をしました。最終回は、伊良湖温泉ホテルだったと思います。

河野　私は伊良湖には参加しませんでした。

村松　政治学年報の河野さんの論文を伊良湖で熱心に読みました。

行政学年報のほうですが、「行政学教育」というテーマで、研究会を重ねるというのではなく、この頃は年に2回の行政学会研究会があり、春の学会の研究会の報告を中心に編集することになっていました。ちょうどその頃、中央公論社の早川幸彦さんから電話があり、中公新書を書くという相談がはじまりました。1994年に『日本の行政』を書き、続いて有斐閣からテキスト『行政学教科書』を出版しました。

1990年代はじめ、有斐閣京都支店に清海さんが入ってきて充実しました。大前さんも含めて新しい時代の「行政学講座」を出版すべきだと言って話し合い、西尾勝・村松岐夫編『講座　行政学』全6巻になりました。編集委員会は、東京と京都の会場で交互に行いましたが、京都のとき、ちょうど五山の送り火の日にかかったことがありました。大文字を京大法経新館の屋上で見たと思います。

河野　東京やその他政治学者とのお付き合いはどんなでしたか？

村松　同世代の書かれるものはよく読んでいました。いわゆる行政学者のものは全部読んでいたと思います。西尾勝、今村都南雄、大森彌さんは本当の同世代ですが、森田朗さん、西尾隆さんなどは私よりも若いですが、同世代の感覚で研究しておられると感じていました。

水谷三公さんのお若い頃は、学会の研究会は知りませんが、夜の飲み会では何度かご一緒しています。

水谷さんは、歴史もの、イギリスものの開拓者になって、専門が違ってしまったかなと思いましたが、先日、『江戸は夢か』などを読み返すと、シアトル滞在で知り合ったスーザン・ハンレイさんの書いたものが度々登場します。スーザンは、コーゾー・ヤマムラの奥さんで、よく知っていました。水谷さんにもスーザンの研究にも関心がありました。研究対象とする時代は違いますが、案外、同じ世界に住んでいたのかもしれません。

シアトル関係のことですが、スーザンと脇田晴子さん（日本史）の間にちょっとしたトラブルがあって、私が調停したといったこともありました。

日英・日独共同研究への参加

河野　この90年代でも、イギリスやドイツの学者との関係がありますね。

村松　はい。外国の学者との共同研究が多かったですね。

元々、アメリカの学者との関係が多かったのですが、日英比較、日独比較などヨーロッパ諸国との比較も80年代末にはじめていました。

日英の産業政策比較は、政策研究大学院大学のプロジェクトです。吉村融さんや伊藤大一さんから連絡をいただきました。この事業は、イギリスのＥＳＲＣの資金でモーリス・ライト教授のイニシアチブではじまったということでした。

ＥＳＲＣは科研費配分機構でアメリカのＳＳＲＣと同性格のものでしたが、当時、サッチャー首相が経済重視を主張し The Economic and Social Research Council という名称に変更したと聞きました。私に与えられたテーマは通信政策でした。そのために、ブリティッシュテレコム（ＢＴ）やＣ＆Ｗ、さらに電気通信庁（ＯＦＴＥＬ）にインタビューに行くことになったりして、イギリス政治学に少し親近感がわきました。

河野　ではイギリスの通信行政というか通信業界において、通信産業の規制緩和、民営化をしたことを、日本のＮＴＴの場合とどう比較するかという研究を続けておられたのですね。ブリティッシュテレコムというのは国営なのですか？

村松　そうです。日本と同じような、まあ「公社」です。

河野　日本の電電公社。

村松　うん。ほとんど同じで、しかもトップ同士も組合同士も非常に連携があって、トップにも組合にもインタビューしました。電話のネットワーク関係では世界有数の多国籍企業です。かつて日本の電電公社もそういう世界企業の一つとされていました。

通信関係のことをメモなしで話す知識はありませんが、組合の女性幹部が言ったのを覚えています。日本の山岸章のリーダーシップは強いでしょう。だから「日本の組合は強くて、イギリスはまねしなきゃいかん。本当にうらやましい」と。イギリスではサッチャーの組合潰しの政治が続いていました。

河野　組合を強いとみていたのは本当ですか？

村松　何より、「日本の組合の特徴は資金が潤沢ということだ」と言うのですよ。

河野　通説によると日本の組合は皆、企業別組合であるため、海外のイギリス、アメリカと比べたらまったく交渉力が弱いという話を、散々聞かされていました。実は山岸氏のリーダーシップは強いので、イギリス人は、制度としての日本の組合のことを言っていたのですか。それは、だから通信業界の組合（全逓）が強いということですね。

村松　確かに、特に労使とも、通信業界は強かったのではないでしょうか。労働組合の全体についても、久米君の分析が適切と思っていました。賃金について経済成長の初期の頃に二重構造ということが盛んに言われましたが、多くの企業で早く解消していたのではないでしょうか。

政治学の世界で付き合った方々との議論においてですが、近代主義の論者は、企業別組合はダメで、横のつながりにある産業別組合であるべしというモデルでした。実態研究に進まなかったのではないでしょうか。近代主義の呪縛です。「遅れ」の一ケースとされていました。

社会科学の全体で、日本について多くの面で過小評価していたと思います。給料が低いというのは、ずいぶん遅くまで言っていました。実態では、日本の70年代、80年代は所得の平均化が進んでいましたし、額も悪くはない。多くの分野で追いついていたと思うのですね。

しかし、発言すると、「それを言うのはまだ早い」みたいな言い方をしていました。初期の近代主義の主張が、主張者の権威のゆえに長く続いて、研究のパースペクティブを縛っていたように感じていました。しかも、それが啓蒙的に言われていて反論しにくかったと思います。久米郁男君の労働組合論は、この雰囲気へのチャレンジなのでしょうね。今となっては古い話です。

河野 パラダイムは変わらず、実態のほうが変わったのでしょうか。だから逆に言うと、日本の政治研究とか行政研究が実態をとらえられなくなっているというのが、その時期のピクチャーということでいいのですか?

村松 そういうふうに思っていました。久米君の労働政治における労働の役割分析説については、賛成して読みました。

河野 日英共同研究の展開はどうだったのですか?

村松 この事業ではイギリス側は本当に真剣だったと思います。イギリス側の若手代表はスティーブン・

ウィルクスさんです。

イギリス側での第1回研究会が、１９８８年3月27日から4月3日の間に2日間かけて、オックスフォード大学のカレッジの集会室を借りて開催されましたが、カレッジの内部が見られて面白かったです。

宿泊施設は、休暇で空いている学生寮を借りたということでした。この会議室では、先生の机と椅子のフロアは、学生のフロアよりわずかに3センチほど高くなっていて、先生のほうが偉いことが示されていました。イギリス側は、事務次官経験者のスピーチで開会。元「公務員長（head of civil service）」の職にあった人ではじめるという仕立で、イギリス側が張り切っていると思いました。

モーリス・ライトさんは、この政府高官を前にしながら、「公務員は鼠が増えるのと同じように増える」というジョークで笑わせて、スタートしました。私が参加した研究会の成果は、『The Promotion and Regulation of Industry in Japan』です。

河野　取り上げられたテーマは面白かったですか？

村松　電気通信の規制緩和は世界的な問題で、トップではないにしても大きな活字で頻繁に報道されていて、面白いテーマでした。１９７９年にアメリカ司法省のＡＴ＆Ｔに対する訴訟が勝訴して、ＡＴ＆Ｔは分割民営化されることとなりました。このことは、ＡＴ＆Ｔという巨大企業の代わりに機動力のある電信産業が多数生まれて厳しい競争がはじまることを意味していました。

日英プロジェクトは、通信の環境変化への対応を見ようということで時流に乗っていました。私の論文で書こうとしたのは、「電電公社民営化」と、そこでのＶＡＮ戦争といった管轄争いを含む「郵政省と通産省、幹部と若手など種々の官僚集団の組織的なダイナミックス」です。内海善雄さんという郵政省の若手エースと知り合いになりました。電気通信事業の民営化と規制緩和では、電電公社の民営化とともに、全国網を持つキャリア（carrier）の独占が生じることに警戒して、「第二電電」（イギリスではＣ＆Ｗ）などの出現を政府は奨励したと思います。

イギリスでは、ＯＦＴＥＬは、政府の競争政策を維持するための機関として設置されました。

この通信への関心が維持できたのは、身辺でそれとなく電気通信の重要性を語る人がいたということもあったかもしれません。伊東光晴さんが、１９８５年、千葉大学から京大経済学部に移ってこられて、よく廊下で呼び止められ、電気通信の話をしてくれました。容量の大きなイエロー・ケーブルの発明や交換機のデジタル化の影響の大きなこと、この関連の財政のことを熱心に話してくれました。

この通信政策に関して、プロジェクトは終わっていたかもしれないのですが、１９８７年、88年、89年にそれぞれ1週間くらいですが、イギリスに調査旅行に行っています。イギリスの政治学はあまり身につきませんでしたが、イギリスの政治と政治学に関心を持つことができて、ＢＴやＣ＆Ｗなどでのインタビューは、貴重な経験でした。

お会いしたときにいただいた名刺が手許にありませんが、急な申し込みに対しても、色々な方がすぐに応じてくれたのは、この通信の改革期に日本がどう出るか、先方にも関心があったからだと感じました。当時のＫＤＤのお世話になったような気がします。

１９８７年7月16日には、ニューヨーク・ＳＳＲＣの会議に出席の後、オックスフォード大学内の日産日本問題研究所を訪問しています。オックスフォードには、さらに8月9日まで滞在するのですが、寂しくなってきて、途中下車のかたちにしておいた飛行機の切符に余裕があったので、それを使ってウィーンに1泊旅行をすることができました。この旅行には贅沢を感じて、変な満足感があったことを思い出します。

メトロポリタンホテルに泊まり、翌日は観光バスに乗って、シェーンブルン宮殿とベルヴェデーレ宮殿を見物。バスの中ではヨハン・シュトラウス二世の皇帝円舞曲が鳴りっぱなしでした。町中、マリア・テレジアとシュトラウスがあふれている観光地でした。

オーストリアからオックスフォードに帰ると、「ちょうど、中村政則氏が、ニッサン研究所に到着して、ストックウィン教授の家でパーティが開かれた」というメモがあります。

河野　ストックウィンさんは有名ですね。

村松　ストックウィンさんは、イギリスの戦後期に最初に日本政治を専門にされた非常に優れた日本政治の研究者ですが、最初の研究は、「社会党」の研究でした。日本政治について複数の書物を出版しています。『レヴァイアサン』の創刊に際してはパンフレットに推薦の言葉をもらっています。彼の『Governing Japan』は、日本政治を総攬する質の良いテキストです。

河野　イギリスの件は学会関係のことで、あとでもう1回戻ります。90年代に入ってすぐに、日独の研究会がありますね。

村松　90年10月、東京で、ドイツのF・ナッショルドから、日独の研究会をやりたいという提案を受け、新宿のハイアットホテルのロビーで話し合ったのが最初です。

河野　その後どうなりましたか？

村松　メモでは、1年後にも私が東京で会っています。少しずつ進展したのだと思います。

日本学術振興会に二国間交流事業というカテゴリがあって、その資金で会議を3回やって、1997年に本が出版されました（『State and Administration in Japan and Germany』）。法学部長などを務め超多忙の時期で、もっと力を入れるべきであったと感じています。建林正彦さんに少し手伝ってもらったように思います。これは言い訳ですが、苦い思い出です。

ドイツ側では日本で評判の高かった、ネオ・コーポラティズムの代表的論者のレームブルックが参加していたので、会議がビッグだという印象はありました。それまで東京の諸大学に滞在して政策評価論を調査していたヘルムート・ボルマンも参加しました。

1993年3月24～30日に、まずWZB（Wissenshaftszentrum Berlin：ベルリン社会科学センター）に挨拶訪問をし、会議はポツダムでやったのではないかと思います。3月25日の宿泊領収書が残っています。会議が終わってサンスーシ宮殿の門前まで行って、すぐ帰国の途に就きました。帰国途上、東西統一後のドレスデンに1時間ほど立ち寄りました。まだ町に戦争の跡が残っていた感じでした。

最後の会議は、時間をおいて、京都ロイヤルホテル（当時）で開催しました。ここで最終ペーパーが出て、その後ドイツの出版社と契約して出版できました（『State and Administration in Japan and Germany』）。その直後に、ナッショルド氏が急逝されました。このことでせっかくできたドイツとの関係が一挙に薄れてしまい残念でした。

日本からの参加は、大嶽秀夫、伊藤光利、縣公一郎、真渕勝、久米郁男、田辺国昭などの諸氏です。

河野　ドイツとの関係では、歴史学でも種々議論がありますが、政治学、行政学で関連することをお話しください。

村松　すぐ思いつくのは、第1に、ドイツは過去の責任を感じているとしっかり公言しているが、日本はやっていないと言われることが多かったことです。IPSAベルリン大会（1994年）の水上ツアーでも、バイムご夫妻（当時、ドイツ政治学会会長）が偶然私の隣席になって、ボートの上でそのことばかり言っていてちょっと不愉快でした。

ドイツと日本の戦前の行為は、ともに悪いのですが、スケールやイデオロギーや、すべて同列のことではなかったと思います。口論になりそうな部分もありましたが、議論は、ボートが予定の地点に戻って終わりました。

しかし、このナッショルドとの日独の事業の中では誰も言わなかった。

少し前にヨハン・オールセンのノルウェーでの研究会について話しましたが、その帰途、ドイツ語主流の地域のスイスの学者と同じ観光船に乗って、フィヨルド見物をしました。この方も、船に乗っている間、日本人の戦前の事態への言及が少ないと言って、それが執拗でした。私も昭和に入ってからの戦前体制への強い批判者です。同じ方向の意見を持つ自分としても愉快ではなかった。

先ほどの『State and Administration in Japan and Germany』についてですが、私は序章を任されました。日独の類似性と違いなどを表面的には書きましたが、もう一歩踏み込んで、両国で戦前と戦後の断絶と連続はどうなるのかについて、ドイツとの比較論であれば、議論の有効性が高くなりうると考えていました。ですが、その趣旨を文章で十分に表現できなかった。良い機会でしたので、今から思うと、もっと時間をかけてしっかり書くべきであったと残念に思います。反省ばかりです。

私自身の論文としては、このプロジェクトではなく、もう一つ、ヘルムート・ボルマンが編集した本に執筆した「The Late and Sudden Emergence of New Public Management (NPM) Reforms in Japan」で90年代の行政改革を論じました。松並潤さんと共著です。ここで、日本行政学が、当初、NPMの改革を含む諸論議に関心が薄かったが、政策評価論など2000年に近くなって急に熱心になった感があると書きました。日本のNPMを論じる自分では良い論文だと思っています。

日本側では、私がチームリーダーですので、マネジメントの記憶が多いですね。この間、ずいぶん手紙を書いています。日程調整が主です。これらについて保存した手紙で見ると、はじめは航空郵便で確認していますが、早急の相談はファックスです。さらに数年で、私の場合、97年以降ですが、メールの時代になります。90年代は意見交換の手段は目まぐるしく変わりました。編者は一人ひとりと手紙の往復をしますので、電話や文章を書く頻度は本当に高かった。

80年代末には、サントリー文化財団の研究会に参加しています。雑誌の『Daedalus』で日米学者がペアで日本政治の各側面を論じる「Showa: The Japan of Hirohito」という特集号が出ますが、私はチャルマーズ・ジョンソンとペアで「Bringing Politics Back into Japan」を担当しました。ジョンソンに対して、省庁官僚制だけでなく、もっと自民党と野党を見よ、と問いかけたと思います。

この頃、2度目のアッシュフォード・プロジェクトの第3回会議があったように思いますが、この方が編集する『Discretionary Politics』には、最終的には中邨章氏と共著で執筆しました。

サントリー財団の研究会で知り合いになった中谷巌氏とピーター・ドライスデール氏主宰の研究会でオーストラリアにも行きました。日豪の政策を論じる会議でした、日本の農業政治を書いていたオーレリア・ジョージに会う機会になりました。私は、当時の有力新聞のテキスト分析を行い、オーストラリアから見て、オーストラリアにおける日韓中の露出度がほぼ同じであって、これはオーストラリアの政府の政策と相関があるのではないかと指摘しました。

当時オーストラリアでは、日本語教育の熱心さに驚きました。大使公邸に招待されましたが、外国で大使館をしっかり見たのはここだけではないかと思います。

この年、日本の議会開設100年のシンポがあり、私も出席させていただきましたが価値ある発言はできませんでした。私はいつも準備が悪い。上坂冬子さんの発言が光っていました。

エセックス大学での2カ月間

河野　80年代から国際プロジェクトが色々あって、それらが90年代になって本格的になったという感じのものが多いのでしょうか？　イギリス関係では、産業政策比較の後に、1992年12月~1993年1月にかけて2カ月エセックス大学に滞在していますね。92~93年にかけての2カ月というのは、結構、長期滞在ですね。どういうアレンジメントですか？

村松　ブリティッシュ・カウンシルのスカラシップをいただきました。もう日英プロジェクトでの執筆責任は終わっていますので、通信政策はちょっと調べただけでした。イギリスの新聞や本を集中的に読む機会がほしかったのだと思います。

京都のブリティッシュ・カウンシル館長のフィオナ・クラーク氏に面会に行ったところ、私の白髪を見ながら、定年まであと何年あるか質問されました。先方としては費用対効果の判断が必要だったのだと思います。

エセックス大学を選んだのは、この大学の政治学部のケネス・ニュートン教授と知り合いだったことがあります。若い頃、共産主義に興味を持っていたし、都市政治論の本があり、つい最近では「政治とユーモア」の本を書くなど、広く政治を論じ分析する人でした。

１９７０年代では、バーミンガムを分析した『Second City Politics』の著者として知られていました。私が知り合いだった理由は、前にお話ししたアメリカのＳＳＲＣの国際比較地方自治研究事業による「トリノ研究会」や「ベラジオ研究会」でお会いしていたからです。ニュートン氏は、両方に出ておられました。

エセックスには、『British Journal of Political Science』（ＢＪＰＳ）のエディターのアイヴァー・クルーもいましたが、一教授というよりも大学の副学長でした。その頃、アバーバック、ロックマン、クラウス、私の４人の共著により日米高級公務員論の論文を投稿中でしたが、ＢＪＰＳの編集会議が終わって構内散歩中のクルー氏から、「今、採択が決まったよ」と知らせていただいたことを覚えています。

またこの大学には、日本研究では大変優れたイアン・ニアリーさんがおられました。

河野　イアン・ニッシュではなくて、イアン・ニアリーですか？

村松　イアン・ニアリーさんです。日本政治について、先の日英共同事業では薬産業をテーマにされていましたが、個人の関心では、日本の近代化の中での「差別」と「人権」をテーマとしていたと聞いていました。

優れた日本政治研究者です。エセックス大学の後は、オックスフォード大学の教授になり、今は日産日本問題研究所のエメリタス・フェロー（名誉教授）だと聞きました。

オックスフォードの日産日本問題研究所は、ご存知の通り、この大学のセント・アンソニーズというカレッジに付置されています。ここはアジア研究を掲げています。アジアというのはイギリスの「アジア」ですから、中東などがまずイメージされますが、日本研究を日産自動車が推進しようとしたのでしょうね。

設立はEU設立の流れとタイミングが合致しています。日産がEC・EUの拠点を摸索・調査しての選択であると感じました。ストックウィンさんがずっと長い期間、所長だったと思います。建物・スペースを持っていて、研究員も二、三人おられたはずです。日本人がオックスフォードに行くときは、よくそこに滞在しています。1988年頃だったと思いますが、2週間ほどお邪魔したことがあります。私が行ったときには、石弘光さん（のちに一橋大学学長）がおられて財政学の本を書いていました。ともに家族と離れていたので、時々夕食を外に出て食べました。私には話しやすい人ではありませんでした。

エセックスでは、アンソニー・キングという有名な研究者がおられますが、この方が休暇中でしたので、私は彼のオフィスを借りることになりました。本棚はそのままです。それで、キング氏の本を手にする機会があり、私の自民党政権解釈に有効でした。

研究室では、自然、彼の本棚・ライブラリを見て回ることになりました。面白かったですね。そうしたら、ある棚の下の2段にメジャーな英語の日本政治研究が全部並んでいました。ペンペルの『Uncommon Democracies』もありました。

キング氏は、イギリスの選挙だけでなく、アメリカでも選挙があると、ニューヨーク・タイムズ社から電話がかかってくる方でした。

河野　労働党ですか？

村松　社会民主党（The Social Democratic Party）の創設にかかわった方です。しかし、この党が、政治的にどれだけ重要なものであったかは知りません。

河野　サッチャーが出ましたが、自民党について何か見えてきたことがあるわけでしょうか？

村松　アンソニー・キングは洞察力のある方でした。この方の『Britain at the Polls 1992』という本において日本に言及する部分が自民党解釈に有益でした。最終章で、サッチャーの長期政権と日本の自民党の比較をしていて、これを読んで自民党が見えてきた面があります。

サッチャー政権で、政党の側が官僚に対して執拗に忠誠を求めている点の指摘です。参考になりました。私は『政官スクラム型リーダーシップの崩壊』の最終章にキング氏の意見を引用しました。しかし、イギリスの政治家の名前を間違えて書いてしまいました。

河野　研究室以外では、どんな生活でしたか？

村松　ニアリーさんには、2カ月間の宿泊場所を探していただきました。夏のハンティングなどの遊びをする人の一軒家だったのではなかったでしょうか。それを貸して生計の一部にしているお宅があって、そこを借りました。借家（二間のコティッジ）は、周囲に何もなく道路が一本通っているだけのところで、バス停留所に近いけれど、不便なところでした。バスは朝晩1便だけしかありませんでした。

オフィスをいただき、はじめの1カ月は妻がいて、自宅と大学を車で送り迎えをしてもらっていましたが、年末に妻は、京都に置いてきた子供が心配だと言って日本に帰ってしまいました。それで、1月から車の送迎がなくなってしまった。私の借りたコティッジは道路沿いにありましたが、道路に明かりがなくて、夕方から明け方まで真っ暗なのですよ。イギリスの冬は早く暮れます。午後3時半にはうす暗い。タクシーで帰りました。

河野　夜が長いわけですね。

村松　夜が長い。そういう所でね。朝晩、決まった時間にバスがある。それで帰ればいいのですけれど、最後のバスでも帰宅が早すぎて自宅でやることがない。テレビばかり見ていたのかな。朝は、ニアリーさんが通勤の途中に私を拾ってくれました。

河野　料理は？

村松　アメリカでは「焼く」料理で失敗していますから、鍋の中に野菜や肉を入れて「煮る」ことにしました。毎日では飽きてしまいます。したがって、小さなレストランで夕食を食べて帰ったことが多かったと思います。夕食に招いてくださるご夫妻がいて助けてもらいました。

この短い期間にたくさん読んだわけではありませんが、英国の現代政治研究の本に少し詳しくなり、買って帰りました。

河野　朝は、ニアリーさんにピックアップしてもらったのですね。

村松　そういう恩があるのですよ。私が東京に引っ越してきた後ですが、リターンをしなきゃいけないのだが、やれていない。一生の「借金」ですね。

ニアリーさんが来日されたのは2000年代ですが、なぜできなかったのかな。確かに、東京への引っ越し直後で、私の左足痛が続いていたときです。IPSA福岡大会（2006年）のときも入院していました。色々なことがあったのですが言い訳はできないですね。九州に来られたケネス・ニュートンさんから電話をいただいたが出席できなかった。

イギリスで親交のあった方といえば、先ほど名前が出たスティーブン・ウィルクスさんです。ウィルクスさんには京都に3カ月来ていただいています。

91年1月だと思いますが、私は、打ち合わせのためにウィルクスさんのエグゼター大学に1週間ほど訪問滞在していたことがあります。

そのときのことですが、彼は私をR・A・W・ロウズに紹介しようとして車でニューキャッスル大学の研究室に立ち寄ったことがあります。城壁がまだ残っているかわいい町でした。ロウズは、イギリスの中央と地方の相互依存関係を丹念に理論化しようとしていました。数年後には、イギリスの行政学のエースであるパトリック・ダンリービーと一緒にコア・エグゼクティブという議論もして日本で有名です。しかし、ウィルクスさんと一緒に行ったときは、あまり会話が弾まなかった。

同じ旅行でマンチェスター大学のモーリス・ライト教授のお宅に行きました。イギリスのプロジェクトリーダーで、公務員と鼠は増えるというジョークを言った方です。ウィルクスさんの先生です。中世の小さな城だった雰囲気のある居宅を手入れして、町中から離れて住んでいました。町から遠くに住むという住み方は、日本人にはなく、印象的でした。周囲に家はない一軒家で広々としていました。春であったら、イギリス特有のなだらかな緑の丘という感じがあったのでしょうが、私が行ったのは1月でした。

ライトさんは、イギリス大蔵省の研究を行い、さらに日本の大蔵省についても書きました。戦後イギリス政治学界を代表する学者の1人です。

河野　伺っていると本当に外国出張が多く、80年代は、そういった研究会やペーパーに専念しておられたわけですね。

村松　そうです。しかし専念というわけにはいかなかったと思います。私は学部行政にもコミットして時間を使ったと思います。

日本の大学行政の問題の話になりますが、その後、90年代に学生部委員をやったことがあります。京大熊野寮にはどうしても立ち退かない学生集団が巣くっていました。事件があると捜索になりますが、その立ち合いもしています。なぜ「巣くうことができたのか」について、本当に不思議でした。大学が警察を嫌いだったのか、警察にも過激集団の情報をとる方針と関係があったのか。私も、研究室に徒党を組んでくる学生たちと20回くらい討論しました。彼らは威嚇的でした。

1987年には、日本では大学入試の問題があって、もめていました。私もこの問題で、時間を使いました。中曽根政権の下で「受験機会の複数化」という提案がなされ、京大はこの国立大学協会（国大協）の案に乗ってしまったことがはじまりです。その計画によれば、国立大学の入試日をA日程とB日程に分け、受験生はそのどちらにも受験資格があり、合格すればどちらに行くかは合格者が選択できるという手続きでした。京大学長はこの案を認めて帰ってきたのです。

具体的に言うと、京大も東大も受験することができ、両方合格すれば受験生がどちらかを選ぶことができるとする案です。法学部系では、両方合格する受験生は100%近く東大に行くと、教授会の若手は判断していました。それが、京大だからというのでなく、「法学部」の特徴だと考えるほうが安全だと若手は考えていました。今は少し違うかもしれません。

文学部や理学部は自信があったのか、学長の意向に従いました。法学部は全学路線に賛成せず、東大と同じA日程を主張しました。

しかし、国大協の決定に乗っていますので、何らかの形で、京大法学部も大枠は実行せざるを得ない。京大法学部も、B日程にも定員をある程度割くことにして妥協案ができたのだと思います。何%かの人材「流出」を食い止めたと思います。

2年後に、もう1回同じことがありました。またAB日程です。私は強硬なA日程論者だったからだと思いますが、全学の「入試日程協議会」という調整委員会に法学部委員として参加することを仰せつかりました。「懲罰」的な意味でしょうし、ここで私が全学的な雰囲気を察知して、法学部が譲歩することを期待されたのかもしれません。しかし、法学部は意見を変えることなく、結果、数学者が法学部には出題しないという意向を示し、1992年入試は、法学部は数学の出題ができなかった。

結局は、全国の動向を見ると、国立大学はB日程にも少数を割り当てるが、大部分は分離分割方式になっていきます。つまりその後の傾向を見ると、京大法学部の認識は正しかったということになりますが、嫌な思い出です。人材は一つの大学に集中させず、全国に分散させるべきです。

日本の大学は、他の産業国家と比べるならば、学部教育をもっと充実させるべきです。私学と国立の調整がありますが、大学では落第者を出さないという規律がなければ、若い時代を無駄に使ってしまう学生が出ます。アルバイトで時間を使うことが、社会を実地に知るという意見もありますが、どうでしょうか。

別のことですが、研究面で言えば、自然科学系では、資金配分が東大、あるいは東大と京大に集中しすぎています。もう少し分散していいのではないでしょうか。本当はその前に東京集中ということがあるのですが。

海外の政治学会とのかかわり

河野　イギリス滞在の関連で、ヨーロッパの関係学会と日本政治学会とのことをお話しください。

村松　ケネス・ニュートンさんにはお礼を言わなければならない関係です。日本政治学会は、1989〜1990年頃だと思いますが、ヨーロッパ政治学会（European Consortium for Political Research：ECPR）と交流を持ちたかった。それで、私は、エセックス大学に2カ月滞在したときに、ニュートンさんに、「日本はECPRに何らかの形で参加したい、メンバーになりたい」という希望を述べたところ、「日本のメンバーは、もういるよ」と言われました。早稲田大学も慶應義塾大学もメンバーでした。

アメリカの政治学会に対抗しようという気分のECPRは、会員の手続きも独自性があり、インスティテューショナル・メンバーシップを基本とする組織でした。

アメリカ政治学会もハーバード大学もメンバーでした。「日本もそういう形を取ればいいではないか」と言われました。それで日本政治学会は団体加入したと思います。日本人の個人会員もすでに多くいました。しかし、日本政治学会には、組織的交流が重要だったのだと思います。

河野　日本政治学会の国際化ですね。

村松　この頃、日本政治学会は、熱心に政治学の国際化を考えていたということだと思います。国際化には色々な方法があるでしょうけれど、ＥＣＰＲとは別に、ＩＰＳＡ大会を開催したいと思っていたように思います。

ケネス・ニュートンは、１９９２年、次期のＥＣＰＲ事務局長に決まっていて、ＥＣＰＲについては詳しかった。ヨーロッパ諸国の政治学者の間では有名な人でした。研究室にはＥＣＰＲメンバー全員の名前が書かれた厚い名簿も置かれていました。彼は私と話しながら、「今の事務局長はイタリアの政治学者だから彼に連絡を取ろう」と言って、その場ですぐに国際電話をしてくれて、日本の学界の意向を伝えてくれた。全体にうまく進みました。

１９９３年の日本政治学会では、ニュートン氏もジョルジオ・フレディ（イタリア）もお招きしています。ＥＣＰＲ向けの特別企画の分科会でした。ＥＣＰＲとの関係は順調に進んだのだと思います。『レヴァイアサン』31号に関連記事があります。

２００６年の日本政治学会ですが、ここではアメリカ政治学会との関係の分科会もあり、Ｔ・Ｊ・ペンペルさんが良いことを言っていたことを思い出します。すなわち、「日本人の社会科学は理想を求め、他方で〝自分に〟クリティカルになるが、どの国も皆そうだ」と言うのです。

また、京大での私の講義に参加してくれて、「自分の国を特殊と言うのはアメリカと日本だ」などとも言って、日本の発展について特殊ではなく一般的だと言って相対化に努めていました。この人は、１９９８

年にも『Regime Shift』を書いています。

河野 先生と国際学会との関係は、他にもありますか？

村松 特にＩＰＳＡとの関係ができて、その結果、ＩＰＳＡ京都ラウンドテーブル（１９９４年）の事務局を引き受ける羽目になってしまいました。50人くらいの外国研究者による２日間のＩＰＳＡ執行委員会の会議と、それに付随して開催される「政治学研究会」の準備（２泊３日の宿泊滞在）と世話です。オプショナル・ツアーや二晩の宴会の世話もあります。

最初の晩のパーティは大きなもので、会場は京都国際会議場で大勢の日本人の参加もありました。何人かの責任者の挨拶があって、事務局として私もスピーチする機会がありましたが、私はジョークも含めて暗記していったものが、突然、頭から消えてしまい大勢の聴衆の前で立往生しました。あれはつらかった。

河野 その他のことで、ここで書きとめるべきことがありますか？

村松 私のＩＰＳＡとの関係について、最初は、ＩＰＳＡパリ大会です。地方自治のセッションの司会をしたことはお話ししました。これはアッシュフォードさんが助けてくれて何とかできました。重要であったのは、この場を利用して、先ほどお話ししたＳＯＧ部会（Structure and Organization of Government）において『Governance』という雑誌の発刊が決められ、そこに私は出席していたことです。だからでしょうが、発刊から10年以上、『Governance』の編集委員ということになっています。

それから、１９９１年ブエノスアイレス大会です。アドリエンヌ・ヘリティエ氏が司会をする分科会に私も出席し、北山俊哉君がペーパーを出しています。グレゴリー・カザさん（インディアナ大学）が出席していました。ベジタリアンのパーネンドラ・ジェイン（アデレード大学、オーストラリア）もいました。

アドリエンヌさんは、Ｆ・ナッショルドの日独プロジェクトのメンバーでもありました。この会に出てくれたグレゴリー・カザ氏は日本研究者で、この後、京大に滞在することになり、親しくなりました。彼は日本政治の比較論の人ですが、歴史と思想分野の方で、ペンペルさんやクラウスさんの視点とは少し違っていました。

カザさんがアルゼンチンタンゴの切符をくれて、劇場に行きました。市内観光バスにも乗った記憶があります。

アルゼンチン往復は、一番長く飛行機に乗った記憶です。ロサンジェルスとサンパウロで乗り換えて、それからリオ・デ・ジャネイロでした。

私は骨董屋で、馬の半身の彫像（黒石）を記念に購入して機内持ち込みで運んできました。わが家で一番の置物です。

IPSA京都ラウンドテーブル

村松 パリ大会の後も二、三回のIPSA研究会に出席していたために、当時の日本政治学会の幹部の方々に協力を求められて、IPSA京都ラウンドテーブル（1994年）の事務局を引き受けることになりました。

日本政治学会は、1970年代初期にIPSAラウンドテーブルの日本開催の経験はありましたので、IPSA総会（IPSA World Congress）をやりたかったのだと思いますが、まずは、もう1回ラウンドテーブルをやってからということで、小規模会議の開催を引き受けることになったのだと思います。

確かに、私もIPSAにはコミットしたという感覚がありました。京都でラウンドテーブルを開催する経緯になったのは仕方なかったかなと思います。これには、当然、私は大変な時間を使いましたが、大勢の大学院生にも手伝ってもらいました。先ほども触れていますが、少し詳しく話します。鹿毛利枝子さんは学生でしたが、英語に堪能でしたので大分仕事をお願いしました。

私は、日本政治学会の仕組みで言えば、開催校的な役割でした。来日する執行委員＋αで50人くらいを受け入れていました。旅費は自己負担です。会場主催者の負担は、国際会議場関係の会議室使用料、参加者の宿泊費と施設の借り上げ費、コピー代金やタクシー代、宴会費などです。

会議というのは、初日はＩＰＳＡ執行委員会が開催され、翌日は研究会です。国際会議場のコピー機が、十分でなかったので、ほとんど全部京都大学法学部の事務室のコピー機を使用しました。幸い、研究会は日曜日でした。タクシー代がすごかった。

皆さん、執行委員を中心とする運営委員会と翌日の研究会のために来るわけですが、ツアーと当夜の宴会を楽しみにしています。宴会会場のセッティングは、会場事務局の腕の見せ所です。食事は、和食でやりました。評判は良かったです。

河野　確か、佐々木毅さんもラウンドテーブルのメンバーだったのですよね？

村松　佐々木さんは、当時、ＩＰＳＡ執行委員会の主要メンバーですよ。ＩＰＳＡは理事会で運営され、そこで会長を選びます。理事は、各国が拠出金比例で執行委員の選挙権を持ちますから、分担額の多い国からの候補が選出されます。ブエノスアイレスでの投票では、私は佐々木さんのためにイギリス票を全部もらいました。

京都会議では、有賀弘さんと内田満さんが主な世話役でした。佐々木さんを押し立てていたということだと思います。

河野　早稲田の内田さんですね。

村松　東京では有賀さんが実務の中心でした。最初、三谷太一郎さんから話がありました。「三谷さん、有賀さん、関西では山川、五百旗頭、村松で京都タワーホテル8階で会合」というメモがあります。

ローカル・オーガナイザーと呼ばれる、日本における委員長が升味準之輔先生で、当時、諸大学で学長をしていた政治学者達に理事をお願いしました。東京では、福田歓一氏の他多数。関西では西川知一さんです。私と蒲島郁夫さんが実行委員だったと思います。

河野　準備のための日本側の会議は京都でやったのですか？

村松　主として東京です。蒲島さんは筑波大学でしたし、五百旗頭さんと私はわりと東京にいることが多く不便はありませんでした。

河野　そうみたいですね。

村松　それで、だんだんに準備をしていくことになりますけれども、いずれにしても升味さん、三谷さん、佐々木さん、有賀さん、内田さんというのが最重要人物で、現場で働いたのが私と蒲島さん。蒲島さんとは分業で、彼はラウンドテーブルの研究会でペーパーを提出する人との文通が仕事でした。

最初にやったことは京都の国際会議場と宿泊施設の予約を取ることです。その日には有賀さんは京都においでになりました。宿泊施設は国際会議場では賄い切れないので、民間ホテルを使いました。

資金獲得は東京側で十分にやってくれて、それが後に少し残り、学会の基金にしたと思います。京都側では、高坂正堯さんには研究会の司会、そして大嶽秀夫さんにはペーパー提出を依頼しました。東京からのペーパー提出者は、三谷さん、藤原帰一さん、猪口さんです。

河野　猪口孝氏？

村松　猪口邦子氏です。2日目午前中の高坂さんの司会は感心されました。あの人、ヨーロッパの歴史が強いでしょう？　だから、研究会の終了後、ヨーロッパの学者が私のいたところに走ってきて、「あれはどういう人だ」と。

河野　そんなに。

村松　京都大学はノーベル賞をもらった人がいることは知っていたけれど、政治学の伝統があるとは聞いていなかった。「京大の政治学の伝統を昼休みに説明したらどうかな」などと言われ、中西寛君と少し努力しましたが、短時間では無理でした。

河野　知らなかったのでしょうか？　本当でしょうか？

村松　高坂さんというのは国際的センスのあふれた、能力のある人で、外交論の世界では知られていましたが、国際政治学会ではあまり知られていなかった人です。

河野　ほかにＩＰＳＡの大会では、ソウル大会（１９９７年）に熱心に出席されたということですね。韓国との関係も深かったのですか？

村松　ＩＰＳＡソウル大会ではセオドア・ローウィを会長に選出するための推薦スピーチをやりました。その他でも90年代、韓国の諸学会に行く機会がかなりありました。

最初の韓国行きは、１９８７年の最初の大統領選挙の最中で12月だったと思います。朴東緒教授が先に京大に来てくれました。その朴教授のゼミと私の京大ゼミの合同演習という目的で行きました。日韓のゼミのテーマは、両国の産業政策比較でした。メンバーの１人が通産省に就職することになっていると言うと、大変に興味を持たれました。大西裕君は韓国政治の研究者になりました。細田健一君は通産省に入ってその後政治家になりました。朴教授によると、ソウル国立大学の最初の行政学教授は京大卒だということでした。朴教授はその最初のお弟子さんだと言っておられました。

２回目は、１９９１年、韓国行政学会主催のシンポジウム（11月８日）で「21世紀に向けての行政改革の方向性」というタイトルでした。行政管理庁から佐々木晴夫さんが出席しました。このシンポジウムのときに、朴先生よりも先輩の行政学会関係者がおられて、その方が誰か今もって存じません。私は、朴先生が最初のソウル国立大学の行政学教授と聞いていましたので、どういう方かなと思っていました。

3回目は、1997年、韓国行政学会です。ちょうど韓国が通貨危機のときで、新宮澤構想「300億ドル」が話題でした。「やっぱり日本だ」と言っている人がいました。宴会でスピーチをしましたが、大西君が韓国語に同時通訳。これは西尾勝理事長の代役であったと思います。

次に覚えているのは、韓国政治学会で、日本政治学会を代表して挨拶したことです。私が理事長のときですから、1998年か1999年です。

韓国の学者と一番親密に学問的なことを話したのは、中野実氏が代表の科研費による研究会（1998年）だったと思います。ヨム・ゼホ教授や趙昌鉉さんもメンバーでした。済州島での両国の地方自治比較についての議論が面白かった。韓国では済州島の新羅ホテルに宿泊。休憩の時間に、海に面する高い崖に上って日本海を見ました。日本では定山渓でやりました。日本側は辻中豊氏、五十嵐暁郎氏がメンバーでした。

学会交流で、韓国の行政学会代表を招いたときは、学会理事長としてホスト役をやりました。松江市での開催のときです。90年代から2000年にかけて、日韓の学界関係は良好でした。ヨム・ゼホ教授もお付き合いいただいた重要な方でした。

『日本の行政』の出版

河野　外国との交流を伺いましたが、この頃、『日本の行政』を出版しておられますね。

村松　この頃、アメリカではジャパンバッシングの雰囲気の中で、〝日本は「強い国家」〟論が流行っていました。しかし、私は、日本の「行政が弱い」ので無理をしているという認識を持っていました。つまり、日本は「弱い国家」で、それ故、規制が弱く、諸団体に協力を求める国だと見ていました。またこの視点は、ジャパンバッシングの主張者や加担した人達への反論になると考えていました。そのことを考えているうちに、日本の行政に関する自分の見解がまとまってきました。

ちょうどそんなとき、中央公論社の早川幸彦氏から電話がありました。そこで、一挙に書いた本が『日本の行政』です。

河野　「最大動員」という言葉が目を引きます。

村松　そこは私の中心的主張です。日本人も外国人も、多くの人は、「日本はGDP世界2位」に官僚が貢献したことに注目していましたが、私には、日本は仕事が多く、行政が、対応に苦慮している面が目につきました。日本の行政は、職員の超過勤務で何とか持っているのではないかという疑問です。

他方、日本では、行政の存在感が確かに大きい。何かあると、新聞・テレビで、行政に批判的なことが述べられるが、期待もしている。実際、行政は手を出します。外国人の印象でも「日本は官僚の国」です。

このギャップは何なのかを考えてきましたが答えが出ない。しかし、ある日、OECDの公務員数や予算の比較データを、諸資料の中からやや偶然に見つけたのですが、日本は予算も人員も少ない国であることがわかりました。だから、政策実施の流れの中で、絶えず周囲のアクターに協力を求め、部下の同意と勤労を調達しようとする。このために、夜の勤務も長いのが通常という職場環境にもなるという考えが一挙に集結しました。職務環境が大部屋であることも関係があると考えました。

日本では「行政」への期待は大きいし、確かに精一杯の対応をしている。そして、実際、リソースは少ないため十分なことはできていない事実もある。しかし、そのあたりから、行政中心で周囲の協力体制のネットワークが発達するという議論です。

中央官庁に関連する多くの団体や業界団体、組織内では職場の部屋のレイアウト（大部屋主義）や部下への依存、地域社会で言うと、町内会や防犯協会など地域団体の強いネットワークなどが相互に関連して行政を支えていると見ました。

河野　組織の内部はどうなりますか？

村松　内部でも、日本はリソース不足を補う仕組みを絶えず考えてきたように思います。組織内の決定について、上司の命令への服従のイメージでなく、下から諸案が上がってきて決めるというような、辻清明氏が述べた稟議制論にも関係するかもしれないとか、青木昌彦氏の、情報論の言葉でアメリカと日本の組織を比較するAモデルとJモデルの議論にも接合できると考えました。

河野　地方自治行政で言うとどうなりますか？

村松　日本の地方自治体は、中央官庁の指導で動く面があります。しかし、そう言われる割に、地方の存在感も大きい。中央地方関係ではこのように考えました。このことが何を意味するかを論じようとすると、補助金の解釈が重要になります。くり返しになると思いますが、話します。

日本の地方自治体は、国と地方の予算・支出全体の4分の3を使っています。これは、中央集権の図式とされていましたが、私は、むしろ4分の3の支出を地方に依存する国の中央地方関係は、集権的というより市町村の提言を採り入れざるを得ないものになると見ました。

執行を地方に依存すれば、自然、地方に任せざるを得ない仕組みになる。補助金が多いのは、地方に中央が依存しているからだと見ようとしました。意欲のある地域の自治体には自律の活力が生まれると推測しました。

河野　もっと最近の行政に関係のある政策評価にも似たお考えを書いていますね。

村松　運輸省の官僚の方にインタビューをして、評価とか自分のアイデンティティを分析するという視点で評価論の示唆を得るのですが、その前に、私は、アメリカの文献で、評価論を知っているはずでした。1977年に、中村五郎、早瀬武、水口憲人氏と私の4人で著した行政学の教科書（『行政学講義』）があるのですが、1章分を、行政事業の評価にあてています。水口氏担当です。私は、この時は文献だけの知識だったわけですが、結びつきました。

河野　『日本の行政』の書評などご覧になりましたか？

村松　概して好評でした。ずっと後になってですが、大嶽さんに、『日本の行政』において提示されているクエッション、つまり、「日本の政府のリソースが少ないのに行政の存在感が大きいのはなぜか」について、「〝セミナール〟な問題提起である」と言っていただいて嬉しかったですね。

また、出版直後に当時通産省におられた肥塚雅博さん（ソシオネクスト代表取締役会長兼社長兼ＣＥＯ）から官僚の実態をとらえているという手紙をいただきました。

河野　セミナールというのはどういう意味ですか？

村松　セミナールというのはseminalという綴りで、研究上発展の土壌が豊かであるということです。種がたくさんあるという意味です。

河野　80年代の延長と言えば、第2回エリート調査が行われていますが、データは利用されていますか？エリート調査のデータ分析はやっておられたのですか？

村松　第1回データと比べて分析は続けていましたが、第2回というのは、第1回のデータの結果とかなり似ていて、差が出てもそれが傾向を示すのか気まぐれか新しいことなのかの違いがわかりません。先ほど話したミシガンチームとの共同事業の論文以外に、あまり書いていません。

この頃、気になっていたのは、まだ第2回団体調査ができていないということでした。

質問文は、だいたい第1回と同じでいい。問題は、経費の確保でした。

助けになったのは、渡辺昭夫氏の大型の科研費の重点領域研究「戦後日本形成」のプロジェクトです。ある研究会が終わったときですが、五百旗頭真、北岡伸一、猪木武徳さん達が「戦後日本形成プロジェクト」（渡辺昭夫代表）の相談をしている場に居合わせたことがあります。この領域のやり方は、「研究の主力部隊は代表が計画的に組織するのだが、同様の関心を持つものの申請も認める、あるいは歓迎する」というものでした。

それで、少し遅れて応募したのだと思いますが当たりました。その資金で、団体調査をしました。伊藤光利氏、辻中豊氏が協力者メンバーです。渡辺プロジェクトは大きくかつ3年くらい続いたのではないかと思います。このプロジェクトは最後に、大磯プリンスホテルでアメリカ型の宿泊共同研究会を行って各班の成果を発表することになり、そのときの基調講演は高坂正堯氏と中村隆英氏でした。

高坂さんは、「戦後とは、市場の方向から言えば、戦前の中国市場からアメリカ市場に変わったということだろうな」などと言っていました。この研究会の終了後、旧吉田茂邸の見学ができました。共同研究会で、辻中氏は、データを提示する報告をしたのですが、歴史学の方々は、あまり関心を示さなかった。歴史学と我々は違うと感じたときでした。

この渡辺代表の研究成果は中央公論社で、『戦後日本の宰相たち』として出版し、私は大平首相を担当しました。執筆者は〝首相の在任中〟のことを書くという約束でした。割り当てられたページ数も少なかった。大平さんは、田中角栄首相時代の外務大臣としてや、池田勇人の助言者として、実力を発揮したという、首相になる前に大きな業績のあった政治家でした。「首相在任中の描写」という約束を忠実に実行してみたら、人物史を書いた経験がないということもあってか、規定の字数では大平さんの厚みと視野を思うように書けませんでした。

大平首相は偉い人でしたから、村松の大平論では不十分という方が大勢いたと思います。実際、福永文夫氏、服部龍二氏のものなど、その後大平論がたくさん出ました。

中でも、私は、辻井喬『茜色の空』の大平が面白かった。2020年12月の日本経済新聞の「私の履歴書」では、福川伸次さん（元通商産業事務次官）も、大平を論じながら、70年代の石油危機と東京サミット、モスクワ・オリンピック不参加などの過程に触れていて面白かったですね。日本体育協会への根回しなどの裏話は推測していましたが、知りませんでした。

河野　学部長としてのお仕事などは、後の章でお話しいただくとして、管理職後の研究についてお聞かせください。

村松　私は、部長が終わってからも、研究の一線にどうやって戻るかを検討していました。一方で、若い方の研究がどんどん出てきていました。また、わが専門とする官僚制も地方自治も、部長職の前後数年、第一線から離れている間に、実態の進展がありました。

一つは、分権改革が進行していたことです。もう一つは橋本行革で省庁再編があって、大学にも及んできそうでしたので、新しい視角からの勉強が必要だったということです。

この頃は、ちょっと時間を置いていた日独プロジェクトにケリをつけなければならないということもありました。次いで、世銀、ＪＩＣＡ、バブルなどチームで対応することが必要な調査あるいは出版活動が続きます。

学会の仕事も増えました。若いときは研究会の報告に忙しく、50代後半になると、今度は学会の管理業務に忙しくなります。

河野　行政学会理事長は１９９８~２０００年度です。終わった頃からバブルの研究でしょうか？　この時期、大変、お元気ですね。

村松　いや、少し無理があったようで、１９９８年、ハワイから帰り、翌日、韓国の学会の行事にも参加して、当日日帰り。さらに専修コースの書類審査の後に帰宅したスケジュールのときは、心臓発作でちょっと覚悟したりしました。

櫻井恒太郎さん（京大医学部医局、のち東京大学助教授を経て北海道大学教授）という掛川西高校からの友人に心臓の専門家の医者を紹介してもらい、通常の生活が戻りました。しかし、何となく、生活のどこかに問題ありというサインであったと思います。

ＪＩＣＡ

河野　それでも結構色々やっておられます。90年代終わりに、ＪＩＣＡ（国際協力機構）で仕事をされていますね。どういう関係ですか？　90年代の途上国分権化の動向と関係ありますか？　世銀のお仕事もありますね。

村松　ＪＩＣＡの仕事を引き受けたときは、実務界を見たいという元来の希望と、かつての近代化論がどう収束していったのかを確認できるかもしれないと思ったということがあったと思います。

近代化論は、ある時点で高度産業社会vs低所得国の問題になり、むしろＯＤＡという懸け橋が重要になるといった形で解消したのでしょうか。行動論革命に負けたのでしょうか。パーソンズは引用が少なくなり、政治学の表舞台に出てこなくなります。

近代化論は、途上国がどう自力で近代化するかという理論的テーマから、援助という実践的な課題になっていったのでしょうか。

ＪＩＣＡから与えられたテーマは、タイの分権改革でした。私は、第1に手続きを考えました。分権改革というのは、非常に政治的含意がありますので、日本人学者の提言がストレートに政治的に受け取られてはまずいということで、タイ側6人、日本側6人の研究者の組織を設置してもらい、両側の委員の承認の上で、提言をするという形にしたかった。この提言は受け入れられました。

日本側委員は、私のほかに、持田信樹（東京大学）、林正寿（早稲田大学）、片山裕（神戸大学）、永井史男（大阪市立大学）、秋月謙吾（京都大学）の諸氏です。行政改革イシューですが、財政学からの参加は不可欠でした。

この事業は、２０００年から研究会をスタートさせ、その年の8月に初顔合わせの会をやっています。２００２年8月の報告会で終了です。2年事業でした。

タイ側の参加者全員も真剣にテーマを検討したし、日本の側では、持田信樹氏の地方交付税型の提案の中で示された自治体分類という構想とその基準などは面白いと思いました。永井史男さんのタイ語の通訳も良かったですね。

研究会自体は、タイで3回、日本で2回、合計5回やっています。この間に各自のテーマについて調査する資金があり、私は、市町村合併というテーマについて、8万個あるタンボンという基礎単位では行政に不便であるし、capacity-buildingという世界銀行のテーマにそって、合併したほうがいいという主張をしました。しかし、タイのパートナーは、住民の合併に関する意識のサーベイ調査をやっています。予想通り、住民が合併に反対というデータでした。

タイ担当の研究者が、住民調査をすると言ったときは、反対だなとわかりました。地域社会に聞けば、行政体の所在地の名称で争いが起きて住民は否定し、市町村長自身も、普通、合併に反対すると考えられます。ポストを失いますからね。

タイ側と議論していた当時、日本でも合併が進んでいると話しましたが、２０００年前後における日本の市町村合併は4ケースでした。このことが説得力のなかった理由でした。その後、日本は合併に熱心になり、その結果、今の自治体数は１７１８です。しかし、ＪＩＣＡの事業でタイに滞在していた２０００年頃は、あまり動きがなかった。

日本のケースについても、合併については、その利益、損失、両側の意見が可能です。福島県では、合併したので地域消防が解散していて、地域が独自に地震と津波に対応しにくかったという報告もあります。また、2020年の財政状態で考えると、合併によってしか行財政運営ができないということが生じてもいました。過疎的でない地域でも病院など大型施設は合併やその他の自治体間の深い提携がないと、設立や維持ができない。

河野 合併の全体はどう見るのでしょうね？

村松 日本の過疎地帯を見て、行政能力の点で言うと、合併しておいたほうが良かったのではないかと思っています。ただ2007年、日本で選挙に勝った市長さん達にアンケートをとって評判を聞いたことがありますが、市区町村長さん達の評価は、分権化に多くは好意的で、合併には抵抗的でした（村松・稲継編『分権改革は都市行政機構を変えたか』）。

河野 タイのJICA事業では、他はどんなテーマがあったのですか？

村松 テーマとして設定した中では、合併問題の他に、「地方－地方の連携問題」「ごみ処理場の問題」が興味を持たれました。

河野 前にスウェーデンの合併の話が出たことがありますが、何か日本と比較できますか？

村松 スウェーデンについて前に触れましたが、あの国では、市町村合併法という法律で実施しました。しかし日本では、当事者の自発性が盛り上がるように奨励します。

私は、この頃、合併についてメディアからも関西の自治体からも、時々、質問されていますが、日本に関しては、「強制的にやるのは反対だ」と、聞かれるたびに言っていました。しかし、実は、今回も「大阪府市町村合併協議会」で委員長をやりました。

河野 大阪府については先生が設計図を書いて合併協議会の委員長をおやりになったのですね。

村松 大阪府にそもそもその気がなかったから私を委員長に選んだのだと思います。議論をした形をつくりたかったのではないかと思います。ただ、労働組合から参加していた委員は、一時、「合併したい」と言っていたことがあります。

しかし、府域の狭い大阪で合併をすると、大阪でもう一つの政令市をつくることになります。それは、府と市の関係の再編成になるきっかけになるように思われ、準備不足と思いました。しかし現実には、府と市の関係を、大阪維新の会は政治的リーダーシップで解決しようとしたのでしょうね。しかし、これも準備不足だと思いました。大阪維新の会には、調査によってではなく、権力で自己のプロジェクトを実行しようという気風がありました。

河野　タイでは、自治体の長が消極的ということですか？

村松　私はそう思いました。一つのポストが減りますから。政治や社会の圧力がなければ自発的にはやらないものです。

科研費・日文研・途上国

河野　とにかく熱心にやったわけですね。

村松　タイの歴史研究を読んだり現在の政治の動向を知る努力をしたりでＪＩＣＡの仕事でずいぶん時間を使いましたが、研究をはじめた頃から私にはずっと、途上国研究への関心があったのだと思います。東南アジア研究者、途上国研究者と交際ができました。京大への留学生もいました。科研費で自発的な調査もやっていました。その一つは、住民登録ということへの関心です。行政の対象である住民をしっかり把握しているかについての関心です。

河野　それでどうなのですか？

村松　科研費でフィリピン、中国、韓国、台湾などの住民登録の資料を集めました。なぜ日本、韓国で住民登録が大きい役割を果たすのか。大西裕君はご自分の認識を示して説得的な論文を書いています。

しかし、韓国、日本、中国だけでは、事例が少なすぎる。比較論的には、フランスやイギリスにおける教会の役割なども少しだけ勉強しました。外国における教会や選挙区と住民登録と地方自治には関係があって、調査してみたいような世界でした。フィリピンが、１８９０年代末に、住民登録をはじめました。

科研費の研究成果を『アジ研ワールド・トレンド』(第46号) に書いたことがあります。そのとき、速水融先生が「巻頭エッセイ」を書いてくださった。

さらに、学術的には、国際日本文化研究センター（日文研）の兼任教授であったとき、「途上国と日本」というテーマで、白石隆さん、恒川惠市さんに応援を願って、２年間研究会をやり、日本の近代化と政治経済の諸側面を取り上げました。日文研叢書として『日本の政治経済とアジア諸国』（上・下）を出版しました。悔しかったのは、やはり時間がなくて、自分の議論を十分に展開できなかったことです。反省です。

河野　世界銀行のプロジェクトも途上国関係ということになりますか?

村松　そうです。日本は追いつき型近代化の成功例として、依然として関心を集めていました。90年代初期の『The East Asian Miracle』の出版で、再び、途上国の大成功例として例示されるということがありました。

世界銀行には、日本を参考モデルとして途上国の発展の条件を、もう一度日本から探索しようという発想があったのでしょうね。その視点が正しいかどうかは議論の余地がありますが、私から言えば、日本の行政制度の特質の研究を英語で発刊する機会になりました。

バブル研究

河野　バブルに移りましょう。

村松　「経済は日本」などと浮かれていた日本に冷水を浴びせかけ、その後の長期の経済停滞を引き起こした大事件です。高度成長ということで慢心していたのではないでしょうか。

１９９０年、バブルが認識され、すぐ崩壊に向かいます。各所でバブルの認識が示されたとき、三重野日銀総裁は、金利を上げました。バブルは崩壊します。平成の鬼平と言われましたが、三重野氏は、その後の不良債権処理までは考えなかった。

不良債権処理で、最初に大きな注目が集まったのは、１９９５年に国会で取り上げられた住専処理です。他の住専処理は別にして、政治色の強い農林系のものに特別に６８５０億円の公的資金を投入していいかが争点になりました。

他方、90、91、92年あたりの政治は、自民党は内紛と分裂で、大きな決断をする政治的力がなかった。そしてさらに政変と言うべき細川内閣が成立します。この内閣が小選挙区制を導入し、細川と羽田の後、村山内閣になり、その後、自民党は橋本内閣で政権に戻りました。

ジャーナリズムは、この間、バブル崩壊後の不良債権について書きたてていますが、何より政治がしっかり動いていません。

河野　大蔵省はどうだったのでしょうか？

村松　90年代はじめは、「まだ手をつけなくていい、少なくとも自分でやりたくない」といったふうでした。色々な本で、大蔵省がこのような認識であったことを示していますが、１９９５年、住専処理で表に出ます。

このあたり、いくつかの点で当時の西村吉正銀行局長にもお会いできて詰めることができました。結局、２０００年頃までに、多くの地方銀行が淘汰され、大銀行も合併し、みずほ、三井住友、三菱東京ＵＦＪという三つのメガ銀行ができました。

個別的に見ると、北海道拓殖銀行がなくなったことは北海道経済に大きな打撃であったと思います。日本長期信用銀行が消滅することを想像した人は少なかったし、政府は、最後までこの銀行を住友信託に合併させようとしたが、信託側は説得されなかった。最終的には、都市銀行や地方銀行などに9兆円を超える公的資金を投入。そういうことで、責任者も出て、官界も経済界にも大変なことでした。

河野　最終的な決着は、小渕内閣のときだったでしょうか？

村松　その前に色々ありますが決着のはじまりは山一證券の廃業で、社長がテレビカメラの前で深いお辞儀をして謝罪をしたところからはじまります。これが１９９７年で、98年には、日本長期信用銀行の経営破綻も決まります。だから、バブル処理の全体は、複数の内閣がかかわっています。元々、宮澤も竹下も中曽根も皆、深く絡んでいたし、山一證券廃業が公になって広く認識されたのが小渕のときで、最終的には小泉内閣で幕を引く決断をしたということでしょうか。この間、小選挙区制導入が背景にあって、小沢一郎氏、武村正義氏が活発に動き、小政党の発生や合併もあり、自民党の動揺の間に野党として民主党が成長して、政権を取るに至りますが、このあたりは研究の一大テーマです。

小泉内閣では、柳澤伯夫金融担当大臣を更迭して竹中平蔵氏の不良債権処理を早めようとする意見を採用したと見えました。1年前、柳澤氏の『平成金融危機――初代金融再生委員長の回顧』を贈っていただき、もう一度考えましたが、お二人とも大銀行の不良債権処理後に、大銀行がやっていけるように検討しています。お二人の対立は、それをどのくらい早くやるか、したがって影響する範囲に関する意見の対立だったのでしょうね。

政治的には、先に触れた小渕内閣・野中広務官房長官のとき、高橋温・住友信託銀行社長が日本長期信用銀行との合併を要請されたことは有名な事件です。この件では、田中隆之氏（専修大学）と、柏谷泰隆氏（三菱総研）と一緒に高橋温氏へインタビューをしました。高橋氏は、銀行の責任者である、銀行も会社であり株主がいる、この原則で考えれば、政治の求めに対応することはできなかったと言っておられました。企業統治ということだったのだと思います。

河野　どういうきっかけでこのバブル調査になったのですか？

村松　私がこの問題を研究しはじめたきっかけは、経企庁事務次官をされた後、ＮＩＲＡ総合研究開発機構の理事長をやっておられた星野進保さんから、「バブル調査をしませんか」というお誘いをいただいたことです。

個人的動機もあります。１９９７年に山一證券廃業で、社長以下数人の幹部が、一列に並んで頭を下げる場面を、皆、覚えているでしょうが、あれを、私は、パリのホテルのテレビで見ました。ユネスコの会議に出ていたときです。チュニジアのチュニスの都市計画の分析をスウェーデンの学者が報告をしていました。翌日、その学者から、「昨夜のテレビを見たか？　山一が倒産だよ。頭を下げて深くお辞儀をしていたが、あれは自分には珍しい光景だったな、日本ではあれでもうおしまいなのか」「あれで全部責任を取ったのか」、こんな感じで、詰問調で話しかけてきました。このとき、自分で研究しなければならないと感じたと思います。

河野　調査に入ったきっかけをもう少しお願いします。

村松　調査のはじまりは、ある東京での国際会議でした。この会議の主催者や趣旨を思い出せないのですが、日米の政治学者や法学者がいる会議でした。会議の途中で、どなたかの日本の現状への質問に対してどなたかが説明しましたが、ちょっと誤解される危険があった。

それで、私は、「それは違う」という批判をしました。通訳がついていたのだと思います。全体の議論の中で、「国内的にも国際的にも政治を議論しなければバブルもその崩壊も議論できないはずだ」という発言をしました。もしかすると、福田赳夫のＧＤＰ予想を７％上げる国際公約があり、続いてアメリカの要求を受け入れた中曽根首相、竹下蔵相、澄田日銀総裁が中心にいたプラザ合意などに触れることなく説明することはできないと発言したのかもしれません。

会議が終わった後、星野進保さんから呼び止められて、「先生、それ、本格的な調査をやりましょう」と言われました。

大きな調査になると思われたので、これは自分だけで何とも言えぬから、まず真渕君と久米君に相談し、次に、東京に来て奥野さんに相談しました。奥野さんは、青木昌彦さんのプロジェクトに時々出ていて知り合いになっていて、信頼していました。

河野　奥野正寛さんですね。

村松　結局、奥野さんの側で東大系の経済学者10人、関西の政治学者10人の、20人で研究会をやろうと言ってはじめました。1999〜2001年の3年で、プロジェクト名は「戦後日本経済・政治にとっての1980－1999年」でした。

会場は東洋経済新報社の2階で、隔月研究会でした。毎回、政治と経済から1人ずつ成果の報告をし、実務家からのヒアリングをしながら研究を進めていきました。経理は、京都市のシンクタンク・地域社会研究所です（大橋浩代表取締役社長）。杉田茂之さんという日銀からＮＩＲＡに出向していた方がバブル問題にご熱心で頼りになりました。

インタビューをたくさんしました。研究会会場においでいただきましたが、三重野さんのヒアリングは、日銀総裁室でした。

緒方四十郎氏、西村吉正氏、杉井孝氏、長谷川徳之輔氏、中井省審議官、日本長期信用銀行の箭内昇氏といったたくさんの方々のインタビュー音声記録を、参加者の中の誰かが持っているはずです。

研究成果は、村松岐夫・奥野正寛編『平成バブルの研究』（上・下）となりました。注文主の星野さんに、その原稿を見せたとき、その評価は１００点ではありませんでした。私自身の政治学研究の外の理論的関係や事実問題がたくさんあったので苦労していて、報告書が出版された後もまだ不安でした。

アメリカ側の情報も必要だということになり、２０００年5月に、エドワード・リンカンを訪ねてブルッキングス研究所にも行ったし、連邦準備銀行にも行きましたが、特に有益というわけではなかった。

まあ、研究者が手をつけていない分野でそれなりに、例えば分析のきっかけづくりに貢献したということだったと思います。私も、本棚が上から最下段まで一杯になるほど関連の本を買ったりしました。

しかし、先ほど申し上げた「上・下」本の出版では満足感がなく、その当時設立された経産省のＲＩＥＴＩの研究員になり、2年間プロジェクトとして『平成バブル先送りの研究』を出版することとしました。

私は、バブル研究の中で、日本の組織における「先送り」ということを自分のテーマとして発見したという気がしました。先送りは組織の中のトップへの最大の誘惑です。この研究会には、外国で教えている堀内勇作氏、西野智彦氏、岸宣仁氏などジャーナリストにも参加願いました。西野さんは本格的に諸銀行を追いかけていた人です。

杉田茂之さんはもっと早く処理できたのではないかという立場だったような気がします。杉田さんは、日銀からＮＩＲＡに出向していて、調査班に加わり、週刊誌なども使ってこの時代の分析をしました。選挙研究の専門の堀内さんが、先送りということとの心理的・政治的構造を明らかにしようとしました。当時、オーストラリア国立大学にいましたが、隔月の研究会全部に出席してくれました。

ジェニファー・エイミックスさんは大蔵省と主要銀行の癒着の描写などを書いています。日本人は知っているけれど書かない、官と民の濃厚接触がありましたよね。盃のやり取りがあって、官僚側と接待銀行側の席がありさらに着席順がある、そういうことを書いていた。MOF担の行動が詳しかった。責任関係を明らかにしないのはこの関係があれば当たり前ということを示したのだと思う。

この『平成バブル先送りの研究』のレビューをイェール大学の浜田宏一さんにやっていただきました。浜田さんは、久米君の分析に説得力があると言ったが、真実に迫るという点については、西野さんは、上川龍之進君のものが好きだと言っていた。上川君の分析は突き詰めれば、日銀原因説ということになるのかな。

河野　RIETIというのはどんな組織ですか？

村松　経産省の設置した経済研究所です。私は、RIETIにはじめからファカルティフェローとして参加していましたが、設立経緯については詳しくは知りません。RIETI所長のスタンフォード・京大併任の青木昌彦さんからRIETIには政治学も必要だと言って説得されました。しかし、最初のプロジェクトが終わってから、種々の事情があってやめました。

RIETIの出発の頃、戸矢哲朗さん（大蔵省）と知り合いになりました。戸矢さんは、早世されましたが、『金融ビッグバンの政治経済学』を残されました。

戸矢さんの研究はあまり読まれていませんが橋本行革を扱った良い研究です。行革に対する官僚の抵抗について、それでもその抵抗を抑えて改革ができるのは、歴史には一時期、公共空間が生じることがあって、そのタイミングで実行されるような場合であると言っています。

この1990年代後半の時期は、次々と改革が打ち出され、今も不思議な時期です。

バブルは主として首都圏、それに少々大阪圏のことでした。「東京圏」ではどの地域まで影響を受けたかの関心があって、バブルで損失がなくて評判であった静岡銀行にインタビューに行ったことがあります。神谷頭取は、「静岡県では株主が穏やかで配当を上げよと迫ってこなかったのが幸いであった。ただ、伊豆半島へのリゾート事業にかかわりそうになったが、これはバブルの終わりの時期で、事業がストップしてしまって救われた」などと落ち着いて言われていた。

このインタビュー記事を文章に直して、「これでいいか?」と尋ねたところ、「少し違う」と言われた。また「インタビューするのに録音機なしでいいのかと心配であった」と言われた。発言を要約して送ったけれどダメでした。インタビューに慣れていませんでした。

地方銀行で思い出すのは、あるジャーナリストの書いた本に、大阪府金融管理監が木津信用組合の不良債権は限度をはるかに超えていて危ないということを銀行局長に電話やファックスで言うのだが、取り上げられなかったということが、克明に描かれていることです。金融管理監の職にあったのは鈴木さんという方です。私はこの本を詳しく読んでいました。

地方分権政策として、府県金融の金融管理監は、中央の金融庁に吸収されたようですが、「地方に残しておいたほうがよかったのではないか」などと思っていました。地方経済には、中央からは目が届かないところがあると思われます。

バブルについて、「発生原因論」「ハードランディング責任」など論点はありますが、経済のその後の不況というのが一番大きい。

もう30年近く前のことになりますが、バブル崩壊後の巨大不良債権を大小の銀行が抱える中で、皆、内向き談義をしている間に、銀行が破綻し、多くの産業・会社、それに技術者が国外に流出していました。

政府は何もできなかったのか?　不良債権を抱える大銀行に早く公的資金を注入して、「処理」する決断が必要であったと思います。決断が先送りされてしまったのです。

河野　バブル問題を分析して特に記憶するに値することがありますか?

村松　バブル自体が痛恨の事件ですから、忘れるべきではないと思います。しかし経済学者は、バブルは必ず生じるものだと言います。そうであれば、いかに早く不良債権の処理ができるかが重要です。日本の政府は、多数の有力者が関係していて、決断ができなかった。

歴史学者が後に問題にするに違いない宮澤の発言があったことを一言述べておきたいと思います。すなわち、１９８９年夏、軽井沢で宮澤が、「今はバブルである」というフレーズを含む講演をしています。すぐに日銀の三重野康と歩調を合わせて「東証閉鎖・日銀特融による公的資金投入」というシナリオを描いて観測気球を上げようとしました。

しかし、大蔵省は反対であった。それで、宮澤は、いったん断念。しかし、その後ですが、１９９２年、自民党の軽井沢セミナーで金融機関への公的資金援助発言をします。地価や株価などの資産価格の大幅な下落から、今までの景気後退とは質が違うので、公的資金の導入が必要だとしました。

しかし、再び、宮澤は大蔵省の言うことを聞いて発言を引っ込めるのです。宮澤の発言はハードランディングだから傷を残しすぎるというのが大蔵省の立場であったのでしょう。天下り先の先輩も多かった。

このときから政府が処理に向かっていれば、むしろソフトランディングする可能性はあったのではないかと思う人は多かったようですが、今では語り草のレベルの記憶になってしまっています。

１９８５年、大蔵大臣は竹下ですが、プラザ合意で円レート急上昇を容認していました。レート問題は仕方がないとして、宮澤は、確かに、常に自分がやらなければというふうに考える人でした。小渕内閣でも平成の高橋是清と言われて、最後まで大蔵大臣をやっていました。良かったのかどうか。

私は自分のバブル調査での論文は相変わらず政官関係をテーマにしていました。新しい課題はたくさん見つかったのですが、自分で短期間で書ききれない。やったのはミニマムの守りの仕事で、バブルにおける政官関係以上のことを書けなかった。一度に多くのことをやってしまった。この頃の私の問題でした。

私はいくつかのことを確認するために、事業が終わる直前に、京セラに勤務していた中島義雄さんに会いに、岸宣仁氏と一緒に京都に行ったことがありますが、それなりに有益でした。

河野　橋本行革と通産省との関係などでお聞かせいただけることはありますか?

村松　特に私が知っているということはないと思います。政府改革案のシナリオを書いていた世代グループがあったはずです。そのグループのものかどうかわかりませんが、政府改革研究の文書を見たことがあります。私は読まなかったのだけれど、それが省庁再編改革の一つの案だったかもしれません。

この頃の通産省内の知人でお会いしたのは松井孝治さんです。その後で、鈴木さん、嶋田さんとか西山さんなどにもお会いしています。元新潟県知事の泉田裕彦さんもそのグループでした。そういう方が大勢、行政改革の研究をしていたようです。青木昌彦さんの関係からでしょうが、スタンフォード日本センターの会場を借りて何回か研究会をやっていて出席したことがあります。

橋本行革について改革案が公表された後、『中央公論』に数ページの小論を書きました。しかし、橋本行革というのは、『中央公論』に私がメモ風に書いたものよりも、ずっと大きな改革だったと思います。やがて公務員制度の改革に及びます。改めてこの改革のインパクトは、しっかり研究しなければわからないと感じています。

小沢一郎や新党さきがけの意欲で、社会党を巻き込んで、日本新党の細川をおしたてて、55年体制を壊したといえる新政権をつくりましたが、小沢等のグループが隙を見せて社会党を怒らせたときに、自民党は社会党と武村正義の新党さきがけをとりこんで「自社さ」の村山連立政権をつくるのですよね。それから、この政権を橋本自民党が乗っ取るという推移に、戦後直後期に匹敵する権力闘争を見て、政治学者としては、そこが面白かったですが、私は、大学内で「管理と行政」の実務をやっていて新聞を読むだけでした。細川政権が生まれた背景には、政治家の権謀術数以外に経済界も動いていますので、私の短いメモでは、元々単純すぎます。

河野　先生、どうも通産省と非常に意思の疎通がいいのですよ。大蔵に比べると通産のほうが。

村松　どちらも良いというわけではないと思います。特に大蔵省と話をしたことはないと思います。通産省の若手の研究会には参加していたことは申し上げました。

河野　橋本行革のシナリオを書いたのは通産省だという話は、かなり裏付けがあるのですか？

村松　行革会議発足の前に、通産省有志がおつくりになった、厚いレポートを手にしたことがありますが、行革に関係があるのかどうか知りません。読まなかった。

河野　橋本行革の内容はどうですか？　その厚い文書はお持ちですか？

村松　残念ながら、私は持っていません。それが、行革に関係するものであれば、誰かが大事に持っていて、どこからか必ず出てくるはずと思っています。

橋本行革で重要なのは、省庁削減やアウトソーシングです。それは行政減量のことですが、具体的には省庁数を2分の1にするとか、独立行政法人を設置するということになりました。民営化もあるでしょうね。中曽根の第二臨調も新自由主義ですが、もっとラディカルな改革が後にはじまったということですね。それと、ロースクールも、橋本政権の終わり頃から出てきます。またこの行革会議では国立大学の独立行政法人化も注目されました。

国立大学重点化改革と独立行政法人化

村松　国立大学は、２００４年からですが、「国立大学法人」になりました。大学院重点化とか独立行政法人化がどういう経緯で具体的な政策になったかというのは大きな話になると思います。「直営」を何らかの別形態にするという案が当初あったと思います。しかし、最終的には採用されなかったが、佐藤幸治委員も藤田宙靖委員も賛成しなかったのではないかと推測します。ただ改革の原案の中には国立大学を含める感じの企画はあったのでしょう。それが一時消え、実行されたのは２００４年の小泉内閣のときです。

国立大学が独立行政法人のターゲットになったのは、内閣の改革で公務員数を13万人減らすという目標が先にあったからという噂がありました。しかし、本当のところ、そんなことが原因ではないでしょう。

河野　13万人もですか。

村松　国立大学の学部でもっと財政的自由がほしいと思っていた強い学部の中には、一時（ほんの瞬間ですが）、「独立行政法人化」をむしろチャンスだと思った人もいるようです。その人達は、時代と日本の経済力と財政システムを知らなかったようですね。

この独法化の後、国立大学は運営交付金を減らされてどんどん貧困になり、文科省は、強力になった官邸から時に干渉されるという現象も出てきました。その官邸に経産省など人員に余裕のある官庁からの派遣が多くなりました。

河野　最後に、この当時のご研究の方向についてお願いします。

村松　私としては、部長が終わってからやりたいと思っていたのは、第3回エリート調査です。

部長任期の終了後、すぐに科研費の申請をしました。１９９８年に特別推進研究費（特推）獲得に成功しました。第３回エリート調査は、まず官僚調査を実施。2年目に、議員調査。２００３年3月末に終了でした。調査の実施は順調でした。ついで団体調査に着手しました。「特推」の最後の1年は、学習院大学で経理をしていただきました。

この時期は、研究上の責任が大きかったですが、東京への引っ越しがあり、足痛が出始めて、円滑ではなかった感もあります。しかし、特推の研究成果としても、村松・久米編著『日本政治変動の30年』と、単著の『政官スクラム型リーダーシップの崩壊』を完成させることができました。その前に、『論座』に2005年に官僚データの分析結果を3本、2006年に議員データ分析結果を2本掲載することができて科研費の公表・公刊義務は果たせたことになったようです。

第1回から第3回までのデータを使って『政官スクラム型リーダーシップの崩壊』を2010年の定年前に出版できました。このことは自慢でしたが、学習院大学の岡田陽介さんには多変量解析について助言してもらいました。寺田賢尚さんもデータを整理してくれました。東大から学習院に来ていた学術振興会特別研究員の若月剛史氏（現、関西大学教授）が文章の整理について助言してくれました。学習院大学では、本当に多くの人に助けられました。団体調査では、はじめ金融関係の団体に数件、拒否されたことを思い出します。しかしこの件は、三井住友銀行のトップの方のご協力でインタビューにいたりました。

河野　ほかに何か言い足りないことがあれば、おっしゃってください。

村松　カレル・ヴァン・ウォルフレンらのジャパンバッシングのことは忘れられません。日本には〝政治のトップもいない〟し〝資本主義もない〟特殊な国だと言って、日本に圧力をかけようとしました。日本は「不完全な市場」であり国家もないと言われているわけです。ジャーナリズムもこれに堂々と答えなかった。基本的には、その種の主張は、ばかばかしいということであったかもしれないが、「日本は特殊」と言われても、だからいいのだなどという議論が出たりして混乱していました。

確かに日本のバブルの時期は、ロックフェラー・センター買収までやってしまいアメリカは感情的になっていたかもしれません。しかし、日本のジャーナリズムの反応もトンチンカンで、ウォルフレンに同調したりして、私にはわからなかった。

ジャパンバッシングでは、チャルマーズ・ジョンソンについても一言。あれだけジャパンバッシングをしていた人が、最後の本『歴史は再び始まった』で「日本との安保条約は対等でない。改めるべきだ。また沖縄に過酷である。沖縄にはたくさん迷惑をかけたので謝罪すべきである」と言っています。

ジョンソンは特に沖縄に触れています。私は、２０１０年代に河野さんが始められた「沖縄プロジェクト」に参加させていただき、沖縄に行き、戦後の占領と沖縄の自主行政との間についてヒアリングをする機会がありました。このとき、１９４５〜１９７２年の本土と沖縄の関係、沖縄と米軍を背景とする高等弁務官の関係、日米関係に関して、従来の不十分な認識をやや補えたと思っています。

沖縄でのヒアリングのとき、１人だけ早く帰宅したことがあります。東京へ向かう飛行機の隣席は、仲井眞弘多副知事（当時）でした。そのとき、仲井眞さんがおっしゃったことが印象的なのです。すなわち、「沖縄には、全部の産業がある。鉄も作るし、エネルギーも考えている。オールラウンドにやるように考えてきた」。現実のことはともかく、その意味するところは、今になって考えると、本土との関係で、いつもいざというときの緊張が心にあって、独立的にやっていかねばならないと考えているということであったのではないか、と思います。

私自身の２０００年以降の新しい調査研究といえば、日本学術振興会での東日本大震災調査です。

第2部

90年代以降の研究と東京に移転後の仕事

第5章

京都大学での仕事

大学院重点化改革と専修コースの導入

稲継　お久しぶりです。ここまでですでに90年代のご研究については多くお話しされているようですので、今回は、京大法学部長とか、学会の理事長とか管理業務にコミットしておられたとか、種々の審議会に参加しておられた様子を伺いたいと思います。京大法学部では、大学院重点化を進められ、その際に、修士課程に専修コースを設置する仕事をやっておられました。

村松　稲継さんはその専修コース2年目の方でしたよね。専修コースは、国立大学の大学院重点化という大きな改革の一部でした。河野さんとの間でも話題になりましたが、国立大学が、2004年からですが、「独立行政法人」になる過程の一部です。重点化とか独立行政法人化がどういう経緯で具体的な政策になったかということは、それ自体が取り組むべきテーマですが、私個人の接触の範囲で生じたことをお話しします。

80年代の臨教審（臨時教育審議会）の第四部で、国立大学を国から切り離した機関にするという提案がありましたので、改革が来るぞという警告は早くからあったのでしょうが、一大学が根本的にその種の大学の形態を考える改革に備えるということは難しかったと思います。それがやってきたのです。

大学経営者は教育の改善や、卒業生の就職先と世界動向などとの関係で大学の教育について自前で考えることはあっても、自前で「組織形態」を考えるという発想はなかった。つまり、政治的に行動するということはないと思います。これまで、大学の自治といっても、それは、人事の自治だけであって、経営の自治を考えるという思想にはならなかった。またどこの国でも、経営は専任者がいます。日本はここがあいまいです。普通トップ（学長）は、研究者です。

また、河野さんと話したことですが、日本の企業は、院卒の採用に熱心ではありません。日本の大学の大学院が研究者養成的であったことは確かです。しかし、世界と比べると、各組織とも大学院卒業者の分析力の経済的価値を無視している。大学院のトレーニングは、自ら調査テーマを選び、一貫したアイデアを証拠とともに主張するトレーニングです。自然、長文を書く構成力も養われるのです。

専修コースは、1992年の最初のスタートでは、企業や公務員の人達に研究に来てもらって、2年後に元の職に戻っていただくという標準コースを考えていました。私の講義では普通のそれまでの院教育に近いやり方をしました。実務の中で論文を書ける人を育てようとしました。

このコースでの思わぬ効果は、研究者が生まれることになったことです。稲継さんは、すでに大学院時代に、一挙に人事行政という分野を学術世界で確立した方ですが、もう1人、私の指導した中森孝文さんも龍谷大学で教授になっているようですね。

私個人は、このコースの立ち上げに宣伝と人集めの件で少し時間を使いました。苦労したと言うべきかもしれません。私のキャリアでは修練なしの仕事でした。専修コースの設置とその趣旨・目的を関西の民間企業や自治体の人事関係の方に、あるいは人事院をはじめいくつかの官庁に直接説明にあがったり電話をしたりしました。

私企業では住友系はもちろん大阪ガスや阪急・阪神などは頼りでした。広島県、三重県、大阪府、大阪市、神戸市、名古屋市、岐阜県、静岡県の知事・市長さんには直接お願いにあがりました。石川嘉延・静岡県知事は、掛川西高校の同世代の方で、色々ご配慮いただいたと思います。

稲継 やはり、専修コース設置の背景や実際の導入プロセスに関心があります。

村松 重点化の方向は、北川善太郎学部長の最後の教授会で決めました。決めるために深い議論をしました。次の佐藤幸治学部長に移って、制度設計をするために書類をたくさん作成することになり、ここでは管理業務専念でやりました。私は評議員だったのかな。

稲継 どういう意味の改革だったのですか？

村松 日本の高等教育は、それまで学部があってその上に大学院が乗っているという組織でした。重点化改革では、「組織（教授達の所属、庶務、会計、教育など）の土台を大学院に置き、そこに学部教育が付属する。そうなると、院生も数多くいるという実態が必要だ」という構想です。世界の潮流に従って、大学院教育を重視しようということだったと思います。大きな改革でした。他の学部も続きますが、はじめは大学側への動機づけの要因は予算だったのではないかと思います。

京大での「重点化」の発端になる情報は、石井紫郎・東大法学部長の部屋を私が訪問して四方山話をしている中で、自然に出てきた情報です。この情報を帰洛後、北川部長に報告し、先ほど述べたように真剣に教授会で話し合いました。重点化が時代の方向であったとすれば、偶然石井部長のところに行ったのは幸運だったと思います。文部省の方にも支援を受けていたと思います。そんなふうに、ずっと90年代は大学院重点化にはじまる大学改革の中にいた感じです。事務的にたくさんの仕事がありました。

後のことですが、井村裕夫・京大総長が私に、「法学部は新しいことには乗らない腰の重い学部だが、重点化では早かったね」と言われたことがあります。

「重点化」では、具体的には、予算が25％増えるということが心を動かす要点だったかもしれません。

稲継　25％？

村松　記憶ですが、この構想を実現すれば予算が1・25倍になると言われていました。大学の予算は減少し、図書費がひっ迫していましたから、石井さんから説明を受けたとき、これは重要情報だと思いました。「京大もやると思うけど、東大からの情報だと言って石井さん困らない？」と聞いたら、「もう大丈夫ですよ」と言うのです。そういう段階だったのですね。

だから石井さんが、東大だけでやると世間に叩かれるから、村松をうまく利用して、東大、京大がはじめたというように思わせたのだというシニカルな批評もありましたね。

稲継　その頃はまだ、ロースクールの話は、本格稼働はしてなかったのですよね。

村松　ロースクールはずっと後で、まだでしょうね。ロースクールは別系統の課題でした。しかし、あなたと私が編集した『包括的地方自治ガバナンス改革』で、分権・合併・NPM（ニュー・パブリック・マネジメント）などを扱ったときに思いましたが、日本の全体が、各所で、改革モードであったと言っていいように思います。

公務員制度改革もその流れの一部であったのでしょうね。

公務員制度調査会・審議会には橋本龍太郎首相もはじめは関心がなかったと見えました。しかし、行政改革会議事務局長の水野清議員が関心を持続させ、甘利明さんなどの世代につないだという気がします。結局、内閣人事局の設置まで行ってしまった。

ロースクールについては、親しい同僚の佐藤幸治氏、田中成明氏が主役を演じた改革ですが、その内容についてはあまり研究していません。むしろロースクールの勢いの中で政治学やその他の学術分野が衰退してはいけないと思っていました。学習院大学在職中のときには、他大学の関係者と一緒に「公共政策コース」をテーマにして、大学外で、小規模の会合を何回かしたように思います。文科省内でも東大や早稲田など他大学の行政学者と話をしていました。東大に公共政策大学院ができたときは、勝俣恒久氏や行天豊雄氏などとともにその外部評価委員をやっていました。

京大内で公共政策の議論がはじまるのは、私の定年退職後です。その際、専修コースの経験は生きたと思います。

稲継　法律系のロースクールと公共政策はどちらが早いのですか？

村松　それはロースクールでしょう。ロースクールが大きな事件になり、これが進行する過程で、公共政策大学院も必要だという議論が出てくるという流れだと思います。

稲継　専修問題や大学改革から入りましたが、部長のお仕事をお聞きしたいですね。前の章のお話と重複してもいいと思います。

村松　京都大学の教授の管理的役割は、人によって様々ですが、補導委員とか教務委員とか若いときから少しずつ委員をやらせて、「オン・ザ・ジョブ学習」をさせる形になっている感じです。

京大法学部は、長くインブリーディングで、スタッフを早く採用して、忠誠心を涵養するみたいな感じがありました。そういうことで、助手制度もあった。助手としてあるいは助教授として不十分であった時期にも厚遇してもらっていますから、忠誠心は強くなります。

しかし、今もその傾向はあるでしょうが、全部がそういうことではないようですね。最近言われるようなジョブ型雇用が生じていますね。必要な方を学術社会の全体から採用しようとしているように見えます。教授会のメンバーの出身大学は多様化したし、女性教授も増えたと思います。

教授会への出席が、「管理」業務に関する自然の研修であったと思います。私も色々やりました。

戦後の京大政治学部を担った人達

稲継　京大政治学の戦後はどんなでしたか？

村松　学部生時代の先生方については河野さんに話しましたので、その後です。

その後、私の助手採用・助教授・教授。木村雅昭さんも助教授・教授。年齢の近い同僚です。豊下楢彦助手・助教授は、途中立命館に転出されました。

ついで私がスタッフになってからです。猪木正道先生のおられたときに国際政治学と日本政治外交史で講座増設。政治外交史の猪木先生が防衛大学校へ転出され国際政治学の高坂正堯さんが一時兼任。1971年に長濱政壽先生が逝去されました。私が行政学講義を開始。

福島徳壽郎教授と勝田吉太郎教授をトップとする時代が来たときは、比較政治文化論と政治過程論の増設。的場敏博氏が政治学の助教授・教授に就任。比較政治論は木村教授が担当。政治過程論は大嶽秀夫さんが1993年に東北大学から京大に移って担当。

講座と担当科目は色々の組み合わせになりますが、近代日本政治史の充員という点では、伊藤之雄さんを名古屋大学からお招きし、野口名隆さんが退職した後の西洋政治史については野田宣雄さんが教養部から移籍。イタリア政治外交史は豊下楢彦助教授。政治思想史は大学院から小野紀明氏が助手・助教授・教授。行政学では、助手に秋月謙吾氏を採用、助手・助教授・教授。国際政治学は大学院から中西寛氏が助手・助教授・教授。政治史は唐渡晃弘氏が助手・助教授・教授。比較政治論に島田幸典氏が、助手・助教授・教授。また国際政治経済学という新しい科目ではアメリカの大学で教職の経験を持つ鈴木基史教授が関西学院大学から移籍。私が定年退職のとき、奈良岡聰智氏が日本政治外交史の助手だったかな。

私の部長時代は、前部長、前々部長以来の大学改革期で、大講座化とか、大学院重点化に向かう真っ最中でした。大学院重点化のためには、教員の空定員は少なくしなければならないので、その関連で大講座化したと思います。それで、講義・専門・採用の関係が自由になっていました。大学院生の人数を増やすことが基本であるが、教員の人材確保も急務でした。

教員充実のプロセスで、さらにその後ですが、例えば、公共政策と行政学を担当するということで大阪市立大学から真渕勝さんに来ていただきました。市大の加茂利男さんにはご協力いただきました。また実務教員として、財務官僚の細田隆氏を招聘。人事が各分野で動いていたという感じでした。

国立大学の全体がもう改革の流れの中に押しこまれていました。教養部改革で、人間環境学部ができ環境学研究科ができたことは、私の科長・部長時代は大変でしたが、今は落ち着いたと思われます。その後の展開もあったようです。

この流れのはじまった頃、95年から法学研究科長・部長でした。だいたいこの年齢層で、ある意味で研究者の絶頂期なのに国立大学では学部長になります。この職は忙しく管理者として専念せざるを得ません。体力はまだ大丈夫なのですが、部長の2年間が終わると、一方で疲れているし、他方、次の世代の新しい方法や蓄積が知らぬ間に出ていて2年前のテーマに一挙に戻れません。

私も、94年の『日本の行政』を書いてから2000年くらいまでは新しい着想で仕事をはじめていません。外部からのプロジェクトがきっかけになると考えていました。そんなこともあってバブルの調査研究や世界銀行の提案する事業を引き受けたように思います。ＪＩＣＡの分権化支援の仕事を引き受けたのもそうしたことが理由だったと思います。

ちょっと気にしているのは、日本政治学会理事長であったときは、法学部長・科長だったことです。また日本行政学会理事長も、少し部長期間と重複しています。この時期は、管理職の年頃だったので仕方なかったですね。全学の大学行政への参加ですが、井村総長の下で、京大百周年事業の募金活動。京大法学部としても百周年記念事業の準備に入りました。大学全体としては、工学部の桂キャンパス移転問題が決まる直前でした。他の国立大学も同じと思いますが、大学の公式の意思決定は評議会ですが、実態は、部局長会議が中心です。隣に本庶佑さんが時々座られていました。益川敏英さんは学生部長として出席していました。発言の多い方で学生問題に積極的でした。

学部行政のルーティン以外で思い出すのは、1996年、高坂さんが亡くなられたことです。ちょうど私は部長でしたが、法学部として追悼の行事をやりました。北岡伸一さんに高坂さんの業績を述べていただいた。

この「偲ぶ会」で、当日の朝、猪木先生から電話があって、短いスピーチをしたいというお話であった。高坂さんを讃えるスピーチなのですが、盛んに高坂さんの指導教授は田岡良一先生であり自分ではないと力説されました。このことの意味は今でもわかっていません。猪木先生も指導されたことは明白です。この会で忘れられないのは、いくつかの気持ちのこもった追悼の辞です。龍田節教授の真情溢れる言葉の後、龍田先生に劣らぬ気持ちを涙ながらにゼミ生が捧げ、会場はシンとしました。

高坂さんについてはたくさんの思い出があります。杉村敏正部長の時、法学部の経費は窮迫しますが、高坂さんは部長の全幅の信頼の下で、何をすべきか答えを出しました。大学院生を連れて毎夏に一泊二日のテニス旅行をしたことも忘れられない思い出です。

お亡くなりになったときですが、私は法学部長ということで医学部が気を使ってくださり、かなり前に担当医の方から呼び出しがあって病状を聞いていました。お見舞いに行ったとき、高坂さんはエレベーターまで送ってくれて、病気の治療と仕事を何とか両立させてやっていくよと言っておられました。不思議なのは、お宅に移ってからお見舞いに行こうとしても周りのガードが固くて断られたことです。しかし、高坂さんご自身からは最後の週に部長室に2回電話をいただきました。私は不在の時で残念でした。ご最期はNHKの飯田香織さんから聞き、駆け付けて弟さんの節三氏にもお会いしました。すぐに吉田和男氏がおいでになったことを覚えています。

文藝春秋社による「偲ぶ会」についてのメモを紹介しておきます。場所は帝国ホテル。京極さんが献杯で、五百旗頭さんが司会。入江昭さん、岡崎長一郎さん、北岡伸一さん、塩野七生さん、山崎正和さん、楠田實さんが出席で、粕谷一希さんが閉会の辞。桧山さんが「高坂さんは『カラオケ、車座、先輩主義』が嫌いであった」と言われた。このようなメモがあります。

学部長・研究科長の対外業務

稲継　京大の学部長、法学部長というのは、そういう内部の仕事が多いでしょうが、外とのつながりも、色々あると思います。一連の大学院重点化とか、そういうことに対して、OBの人とか、外からの意見があったのではないですか？　どんな意見がありましたか？

村松　外部との関係というのは二つあります。

第一に、そういう言葉で教授会OBというグループが思い浮かびます。教授会OBですが、この意味の外部者に意見は絶対求めません。例えば、有力名誉教授が現役に影響力があるのは良くないことは明白ですから、これはありません。

しかし、皆さん、OBになっても古巣にご関心がありますから、「重点化」が終わったときは、佐藤部長のときですが、集まっていただいてご説明をしました。外との公的関係では、国公立大学法学部連絡会議などに出席しました。

稲継　もう一つ、学部長としては、企業に入社したり、公務員になった卒業生とのつながりということがありますね。

村松　それがもう一つです。特に、私が部長のときには、京大百周年で資金集めがはじまりました。法学部は、その2年後ですから、準備が必要でしたが、井村総長には、京大百周年事業が終わるまで法学部と工学部が動いてくれては困ると言われていました。やりにくかった記憶があります。

全体の百周年の関係でも、法学部百周年でも、会社幹部になっているOBに会いました。普通は、住友銀行は最高額レベルでお願いする慣行がありましたが、バブルの不祥事があって残念でした。バブル崩壊で金融機関をあてにできないというのは法学部には痛かった。

私は、高校時代の同級生で、大学として縁は少なかったけれど、日本リーバ（現、ユニリーバ・ジャパン）の社長をしていた赤岩覚さんに寄付をお願いしたりして、これは迷惑をかけたなと思っています。京大法学部百周年では、東京電力の山本勝取締役のところに行きました。同級生であり同じ「大隅ゼミ」でした。

面白かったのは、ある中堅企業に行ったときです。あれはNHKのドラマの主人公の会社ですよね？

稲継　そうですね。

村松　この中堅企業にいた京大法学部OBの4人の幹部が出てきてくれましたが、4人が一致して言ったのが、「京大法学部からは、過去10年に1人も就職していない」ということでした。

稲継　そうですか。逃げられちゃったんですね。

村松　結局、献金する約束はいただけなかった。こんな形で京大卒業生との接触が、私のときには否応なしに多少あったといえます。

もう一つ、汎有信会（京都大学法学部の同窓会）大会が、ちょうど私のときにありました。この同窓会大会は3年に1度です。だから、2年任期の部長職では、当たらない部長があるのですけれど、私の場合当たって、大阪でやりました。

そのときに総長が出席しました。どうしても総長が先にご挨拶ということになります。総長は京大百周年への募金協力をお願いしていらっしゃいました。私は、2番目です。「今、おっしゃったことは忘れてもらってもいいです」「2年後に法学部百周年です」と言って、笑いを取って、皆さんに「法学部、頑張るぞ」とか言っていただいたのを覚えています。九州での有信会支部の起ち上げに駆けつけた記憶もあります。

観察して面白いと思ったのは、献金とその金額は、当該会社に就職した卒業生の数に関係があるらしいこと、社長レベルの決裁であることです。同格企業というのがあって、参照基準になっています。この頃、経済界との関係ができました。法学部百周年記念事業のためにずいぶんたくさんの方にお会いしました。

有信会という同窓組織の幹部構成とかにも配慮して、すぐまた来る募金活動に備えるということも重要なことで、大阪の有力経済人を中心にするが、東京にも働きかけるといったことはしました。

その関連で、大西正文さん、領木新一郎さんなど大阪ガスの幹部の支援を受けたし、三井物産の社長の熊谷直彦さん、会長の江尻宏一郎さんなどとお会いする機会があって面白かったですね。特にアサヒビールの樋口廣太郎さんからは、バブルのときの住友銀行の話も聞くことができました。募金活動は私の次の次の部長まで続き、中森喜彦部長に同行して東京電力の山本勝さん（当時総務部長）のところまで行ったことも思い出します。

経済関係といえば、日本政治学会の英国との交流のために大和日英基金と交渉したりしました。不成功でした。私には、経済界側の学界への支援の思想はわからなかったですね。企業活動利益は株主還元もあるが、社会還元もあるということなのでしょうが、大学は有効な「投資先」です。このあたりの循環について、方針を示して、社会に発信していただきたいですね。

稲継　1日の時間の過ごし方ですが、100のうち何％くらい、当時、学部長として使っていたのですか？

村松　１００％という感覚です。そういうふうに要求されているのですね。私、朝10時前に着いて、夕方５時まで部長室にいました。全学委員会も学部内委員会も多かった。退屈ではなかったですね。私は、実務能力がありませんから前の部長と同じようにやるという方針でした。

学部内では、専修コースの設置や大講座化で法学研究科の内部のカリキュラムと人事の調整過程は続いていました。法政実務交流センターの設置とか新しいプログラムも出てきて対応に追われました。

稲継　そうすると、研究の時間は、もうあまり取れなかったという感じですか。

村松　新しいことはできなかった。だけど、カリフォルニア大学出版会で、『地方自治』が英訳されて（『Local Power in the Japanese State』）、その英訳の校正の仕事が急に生じて、これは大変でした。編集者が、各ページに質問をいっぱい書き込んでいます。それをさらにチェックするのに大変で、京大の小さい部長室に、本をたくさん持ち込みました。

稲継　翻訳のチェックはうまくいきましたか？

村松　翻訳のチェックには、その当時、院生であったフィリピン人のマシュー・サンタマリアさん（現、フィリピン大学教授）とアメリカ人のシンディ・ポストマさんが手伝ってくれました。

稲継　お二人とも知っています。

村松　シンディ・ポストマさんとマシュー・サンタマリアさんは、先にお話ししたＩＰＳＡ京都ラウンドテーブル（１９９４年）でも働いてくれました。

稲継　他に行政的なことで覚えていることはありますか？

村松　コンピュータ・サーバの導入ということがあります。予算が急にできたということです。

当時は「本部予算」というものは制度的にはまったくない。それで、本部は、各学部割り当ての予算を一定程度取り上げて、１年の終わりに本部から残りを還元します。私は、その還元予算で、メール・サーバを入れました。実際には木南敦教授、岡村忠生教授というお二人が全部やったのですが、意思決定はしました。教授室に業者が入るので教授会で同意を求めました。教授会で1人の反対がありましたが、多数決を取ることなく決定しました。

世界銀行プロジェクトへの参加

稲継　大学行政だけで、研究のほうは、他にまったくやっていませんか?

村松　そういえば、世界銀行のプロジェクトで一度外国出張していると思います。あなたも、その二つのプロジェクトの一つで、大学の教職に就いたばかりですが、「地方自治体の政策と人事」を執筆しています。英語出版でしたからよくやるなと思いました。これは世銀プロジェクトの第2回研究会出席のことです。

この世銀プロジェクトでは、部長職になる前に、第1回研究会というのがありましたね。

稲継　ええ、そうですね。公務員制度研究（1992〜1995年）です。成果物の『The Japanese Civil Service and Economic Development: Catalysts of Change』は、H-K. Kim, M. Muramatsu, K. Yamamura and T. J. Pempel 編でオックスフォード大学出版会から1995年に出ています。

村松　世銀プロジェクトは2回やりましたが、最初が公務員制度でした。

公務員制度論の研究会をはじめるのは1992年夏だったと思いますが、この公務員制度プロジェクトで思い出すのは、ヒャン・キ・キムさんとの最初の出会いです。予定のハワイのホテルにチェックインするとき、ちょうど隣のカウンターでチェックインしていたのがキムさんでした。

フロントでお互いに初対面の挨拶をしました。そのとき、「プロフェッサー村松、聞いてください。今ちょうど入ったニュースですが、戦前の日韓関係の中で、女性の強制連行による売春強制があり、小さな女の子が畑を歩いていたらトラックに乗せられそのまま慰安所に連行されたことが報道で取り上げられています」と言われてショックでした。これは根の深い問題になりましたが、プロジェクトに影響はありませんでした。

この世銀のテーマ設定は新自由主義的でした。私は「この理論は、途上国には不利ではないか」と言ったところ、世銀は基本的に新自由主義のムードで動いているが、キムさんは、「自分は村松チームで地方自治の本ができればそれでよく、出来上がった成果の利用は別に考えるので思う通りやってください」ということで、実施に入りました。

「新しい調査はせずに、参加メンバーの関心とテーマを最初の研究会で調整して、そのテーマについて各自英語で書く」という漠としたルールではじめました。「英語」のネイティブチェックは世銀が責任を持つということでした。研究会の公用語は英語で、キムさんなど世界銀行からの外部参加者がいつもいました。午前からはじまる研究会の討論は充実していました。途中休憩を長く取り、あとは午後いっぱい意見交換をし、夜まで議論したように思いますが、休憩時間が楽しかったですね。窓の外の海を見てコーヒーを飲んだときは研究者としての醍醐味だと思いました。このとき、少し芝生を歩きました。

私は、それまでゴルフはやったことがありませんが、2泊3日の宿泊研究会でしたので、世銀の方は上手に半日休みを入れて憩いの時間をつくってくれたわけです。

上記の第1回の成果出版物では、私は、ペンペルと共著で、第1章の総論で「proactive bureaucrats」を議論しました。『日本の行政』では、活動型官僚と表現していたものです。

この本では、猪木武徳さんが中央公務員の地方自治体派遣を労働経済学から分析していますが、野口悠紀雄さんも参加してくれました。世銀という外部からの刺激で、研究の世界にもう一度戻っていくことができました。

稲継　タイミングで言うと、第2回の世銀プロジェクト「地方自治」は、1995~2002年です。

「地方自治」の1回目が、京都のスタンフォード日本センターでの研究会。次いで96年の8月にハワイで会議をやり、翌年の1月だったですかね、六甲アイランドで3回目を開催しています。第2回から私も出席でした。

村松 そう。3回目には、フランシスコ・シェルバーグさんに来ていただきました。シェルバーグさんが、日本の中央地方関係は、中央からの人の派遣ということを除くと、北欧にそっくりだと言っていました。

この事業は、久米郁男さんのお世話になったと思います。『Local Government Development in Post-War Japan』としてオックスフォード大学出版会から2001年に出版されています。

日本政治学会理事長と日本行政学会理事長

稲継 この時期に、たぶん、日本政治学会の理事長（1994～1996年10月）をされていたと思うのですよね。政治学会の理事長のほうが京大の部長より先ですね。

村松 そうです。だから政治学会理事長任期の途中で、京大法学部研究科長・部長をやるということにならざるを得なかった。

稲継 行政学会理事長は、1998年から2000年5月までです。

村松 部長職の終わった直後で、やはり引き受けていました。私は、京大の「行政学講座」担当者意識があって、政治学会のほうはともかく、これはやらねばならないと思っていました。政治学会理事長は、お引き受けしていて、そこに法学科長・部長に選任され、ともに断りにくい状況でした。

稲継 部長が97年に終わって研究室に戻られるわけですけれども、そこからバブルとＪＩＣＡですよね。それについてはもう、これまでかなり述べられています。あと、その頃に静岡県や、京都市とのかかわりも持たれたと思うのですけれども、その辺のところについて、もし特徴的なことがあれば、話してください。

村松　静岡県との関係では、東南アジア研究と行政評価の研究会の二つがあります。ともに静岡総合研究機構（竹内宏理事長）のプロジェクトです。石川知事は、同じ高校の出身で、知事の自治省時代から資料の面でお世話になっています。知事になってから、すでにお考えになっていた政策評価の方法としての業務棚卸表のご提案とか、知事が力を入れていたアジア交流の企画でシンポジウムを開催したりしました。

この頃、石川知事の念頭には、すでに静岡県立大学構想と新学長を高坂正堯さんに依頼する構想があったように思います。

稲継　よくそんなに色々やる時間がありましたね。

村松　たぶん、そういう仕事には相互に関係があって、一つだけやるよりも、一度に数個の関連ある活動をするほうがやりやすいのかもしれないと思います。

稲継　静岡県の仕事は、法学部長の後ですね。京都市とはたくさん関係を持っておられたでしょう。

村松　たくさんコミットしました。定年間際の京都市基本構想等審議会については記憶していることがあります。最初の、会長選任のとき、市民公募委員が発言しました。

その市民から、「よくこのようなときはあらかじめ委員長が決めてあって、第1回の委員会はそれに同意する儀式になっている。会長を決める方法についても、事務局のシナリオどおりに進んでいくようでは納得できない。これから京都市の基本構想を決めていこうという重要な審議会のスタートであるだけに、その決め方、出し方に異議がある」という発言があって、これは異例でした。

しばらくはいくつかの意見交換がありましたが、その後では、山田浩之委員が、「西島さんを推薦する」と述べ、結局、西島安則・元京大総長以外の推薦はなく、予定通り決まりました。

西島さんは、副会長に稲盛和夫、鷲田清一、私を指名して、ここですべてギアが入りました。西島さんは就任のご挨拶の中で、「すべてのはじまりは混沌としていて奇怪なところがあるかもしれません」という発言をして乗り切ってしまった。私は西島さんの落ち着き具合も切り出し方も偉いなと思いました。

個人的なことですが、副会長の席に着いて、西島さんと顔を合わせてご挨拶したとき、西島さんは、「村松先生、えらいことになりましたな。今回は協力をお願いしまっせ」と言ったのです。

実はこのフレーズは、日文研でも聞きました。所長の河合隼雄先生から、日文研の兼任教授の辞令を受けたときに、「今回は一緒ですな」と言われた。これらはともに、80年代の受験機会複数化のときに実施本部の「西島総長＝河合学生部長体制」の方針に反対した法学部の先鋭と思われていたことが背景になっています。皆さん忘れてくれないなと思いました。

京都市関係

稲継　京都市関係で、土地関係のお仕事もされていたとお聞きしたことがあります。

村松　１９８９年、京都市土地利用審査会のことだと思います。委員長を任されました。

当時、京都市の行政で、土地取得に関連して不正があり、幹部の１人が自殺しました。検察が京都市の処分をウォッチするという状況がありました。大きなスキャンダルでした。同和地区が関連していて問題の処理が注目されていたということがあります。

不正件数は五十数件でした。これらを整理して同一条件同一対応をするために全ケースの性格分析をしました。もちろん職員の方が案をつくるわけですが。私は、土地問題は何も知らなかったのですが、第三者性が高いということで、依頼されたのだと思います。

稲継　それは大変な仕事ですね。

村松　弁護士と、公認会計士と、京都市から職員幹部の1人という構成で、何とか結論が出ました。
　この委員会が終わって、職員が自由に物を言えない雰囲気の中で、内部告発や相談を早く申し出ることを可能にする委員会ができ、私が委員長でした。そのとき頼りにしたのは、副委員長になっていただいた中坊公平さんでした。

稲継　職員倫理委員会ですね。

村松　そうです。本当に事件が生じたら大変という予測がありましたが、中坊さんがいるから、いざとなったときでも中坊さんの名声と力で抑えられるという構想だったと推測します。実際に委員会に上がってきた事件は1件もありませんでした。心ではこのプロジェクトにコミットしていました。
　さらに前になるのだけれど、京都市関係と言うと、京都市個人情報保護条例の策定にかかわりました。私のところに話が回ってきた理由は知りませんが、これには、はじめから終わりまで付き合って、割合、その当時は個人情報保護ということの趣旨について詳しくなりました。

稲継　これは、条例を制定する過程の話ですか？

村松　そうです。

稲継　制定されてからは、審査委員会の委員ですか？

村松　審査委員会もやりました。住民基本台帳の重要性がよくわかりました。

稲継　両方やられた？

村松　はい。一つ補足ですが、先ほどの京都市基本構想等審議会で、副会長の鷲田清一さんの基本構想の文章が立派でした。大きな柱が二つあり、第1に、京都市の文化を「華やぎ」と表現し、安全については「安らぎ」であると言って、それから細部に入ります。
　ここで土地利用審査会に戻って、その最後の日でしたが、そのときの市長のご挨拶が、市長選に当選したばかりの田邊朋之市長で、初仕事でした。この委員会は、犯罪も絡んだ問題についての裏も表も議論し尽くした後でしたから、仲良くなっていたのですよ。お互いがお互いを許していた。最後の会では、市長を交えて1時間ほど懇談しました。市長はいい会議体だと言って、「続けてほしい」などと言っておられた。

私もよせばいいのに、池波正太郎の「松代藩の恩田木工という家老の話の本」(『真田騒動』)あるじゃない?藩の財政整理をする、人格高潔で内部紛争もその人で収まるような話の本があって面白いのです。それを差し上げたのね。だけど、田邊市長は医師会の中で政治をやってきた人で、海千山千のはずだから、後で余計なことだったと思いました。

稲継　ところで、京都市で、色々なコミットもされました。それは、先生の研究に何か生きたところはありますか?

村松　中央地方関係論における「土地勘」のようなものに影響しているのでしょうね。助役さんなど多勢と知り合いになりました。実際の行政を見ることは有益でしたが、京都の審議会に参加する頃は、私は、自分の主要著作の執筆は終えていたので、審議会で得た情報が生きたと言えるかどうか。だいたい、学術的情報は自分の視点で探索し、つくるものだと思います。

稲継　もう一度お尋ねしますが、政治や行政の現実を見たこと自体は研究には反映されなかったということですか。教科書はどうですか?

村松　教科書にでも何にでも反映されたと思います。また経験が、後に書いた論文に反映されたのでしょうが、具体的にはあまりないですね。少なくとも顕著ではありません。私の求める情報が議員や公務員の「行動」についてでしたので、自然に得た情報がデータの解釈に役立ったということはあるに違いありません……ちょっと待ってください。そんなふうに言い切れないですね。

京都市のことではないですが、私は、若い頃に、尼崎市の市議会議事録を読み、さらに神戸市や京都市職員と何度もお会いしたことがあり、それらの経験は、私の地方自治論に大きく影響していると言うべきです。先ほどのお返事は認識不足でした。審議会に参加しても、直接的には有効でないということだと思います。

特に、神戸市企画系の職員に度々お会いする機会があって、この人達の住民に対する認識や態度で新しく生じていた住民運動をどう理解するかについて大いに学びました。安岡利美さんと大河原徳三さんですが。さらに、神戸合区問題審議会のメンバーになって、宮崎辰雄市長と直接お話しする機会があった。

宮崎さんに、自治の実現はどういう条件が必要かと質問したとき、「資金です」と言われた。「資金があれば、思う存分何でもできます」と言っておられた。権限のことなど言われなかったですね。そういう情報が自然に私の中に注入され、自治体の現実に関する判断になっているかもしれないと思います。

神戸市では、丸山地区で住民の積極的な消費者運動があって、そこにコミュニティセンターをつくろうとしていました。関西学院大学の橋本徹氏、京都府立大学の広原盛明氏などと一緒でした。この頃、静岡市に町内会条例ができたりして、町内会への積極的評価が出てくるようになったと感じました。

さらに役に立った方向で考えられるのは、大阪府の付属団体の「地方行政総合研究センター」におられた播磨さん（元地方課長）が音頭を取って、大都市郊外の人口急増都市の調査研究を5年間やったことです。

アメリカでの suburbanization は日本ではドーナツ化と言っていましたが、大阪周辺の郊外都市、名古屋市周辺の郊外都市の財政研究は面白かったですね。チームは、先の、橋本徹、舟場正富（龍谷大学）、牛嶋正（名古屋市立大学）、米原淳七郎（大阪大学）の諸先生と私の5人でした。毎年、大阪圏、名古屋圏を中心に複数の郊外都市について実態調査をして文章にする。必ず市長以下の幹部職員にお会いしますので、いい勉強でした。執筆の原稿料も魅力でした。

池田市、春日井市などを覚えています。地方交付税の人口急増補正が数年後にできました。チームメンバーの財政学者の自治体に関する知識はすごいと思いました。しかし、財政がわかれば政治知識は不要と言われて、疑問を持ったことも覚えています。もう一つ、大阪府、大阪市との交際も長いです。大阪府では、西村総務部長の時代ですから私が30歳ちょっとくらいのときで、総合計画審議会の委員でした。大阪市に関してはすでにどこかで詳しく話しているような気がしますが、大阪市政研究所の研究員で『都市問題研究』の編集に一部かかわっていました。

武村正義知事の時代ですが滋賀県の基本計画審議会の委員でした。左席が彦根市長の井伊直愛氏でした。武村知事は琵琶湖の汚染を食い止めることを主眼とする条例も提案していました。リーダーシップがありました。別の、ずっと後になってからの審議会では私が委員長を務めたことがあります。事務局に谷畑英吾氏がいて、しばらく後に京大法学部の専修コースの院生になり、卒業後、甲西町長、湖南市長を務められました。武村正義氏という方は、小沢一郎氏とともに90年代の与野党の、大袈裟に言うと離合集散の鍵的人物でした。

稲継　わかりました。今、お若い頃の話も出ましたが、長い期間の中では、２００３年に定年だから、そこまでは何となくターゲットに据えていたみたいな話がありました。

その中で90年代終わりくらいで言うと、第1回の世界銀行の話が来て、バブルも来て、その辺でだいたい、現役時代を「まとめよう」と、そんな感じだったのでしょうか、先生の中で。

第3回エリート調査

村松　これをまとめて終わりとしようというとき、頭にあったのは、第3回エリート調査です。

私にとって幸いであったのは、京大現役時代の最後の段階で大きな研究費（「特別推進研究補助金」）を得られたことです。念願の第3回行政エリート調査ができました。２００1年に官僚調査、２００2年に議員調査、2003年に団体調査をしました。2003年度の予算が最後の年で、学習院大学で経理をやっていただきました。私の特別推進研究費は約6000万円です。普通、特別推進費は億円単位ですが、私は、約6000万円という必要額をきっちりと申請しました。

東京の会場で、東大の池田謙一氏とばったり会ってしまい、「おっ」という感じでした。

稲継　プレゼンテーションの場ですか？

村松　うん。そして「どうかな」と思ったら、これは噂ですが、私の方は6000万円で小さいでしょう。だから、両方認めやすいから認めてしまおうという意見が出て、6000万円も億円のプロジェクトも両方通ったみたいでした。

3回のデータで、同じ質問文を多く使いましたから、どの変数（質問文）についても結論のようなものができると思っていましたが、基本的に、政党優位の世界を描くようなデータでした。

やや違う面を見たと思ったのは、第2回の団体調査のデータです。インタビューが1995〜1996年あたりで、村山政権、細川政権という、自民党政権ではないところでの団体の行動について、団体と政党・行政との「接触頻度減少」とか「接触相手が違う」などで変化を見ることができました。

第3回調査データは、自然に「政治家が活発になり、官僚が後退する」実態を示すもので新聞情報などとの一致点が多く書きやすかったのですが、論文や本をすぐに出せなかったのは、2003〜2005年の頃、病気をしてしまったのが原因です。何度も述べていますが足痛です。脊柱管狭窄症で非常に痛かった。そんなに痛くなる理由が複数の有名な病院のMRIやレントゲン検査ではわからなかったのです。レントゲンでぼんやりとしか写っていない部分にヘルニアがあるのではないかと見立てたお医者さんが北海道大学におられ、この方の下で手術をしていただき治りました。その頃、北海道大学医学部教授をしておられた櫻井恒太郎さんと執刀してくださった飛驒一利先生に感謝しています。その後、呼吸器の病気で国立国際医療センターに入院・通院することになりました。

そんなことでデータの分析という点で2年遅れてしまって、スタートが良かったとは言えません。しかし、学習院大学は、なじみやすく研究しやすかったですね。法学部内でも、政治学科が独立していて、いいなと思いました。国立大学の法学部の中の政治学は、やはり窮屈ですよね。櫻田會という政治学科を設けている東京の8私立大学の政治に関する調査研究に助成をする組織の恩恵も受けました。歓迎してもらったのかな。いい感じでしたね。だから足痛だけが問題だった。

教育面でも、新しい公共政策の大学院コースや、外国交流などの事業を起こすという仕事があって、エリス・クラウス氏やイーサン・シャイナー氏に参加してもらいました。少し役に立てたと思います。

笹部真理子さんという院生が自民党を研究していたので、私も一緒になって、熊本県、佐賀県、高知県、山口県、静岡県、群馬県などで県連幹部・事務長や県議会議員にインタビューしました。静岡県連の事務を担っていた河田さんの打ち明け話では、30回にわたって拘置所に入ったということでした。選挙違反の嫌疑があった際の逮捕の「代理人」だったのだと思います。この話は面白かったですね。県連調査は、京大の建林正彦氏のプロジェクトの一部としての活動です。群馬県連の建物は2階建で大きかった。さすがに福田、中曽根、小渕といった首相を輩出した自民党の県連でした。

建林プロジェクトは日伊比較でしたので、フィレンツェに行く機会がありました。先方は政党の地方幹部でしたが最初の会合で挨拶されました。その後、突然、建林君が「村松先生、こちら側からも挨拶してください」と言われて、一応やったのですが、今思い出しても恥ずかしいようなことでした。英語のことです。丘の上のレストランで夕食をとったことを記憶しています。この席に東大の川人貞史さんもおられた。

群馬県は例の八ッ場ダムのある県です。その事務局長は、1950年代末に自民党に吉村正先生の影響の下でつくられたという政治大学校の第1回卒業生でした。前橋市には、私が学生のとき、京大病院で診察していただいた新井有治先生が開業しておられ、お会いできました。この群馬からは京大の同級生で政治家になった角田義一氏がおられ、この方は、民主党所属で参議院副議長をされました。角田氏は学生結婚をされましたが、私は式に出席していいます。高知県連を訪問したときですが、事務局長はやはり１９５０年代の政治大学校におられた人でした。

第6章 学習院大学での仕事

学習院大学への就職

稲継　学習院に移る前の話、聞いていいですか。どうして東京の大学に行かれることになったのでしょうか？

村松　大阪のある大学に決まっていたのですよ、ほとんどね。しかし、教授会の決定の後は順調ではなかった。その大学では、手続きに入れるのは、学長の面接が終わってからでした。

その頃、実は東京の大学からも、すでに一、二の誘いがありました。だから、「面接を早くやってください。私も安心したいから」とお伝えしました。すぐにアポがとれたのですが、先方の急用でキャンセルされたのですよ。それは学長だから事情はあるでしょう。そして次の約束をした。ところがまたキャンセルされた。さらに3回目もキャンセルされました。私は内心怒っていました。

稲継　それはひどいですね。

村松　ちょうどそのときに学習院大学の北村公彦さんから電話があったのです。それで「学習院が本当に私でいいなら採用してください。関西の就職の事情があるので早くやってください」と言いました。妻が東京育ちだったし、娘達は結局、東京に就職していましたので、結果として、家族は近接居住になりました。

学習院も素早く手続きをしてくれた。坂本多加雄さんから教授会が終わったという連絡を受けました。私のように多数の方のサポートで調査と研究をしてきた人間は、京都を離れるのは多少心配でした。確かに、研究会などで自然に集まってくる情報が途絶えたということはあるのですが、それに代わる新しい人とのつながりができたから帳消しでしょうね。学長の永田良昭さんには、京大で紛争中の研究会でお会いしていたことを、河野さんにお話ししました。

学習院時代に、若手では、若月剛史さんという日本政治史の方と、村上祐介さん、青木栄一さんという教育行政学者と知り合いになりました。

稲継 村上さんとは、どういうご関係ですか?

村松 若月さんと村上さんはともに日本学術振興会の特別研究員で、学振の規則(「研究室移動」)で東大を離れる必要があって、学習院の私を指導教授に選んだので、何度もお会いする機会がありました。

村上さんの先生の小川正人さん(教育行政学)は、私の京大現役のときに、非常勤講師を依頼されたりして、多少知り合いでした。若月さんを通じて、加藤陽子さんとも知り合いになりました。若月さんの博士論文審査委員として参加して、東大文学部日本史の先生とお会いできました。学習院の大学院の方々とは、現役・OBとも交流がありました。黒須氏、寺田氏、笹部氏、園部氏、修士課程に天野氏がいました。

学習院大学法学部の公共政策に関する新しいカリキュラムに多少貢献できたかもしれません。学生を連れてカリフォルニア大学のバークレー校やサンディエゴ校に行きました。

稲継 引っ越すのは、娘さんがおられたからというのはあるかもしれないですが、家を買うか借りるか、どの辺にそれを定めるかとか、かなり大きな話がいっぱいあります。もう何十年も京都に住んでおられた先生にとっては、相当、大きなジャンプアップだと思います。京大にいながら家さがしをしたりとか、生活のことを考えたりというのは、もう2002年くらいからはじまっていたのですか?

村松　2001年ですね。1年前から非常勤講師をしていて目白駅近辺に住みたいと感じていました。

稲継　京大を辞める2年前からですか。学習院の就職が決まってすぐに探しはじめられたということですね。

村松　そうです。早くから探しました。大学の近くで探しました。割合ピタリとする建設中のマンションが見つかりました。

引っ越しをした後は、午前中に講義をし、昼食で自宅に帰り、昼寝をして午後の講義にまた出かけるというのが理想だなどと人に言っていました。しかし実際はそれどころではなくて、忙しかったし、先ほど話したように病気もしました。

稲継　実際は、その午前中の講義が終わったら、午後はモスバーガーとか、ZOKA coffeeとかで原稿を書いたり読んだりしておられたようですね。1日、学習院の研究室にいるということよりも、むしろ、喫茶店とかに行って書くことのほうが多かったという理解でいいですか?

村松　執筆についてはそうです。しかし、ZOKAも、ラ・クチーナカフェも、モスバーガーも、フレッシュネスバーガーも、全部、目白通りからは消滅しました。本屋が2軒ありましたが、二つとも一度消え、その後1軒は小さく再出発しています。貸しビデオ屋さんもなくなった。新しくできたのが、トラッド目白という商業施設の中の宮越屋珈琲、PIZZERIA37と、寛永堂、それに星乃珈琲店。

私には喫茶店は重要な場所です。研究室では書かない癖ができてしまっていたのです。京大のときからです。研究室には電話も多かったし、時間を取るために、午前は、阪急電鉄の京都河原町で降り近くの喫茶店で2時間書いて、それで昼飯食べて研究室に行くというようにやっていました。

稲継　そういう喫茶店で仕事をしょっちゅうやっていると、店員となじみになって、「あの人いつもあそこで2時間やっている」みたいになって、煙たがられたりしませんでしたか？

村松　足の悪い間は、やはり、ちょっと面倒な人がいるなと思われた感じがありました。しかし、フレッシュネスバーガーの店長さんは、マリリン・モンローの有名な写真あるでしょ。私が壁のその写真を指して「あれ、いいよね」と言ったら、「先生」って、いつのまにか先生になってしまって、「先生、持ってきてあげます」と言って、大きなパネルを持ってきてくれたことがあります。

２０１０年に発刊した『政官スクラム型リーダーシップの崩壊』の文章は、目白通りのカフェで執筆しました。

稲継　そうですか（笑）。私もわりと、喫茶店で書くことが多いのですよ。喫茶店で仕事をすると、他に邪魔をするものがなくなるのでいい反面、他方で、調べものをするときに、ちょっと不便だったりします。その辺は、どう折り合いをつけていたのですか？

村松　引用すべき文献について大まかなことは記憶しています。文章上はだいたいを引用して、研究室で実物を見ます。読んだ世界で考えるみたいな感じがあるでしょ？　カフェや研究室で読みながら自分の見解を整え、その後データと文献を見ながら書いたことも多いです。

稲継　京大のときには、４人が週４日アルバイトに来てくれて、色々書いたものを清書してくれるような人がいたわけですが、学習院にはそういう人はおられましたか？

村松　４人というのは、京大のときも、調査データを整理するときでもそんなにはいなかったでしょうが、学習院にも原稿の下書き入力や修正入力をお願いする方がいました。

稲継　いらっしゃった？

村松　ずっと関西のある市役所に勤めていたが、夫の東京赴任で、家族ごと東京にきた人です。ちょっとした経緯で私の研究室でアルバイトをするようになりました。研究費のお蔭です。長期にわたって私の下書きを入力してくれました。

稲継　それは助かりましたね。

村松　私は、色々なサポート体制に感謝しています。学習院は副手という制度があるのですよ。秘書的なことの一部をやってくれました。副手は数人を担当していたと思います。

稲継　教員4人に1人、ついているというやつですね。

村松　学習院独特の研究者支援制度です。最近、最初の頃の副手さんからメールが来て、コロナが収束したら会おうという約束をしました。

稲継　コピーを頼んだらやってくれる、といった、ちょっとのことですよね。

村松　いや、私がいた時代のことかもしれないのですが、だいたいの事務的なことはすべてやってくれました。コピーも図書館の本を借りることも、私費での機器購入などもやってくれていました。

稲継　最近は、個人的なことは少なくなったと聞いています。そんなことは頼めなくなってしまったというか、共通の秘書みたいになってしまったので、もっと制約があるのではないですか。

村松　学習院と言えば、野中尚人さんには、感謝の気持ちがあります。私、東京への引っ越し後、足が悪くなってもう辞めようと思ったことがあり、その間、長く杖をついていました。自宅からタクシーで講義室に行ったことが度々あります。あまりにも痛かったからね。そのとき辞職の相談をしました。彼は、「就業規則を読めば、休職の可能性もある」「色々検討してください」と、種々の可能性を示唆してくれて、何とか続けることにしました。

稲継　休職？

村松　「休職中でもそれなりに給料が出るし、休んだらどうですか」「とにかく学習院との関係がそんなに浅いものと考えなくていいのではないですか」と言ってくれた。それで、実際には、8月に手術する前に、休講は何度かしたが、休職しなくて、9月に補講をしてつじつまを合わせることができた。野中さんの助言には感謝です。野中さんとは、元来、政治関係の領域で共通の関心がありましたが、つい最近では、人事院での公務員制度研究会でも共同研究をやることになりました。

社交と言ったほうがいいかもしれないけれど、引っ越し直後から粕谷一希さんが少しケアしてくださり、目白に住むことがアットホームに感じる助けになりました。目白駅近辺で飲むときはここ、食べるところはここといった具合に案内をしてもらい、さらに豊島区の文化を推進する会に入れていただいた。粕谷さんとは、『東京人』発刊のあとに、御厨貴、東郷尚武、私を中心に『シリーズ東京を考える』（全5巻）を出版したことがあります。あなたと私がよく知る行政学者では笠京子さんが地下鉄を論じています。

粕谷さんは、東京圏に親しむという趣旨で横浜の中華街や千葉の幕張メッセにも連れて行ってくれました。『東京人』は愛読しています。

社交といえばもう一つ、1年1回の七夕会に数回出席しました。この会は、大平内閣の際の私的諮問委員会のときの方々がメンバーで、浅利慶太さんがお世話をしていた。その関係で、劇団四季の切符をいただき何度も観劇しました。

四季の舞台では、『鹿鳴館』が良かった。そんなことで、『李香蘭』の公演のときは、パンフレットに李香蘭について見開き2ページの文章を書いたことがあります。ちょっと面白かった。その後、このようなことで言えば、ある地方自治研究誌に杉田久女について書いたこともあります。専門外の不良活動です。編集者の方、ごめんなさい。

もう一つ、大平首相の私的諮問委員会のことですが、私が出席していた「世論」委員会で、席がしばしば作詞家の阿木燿子さんの隣でした。芸能界の噂話など聞いて、面白かった。宇崎竜童さんや山口百恵さんのことでした。この方が研究会の場で当時流行の歌謡曲を聞かせて行った「時代の分析」は、鮮やかでした。

政策評価・独立行政法人評価委員会

稲継　今、学習院におみえになってからの、わりと日常生活の話も含めてお聞きしたのですけれど、その前に、まだ京大におられる頃から、政策評価・独立行政法人評価委員会の委員長をされておられます。その他、行政関係のお仕事をやっていますね。どういう経緯で引き受けることになって、どういうふうにコミットしていかれたのか教えてください。その他のことからはじめてもらっても結構です。

村松　「その他」のほうから行きますと、官庁関係では東京に引っ越してきたとき、行政管理研究センター（当時理事長は熊谷敏氏）の行政研究所長というあまり知られない職が回ってきました。加藤義彦専務と武藤桂一「班長」という感じでした。その後、理事でもあったと思います。

行管センターは、大分資金がなくなって、新しい調査をしていませんでしたが、それでも私が東京に来たばかりのときには、それまでのプロジェクトが残っていて、岩井義和、西村弥、大江裕幸、伊藤慎弐、西岡晋といった若手がいました。この方々の資料整理を監督するという所長の仕事があって、1週間に1度くらい中川ビルに行っていました。

その後にも、馬渡剛、田尾亮介、横田明美、笹部真理子、寺迫剛さんなどに、濃淡がありますが、お会いしています。田尾さんにお会いしたときは、ちょっと感激でした。田尾さんのお父さんの雅夫さんは、第2章でお話しした30年前の調査研究の良きパートナーでした。

センターの仕事は、結構面白かったのですが、民主党政権の事業仕分けで、さらに縮小されています。

しかし、このセンターの『季刊行政管理研究』は行政学と公共政策の良い雑誌で、学界全体がサポートしているし、またサポートされる関係もあります。ここに過去10回分くらいを積んで一冊ごとに見ていってもいい論文がたくさんあります。また書評が良いですね。詳しく内容のある見事な書評が多い。さらに私が東京に来てから、季刊の『評価クォータリー』が出版され、編集の助言者として今でも私の名前が出ています。

行政管理研究センターへの民間からの寄付金や国の支援がなくなるのは、実務にも学界にもマイナスです。

政策評価については、東京に来る前から、総務省行政評価局の政策評価にかかわっていました。これには時間を使いました。

委員長を引き受ける経緯は、前にお話ししました。当時の太田誠一総務庁長官がある日、電話をかけてきて、「お会いしたいので来てくれるか」と言われました。それで、「政策評価」の研究会ができ、これが、次に委員会ということにもなりました。

太田さんに「何で私ですか」と聞いたら、「青木昌彦先生の推薦です」ということでした。太田さんは大学の経済学教授でした。正式には、塚本壽雄・行政評価局長から、研究会をやるので、座長になってくださいという依頼があってはじまりました。金本良嗣氏、田辺國昭氏などが中心で研究がはじまるわけです。2年間研究して、法律ができました。

政策評価・独立行政法人評価委員会（政独委）の仕事は思ったよりはるかに大量で、議題が多種多様でした。政策それ自体ではなくその評価の手続きと基準や方法を検討して、評価の基準、公平性や効率性、評価の方式（事業評価、実績評価、総合評価など）といったことを討論しました。

三重県など自治体ですでにはじめていたところもありますが、委員の皆さん、政策の内容と成果を精査するということはフレッシュであったのではないでしょうか。

政策の内容について聞くことは面白かったですが、時に、「前レク」が3時間では済まなかった。

稲継　それはまだ京大におられたときからはじまっているわけで、事務方は、京都までおみえになって前日にレクしているという感じですかね。

村松　ほとんど私が東京に来たときなどを利用したと思います。

私も、度々東京に来ていたのですね。だから、事務局からいえば便利だったろうと思いますよ。その頃まだあった「虎ノ門パストラル」にはよく泊まっていましたが、夜12時すぎに若生俊彦さんと藤野公之さんがおみえになったこともあって、ずいぶん、私もコミットしたなと思います。讃岐建さん達と外国の調査にも行きました。

稲継　すごいな。相当エネルギーを使われていますよね、これについては。スタートしたばかりの日本ではじめての制度、法律もその後、できましたけど、はじめての政策評価。それから独立行政法人というものがスタートしたときに、委員長として見届けるというか、見ておられたのですけども。先生から見て、そういう新しい制度、日本の行政制度について、何か感じておられたようなこととかありますかね。

村松　政策評価というのは、本格的にやれば、ご存知のように、大変なパワーがあるのですね。

他方、その権限は、ある意味大きすぎて、使いにくい。他の官庁の政策に基本的なところでクレームをつけるわけですから、それは大変なことです。法律そのものを問題にできる権限がある。旧行政管理庁の側としては一つの局、監察局を潰して評価局にするに値しました。

しかし、監察局がそれまでやっていたように、1件、1件と絞り込んで丹念にぶつかっていく手法のほうが効果的だという人は今もいると思います。ただ全省庁の政策に評価という手続きがあるという緊張をもたらしたことは大きなことです。

世の中、評価、評価、評価というようになったのはあの頃からで、評価文化には影響したと思います。学術の分野では、評価論で研究者を忙しくしてしまって肯定できないものがあります。分野ごとに、評価の方法は考えるべきですね。

稲継　もし、「財務省において行政評価の仕組みを置いていた場合」あるいは「国会の中に置いていた場合」と比べて、「総務庁の流れの総務省に置いた」ということについては、先生としてはどうお考えでしょうか？

村松　現状が一番良かったと思いますね。財務省がやったら、それはすぐ予算と表裏になるから、評価がはじめから政治を含んだ手続きを進めることになってしまう。また、一種の重複にもなります。そうなれば、政策評価の作業が無駄になる。

国会による政策評価は面白い視点ですし、私も主張したことがあるかもしれないのですが、国会が評価に従事する職員を、定員管理の下で、どれだけ集められるか。また、政策を分析していくには、監察の経験のある旧行政管理庁の蓄積が重要であったのではないかと思います。だから、行政監察局を土台にしたというのは正解だったと思いますね。

そして、なぜか、日本の政府では定員管理が維持されています。この総定員法を今のように厳しく運用すると、新しい仕事をしていく面では不利ですね。各領域で世界に後れをとります。厳格すぎる定員管理は、財政削減にはいいけれど、全体として、行政を消極的にさせるような気がします。

稲継　独立行政法人のほうはどうですか。最初は非常に小さな研究機関だけが独立行政法人になって、その後、どんどん放り込まれていって、病院だとか、かなり大規模なものも独法になっていきました。日本における法人化については、委員長をしているときにはどういうふうに感じられたのか。辞められてからは、どういうふうに感じられましたか？

村松　委員長をしていたときの話ですが、「研究所の評価には問題があったのではないか」「同じような評価基準でいいのか」ということがありました。公認会計士の目と学術の目との違うところが気になりました。ある研究法人の項目について、黒田玲子氏（東大教授）が非常に苦労されたことがあります。今になると、黒田さんの立場をもっと支援すればよかったと思いますが、私は中立的でした。そういうことで、研究は、どうしても短期的になりがちな評価には合わないところがあると強く感じます。

国立大学法人評価委員会委員長もやりましたが、ここでは事実上、大学等の「行政」面だけの評価をやっています。研究成果の評価は独立行政法人大学改革支援・学位授与機構でやっていて、それを報告してもらうだけでしたが、学術関係の評価は難しいと考えるべきです。

この頃、衆議院の議席配分が、1人1票の大原則に反して「違憲状態」とされており、2回目の衆議院選挙区画定審議会が立ち上げられていました。私の任期は、2004年から2014年で、格差を何とか2未満に縮める勧告を出し、安倍首相に渡しました。

ところで最近、日本の学術論文数が少ないとか、引用数とかが盛んに言われますが、予算、若手研究者の数、幹部教授の研究時間が全体に減っていることが問題です。研究予算は、もっと十分につけて、研究者が研究に専念できるシステムをつくらなければならないとも思います。学術は国の力の源泉です。

別のことのようですが、最近、若手が外国に行かないと言われています。日本を離れると就職が心配といった理由があるからだと聞きますが、別の原因もありそうです。教授達が、優秀な若手を自分の研究のために過剰に働かせていて、手放さないという傾向もあるのではないか。そのように、ある高名な学者が言っているのを聞いたことがあります。

稲継　当時、先生が先の政独委・委員長をしておられるときに、当時の独法の評価の仕組みで言うと、各府省に独法評価委員会があって、それのメタ評価をする、総務省での評価制度になるという立てつけでした。各府省の独法評価委員会の委員長と、政独委の委員長との懇談会のようなものもあったと聞いたのですけれど、そこで何かエピソードがあれば教えてください。

村松　一度、総理大臣の出席を得て、各省からの独法評価委員会委員長が集まりました。公明党の若松謙維さんという副大臣が熱心でした。この方が主張したので、小泉首相も出席されました。しかし、若松さんの司会で進める中で小泉首相ははじめから終わりまで一言も発言しなかった。あの人は、本当に興味のないところにはエネルギーを使わない人。だから、この件、政治的に重要な会であったとは言えません。

稲継　小泉さんがですか。

村松　一言も。経済人が1人、文部科学省の委員長をやっていた。その方に「よっ」と正式の会をはじめる前に挨拶をして、それだけでしたね。公明党の若松副大臣がそのミーティングを仕切っている感じでした。

私も、政独委の権威を高めておこうと思ったのかな、「必要があったら、こういう会合はまたやるのでしょうね」と発言しました。若松さんが「やりましょう」と言って終わったのだけどね。それ以後何もなかった。

稲継　儀礼的なものがあったということですね。

村松　そうでした。

稲継　東京にお出でになってからの研究会とか、そういう活動はどうなっていたのですか？

村松　最初、片岡寛光さんや寄本勝美さんなど早稲田の先生や院生の研究会がありました。寄本勝美さんが亡くなられた頃から、集まりにくくなったかもしれません。自然になくなり、次に天川晃さんと何度も話す機会ができました。2009年、天川、雨宮昭一、私とでいくつかの企画をしました。

それらの企画が失敗した後、3人は、河野康子さんと福永文夫さんの牽引する研究会に吸収された感じです。その河野さんと福永さんが主役の研究会では、各専門分野からの報告とその後の質疑応答も記録して、その全体を本にするという企画があり、そこから『戦後とは何か』の出版になったのだと思います。この研究会で、加藤陽子さんや成田龍一さんや若手の村井良太さんなど、畑や世代の違う人との会話は面白かったですね。2010～2012年あたりです。

何度も言うようですが、河野さんの科研費「沖縄」研究会では、実際に那覇市での何人かの方へのインタビューに参加できて、特に基地問題という、私の戦後政治の知識の欠けているところが少し補われました。

日本学術振興会学術システム研究センター

稲継 実務界との関係に戻りましょう。学習院に移られて、学習院でのお仕事とか、そういう話をお聞きいたしました。学習院を正式に退職されるのが2010年の3月なのですけれども、その前からすでに日本学術振興会の活動に携わっておられました。その携わることになった経緯と、そこでどういうお仕事をされていたのかについて教えてください。

村松 特別の経緯というのかどうかわかりませんが、石井紫郎さんが、日本学術振興会（学振）の学術システム研究センター副所長をしておられ、この方の後釜で来ませんかと誘われました。

石井さんは、東大法学部で日本法制史の担当でしたが、法学部長などを経て東京大学副学長、さらに総合科学技術会議の議員もやっておられた方です。この方との交友は河野さんとの会話でお話ししました。約40年前、ハーバード大学滞在の後、フランスのロワール川沿いの城めぐりを一緒にしたことのある方です。

稲継 2人きりで？

村松 はい。そういう縁のある方です。正式には、学振の小野元之理事長のお誘いの電話がありました。石井さんは相談役として残るというお話でしたし、学術行政的な仕事ということで任にあらずと思った点もあるのですが、参加させていただきました。

稲継 具体的に言うとどういうお仕事になりますか？

村松 学振の活動内容は多様だとしても、学術システム研究センターの仕事は全国の研究者にその応募に従って科研費を配分するということが飛び抜けて重要な仕事です。科研費に関しては、各分野の主任研究員と専門研究員を任用します。この諸委員が申請のあった科研費プロジェクトを個別に審査する委員を選任していきます。

応募書類はピアレビューや合議による委員会の評価・判定という手続きを経て、決定になります。所長、副所長、相談役、顧問は、主任研究員、専門研究員を選ぶプロセスに参加します。手続きの改革の議論もします。

詳しく言いますと、これらの任務を担う学術システム研究センターの主任研究員候補や専門研究員候補は、全国の大学から推薦されてきます。その中から適任者を選ぶ仕事が、学振の非常に重要な仕事です。主任研究員会議や専門調査班会議の議論に学術システム研究センターの所長、副所長、顧問も参加します。審査員の適性、審査の公平性（利益相反など）、ジェンダーなどが基準になります。

もっと詳細に言えば、科研費関連の諸事項の種々の検討をするために、学振の内部組織として、学術システム研究センターが置かれて、センターが審査委員の選任をする責任を負っているということです。

少し古い話を先にしますが、１９９０年代末には、科研費の審査については、日本学術会議に審査委員の候補者を推薦する仕事、あるいは権限がありました。候補者を決めて、決定は文部省ということでしたが、依然、不公平や癒着問題が生じるからダメだという判断で、文部省はその仕事を学振に任せました。その仕事を、学術システム研究センターが担います。ピアレビューです。

したがって、全国の研究者の中から、科研費の申請を評価するにふさわしい審査委員を選任するのが仕事と言っていい。全学問分野に関して、分野ごとに委員がおかれます。諸専門調査班には合計で約１４０人の専門研究員がいて、主任研究員・専門研究員が分業で審査委員の候補を提案し、学術システム研究センターが確認して、理事長に提案します。分業で案をつくるのですが、最終案は、理事長の決定です。

所長、副所長達幹部は、ここの審査委員の具体的な選定に関係はないのですが、主任研究員と専門研究員の人事については相談を受け、助言もします。また主任研究員会議に出席し、司会をしています。専門調査班会議に陪席することもあります。

理系の方の議論を聞いていると、文系では研究費ということを研究してこなかったことを痛感します。私は、お金を使って調査をするほうでしたから、かなりわかっているつもりでいましたが、他分野のメンバーの方の科研費に関する見方は鋭く、深く学びました。

科研費以外に、私が参加してすぐに、学振が文部科学省の人文・社会科学研究の推進事業の委託を受けて、「人文・社会科学の国際化に関する研究会」を起ち上げ、東洋史学、経済学、社会学、政治学、法学の動向調査をして冊子をつくりました。この事業では、外国調査が必要ということで、UCSD（カリフォルニア大学サンディエゴ校）やシアトルのワシントン大学に調査に行きました。

稲継　それは学術システム研究センターの副所長というポストとは、また別なのでしょうか？

村松　別です。事業課を事務局にして委員会を設置し、その委員会の仕事になります。

稲継　以前、お伺いしたところでは、隣の部屋はノーベル賞を取っている人だとか、すごい人ばっかり並んでいたと思うのですけれども、そこに行かれて感じられたこととか、何かありますか？

村松　稲継さんがおいでになった頃のお隣（所長）は戸塚洋二先生でした。小柴昌俊先生の強力な共同研究者で、ご存命であれば戸塚先生もノーベル賞をもらったであろうという方です。非常に謙虚でしたが迫力がありました。癌で4カ月後に亡くなられました。戸塚先生は、ギリギリまで仕事をされ、お部屋の机の上には「科研費の在り方」について分析した報告書がありました。責任感のある方ですね。その前は、野依良治さんや本庶佑さんがセンター所長をやっています。私が副所長のときの所長は小林誠さんです。

稲継　私も一度ならず、学術システム研究センター、副所長のお部屋に訪問させていただいたことがあるのですけれども、かなり広いスペースでした。恐らく教授の研究室よりも広いかもしれない部屋で、ちょっと持て余し気味な感じはしたのですけど、居心地とかどうでしたか？

村松　持て余していませんでした。まだ科研費（特別推進費）が残っていたので、個人秘書の机を入れて働いてもらっている人がいました。すぐに東日本大震災調査がはじまって、アシスタントの方の居場所も必要でした。

人文・社会科学関係で何か相談があったりすると、時々にお出でになる方の話し相手になっていました。

稲継　研究経費の配分手続きを詳しく見ると、どういう流れになりますか？　人文学、社会科学分野としては自然科学分野と戦うような立場もあったと思うのですけども、感じられたこととかありますか？

村松　現状で話しますと、応募件数が現在約10万件あります。そして審査委員が約８０００人います。10万件という件数に対応する審査委員数が必要になるし、応募に対する審査委員として適任者を選任することは研究の推進の意味でも、学者の信頼を得る意味でも重要でした。そこで実行するのが主任研究員と専門研究員です。審査委員に選ばれた場合、１人の審査委員が、かなり多い書類を読むこともあります。しかし、これはピアレビューの負担です。

本当に、適切な審査委員を選ぶ作業は重要なことで時間がかかっても仕方ないですね。センター所長、副所長は、先ほど述べましたが、主任研究員、専門研究員の選任に協力します。

主任研究員も専門研究員も、全国の大学、国公私立大学から推薦していただいた中で選ぶのが原則で、そのリストを見ながら、この人は広く見渡せるだろうとか、経済分野では2人はいらないとか、前の委員は中世の専門家だったから今度は古代にしようとか、そういうことの発言をしています。推薦リストに適任者がいなければ、一本釣りもあります。

女性の割合を高めようとか、特定大学が多すぎるという議論もします。

稲継　文系と理系で言うと、金額的には圧倒的に理系のほうに配分されるわけですけれども、その辺、先生は文系の立場で参加しておられて、どうお感じになられた、あるいはどう行動されたかというのがありましたら教えてください。

村松　特別のことはありませんが、私の所属専門分野が置かれている法学系では、申請数が相対的に見ると少なくて、そこに特質を感じました。

科研費というものに対して、理系に比べて、一部の人を除いて人文学も社会科学も十分な関心を持ってこなかったことを痛感します。私よりも上の世代では、法学部では資金調達ということに時間をかけて考えなかった。研究に経費がかからなかったのか、経費のかかる研究はしなかったからでしょうね。

国立大学の現役のときは、校費と言っていましたが、今の運営費交付金は、事務経費を除いて、全部、本を買う、図書費に充てる。それが多くの国立大学の法学部でした。個人の研究費はなかった。今考えると不思議なくらいです。

私は、本代以外の研究費が必要な人間でしたから、従来の予算執行に対してちょっと抵抗的で、非公式には「校費」に別枠を考慮してもらったこともあります。何より調査に使いたいと部長にお願いに上がったことがあります。もちろん答えは〝ノー〟でしたがね。ただ、京大内経費としての「総長裁量経費」の応募に成功して、エリート調査をやったことについてはすでに話しました。センター副所長の誘いをいただいたのは、予算に関心がある人間だということがあったからかもしれません。

稲継　人文は科研費で割を食っていませんか？

村松　科研費は、先ほどの文系と理系の関係ですが、応募件数・応募額をベースにして決められていますので、公平です。

人社の応募の成功率が少ないかというと、そうではない。配分は、応募件数や応募の総金額の全体に対する配分値があって、文系に不利ということはない。

むしろ、理系が頑張ってくれているので、ありがたいという実感があります。ただ、基盤研究A、Bなどに応募する人の数が少ない。理系のほうから見れば、人社はいったい何をしているのだということになるでしょう。また国際化、つまり英語論文数を見ると、人社は少ない。もっと国際化すべきですね。

人文への予算と比べると、サイエンス関係は研究所とか大きな実験が、文科省では別建て項目でありますよね。その種のことが人社では少ないので、人社の全分野にわたるデータアーカイブなどの仕組みがあるといいなと思っていました。国際日本文化研究センターの設置など少しありますね。

稲継　センター幹部や主任研究員の先生方の仕事との関係で大きな事務局組織があって、何十人かの方が働いておられると思うのですが、彼らとのコミュニケーションはうまくいっていましたか？　どんな感じですか？　非常勤で週2回くらいしか出ていないので、なかなかうまくいかなかったのではと邪推するのですが、その辺は大丈夫でしょうか？

村松　委員や職員との交流ですか？

稲継　はい。

村松　専門研究員は、それぞれ独立してやっていました。私も、相談があれば、意見を申し上げることはしていましたが、科研費審査委員候補者の選任という主たる業務に関しては、すでにルールがしっかりしていますから、特別に意思疎通の必要はなかったですね。最近では、政治学の専門研究員は大西裕氏でしたが、任期の間、私は、相談を受けたことはなかったと思います。

職員組織との関係も十分だったと思います。実際の出勤が週2回でもメールが強力な武器であったし、私自身は、学習院の退職後は毎日通勤していたので、事務方のほうで不便はなかったと思います。

過去10年で、学振での大きな仕事は、外部からの、細目の数が多すぎて学問の細分化が進み知識の融合がないのではないかという批判に応えて、応募分野の「細目」と言っていた名称をやめ、細目をまとめて小区分、中区分、大区分というように大括り化したことであったと思います。

審査手続きにおいて、「合議の仕組みはどこで使うか」も重要でした。今は、基盤B、Cでは、同じ審査委員が2段階で審査します。こういう手続きの変更については本当に真剣な議論が行われています。しかし、細分化問題については法学・政治学系ではあまり関係なく、例えば政治学では、「政治学」と「国際政治学」の区分に実際上の変化はありませんでした。

細目がどんどん多くなったのは自然科学だったのでしょうね。人文学では、新しいテーマが出ても、旧細目の中の新しい提案として吸収してきたのではないかと思います。むしろ、新しい先端政治学が生まれるならば従来の政治学カテゴリの内容がリッチになるという見解だと思います。専門化ということは、やはり自然科学で生じていることであり、その分類いかんで、科研費の使用実態に影響するようです。現在のテーマは、例えば融合化とジェンダーでしょうね。

専門研究員になってほしい人は各大学でも大事な人ですので、元々は各大学から推薦してもらうのですが、実際には種々の都合があって人探しや説得の仕事は大変ですね。おそらく、所長、副所長の一番の仕事は、その時点の種々のスタッフと一緒にセンター主任研究員や専門研究員の適任者を見つけ出すことでしょうね。

稲継　文部科学省の関連部、省庁になるわけですけれども、文部科学省と先生などのお仕事の関係というのはどういう感じでしたか？　文科官僚とか。

村松　「独立行政法人日本学術振興会」は、法律上の権限がどうなっているか知りませんが、私が理解していた学振は、制度的には、独立というよりも明確に文科省傘下にあるといっていい。しかし、独立行政法人に与えられた仕事は、学術にかかわる限り独立的です。力のある理事長や理事が選任されています。繰り返すと、政策は文科省にあるとしても学術活動は文科省から独立して当たり前だし、研究者が委員として集まっている学術システム研究センターは、さらに独立的です。大切に扱われています。

元来、科学・学術の問題は、主任研究員になっているクラスの方が現場の代表者です。私が入ったとき、主任研究員会議を司会していたのは勝木元也氏ですが、主任研究員や各分野の専門委員の意見をたくみに出させたり、あるいは説得もできる立派な方でした。副所長には黒木登志夫氏もおられました。黒木先生は、幅広い方で、医学だけでなく、文章作法で本（『知的文章術入門』）を書く方でもありました。私の後も、何人かの方が副所長になっておられます。

学振のトップには、名声のある人を選んでいます。私が入ったときは元文部科学事務次官の小野元之さんでした。そして、その後は安西祐一郎さん、慶應義塾の元塾長ですよね。今は、東北大学の元総長で、震災のときの病院機能を早期に回復させたことで有名な里見進氏です（この会話の後、杉野剛氏が理事長に就任）。交渉力のある方を選んでいるという感じですね。学術システム研究センター所長は、今は大野弘幸先生で、前東京農工大学学長です。その前は佐藤勝彦氏で、さらに前は小林誠氏でした。

学振では、海外との協定の実行とか、日本学術振興会賞とか育志賞の授与などもやっています。学振の実務担当職員団の構成を三分すれば、文科省関係派遣、学振のプロパー、派遣職員です。よく働きます。国立大学との交流もあります。

また、職員がすべて、感心するほど高い質で多くの仕事をこなしています。

文科省は、本来、学振に自由にやれという立場であったのですけれど、私が入った頃からは総合科学技術会議（のち、総合科学技術・イノベーション会議）が色々言ってきていました。そして、民主党が政権を取ったときは、「事業仕分け」がありました。このあたりから、科技庁と文部省の合併の結果が影響しているなと感じました。

科技庁は経産省の影響を受けやすい。しかも経産省は官邸に人を送り込むのに熱心で、官邸が文科省に介入してくる道筋がその頃あったと感じます。しかし、学術活動に政治が関与するというのはダメです。学術の世界については、政治的意見が様々あるようです。それは世間が様々であるという当たり前のことで、政府の政治的判断として学術活動へ介入するのはダメ。自由国家では御法度です。

稲継 前に戻るのかもしれませんが、先生はその学振に、最初に携わられるようになったのは何年のことになりますか？

村松 ２００８年かな。

稲継 ２００８年。そうすると2年間は学習院にほぼ週3、4回で、学振に週2回と、そんな感じだったのでしょうか？

村松 学振での仕事としては「主任研究員会議に出てください」ということだけでした。それで事前レクというのがあって、それは学習院に来てくれていました。だけど事前レクを全員にやるのなら、それを受ける所長、副所長が一緒に集まればいいではないかということになり、次にそれが会議体に発展して、今の所長懇談会になりました。

稲継 ２００８年から２０１０年にかけての2年間は、主に学習院にいて、学振に時々出掛けるというイメージなのですか？

村松 圧倒的に私の時間は学習院の講義と研究にあてられていました。２０１０年に『政官スクラム型リーダーシップの崩壊』を書いていますので、それまでは余裕の時間があれば執筆に時間を割いていたと思います。

稲継 ２０１０年に退職されました。完全に所属大学はなくて、学術振興会のセンター副所長の職として、そちらのほうに、２０１０年4月からはほぼ毎日くらい行かれるようになったという理解でよろしいでしょうか？

村松　そうです。依頼されているのは週2回くらいという見当でしたけど、どこかに通うというルーティンがあることで研究者としてのリズムができると考えていましたので、毎日、オフィスに通っていました。

東日本大震災と日本の社会科学現況調査

稲継　2011年、東日本大震災が起きました。3・11ですね。その起きた時刻のときには先生、どちらにおられましたか？

村松　学振にいました。今の学振ビルの前の一番町FSビルです。

稲継　半蔵門ですね？

村松　ええ。地下鉄・半蔵門駅に近いビルでした。実は、ちょうどその地震発生のとき、内閣官房の公務員制度改革室の方（経済産業省出向の方と総務省からの出向の方）が来ておられました。当時の公務員制度の改革案に私が反対だということがどこかで伝わっていて、それで説明に伺いたいということでお出でになっていた。

ビルの6階で説明を受けているとき、午後2時46分でしたか、急にガタガタしはじめました。見解は対立していましたが、それでも少し話を続けている間にも大きな揺れが続くので、一緒にテーブルの下に入りました。3人でテーブルの下に入って、しばらくはそうしていました。

稲継　その後、家に帰られたという理解でいいのですか？

村松　そうです。しかし宿泊準備はしました。すぐに学振の職員が歯ブラシと歯磨き粉を買いに出てくれた。パンもちょっとだけは買えたようです。あっという間に食料が近所のコンビニからなくなったそうです。

道路はどんどん混みはじめて、「どうしよう」と考えました。一時、タクシーで帰ることを考えました。実際、タクシーは見つかり、一度交渉をして成功しましたが、もう道が渋滞していました。「いいですが、8時間、9時間かかりますよ」と言われて、決断がつかず、やめて、元の6階に戻ってテレビをすぐ見たのですが、津波がすごかったですね。それに目を奪われました。

揺れは時々来ましたけれども、本揺れではなかったので、テレビをずっと見ていました。「きょうは泊まろうね」と言っていた。ところが、何とその日の夜中12時すぎに地下鉄・有楽町線が動くという情報が入りました。それで私は「では帰ります」と、麴町から乗って池袋からは自宅まで歩こうと思ったのですね。

池袋では、東口も西口もすごい人出でした。ところが池袋東口の駅前に出たら都バスが動きはじめました。その都バスに第一番に乗ったのだと思うのです。皆さん知らなかったのでしょうね。ほんの10人ほどで、最初の都バスで帰りました。都バスは、たぶん、予定の時間通りに発車。池袋駅から最寄りのバス停に着き、自宅には12時半までに帰れました。

稲継　何とか家にたどり着いたということですね。

村松　ええ。幸運でした。その夜、NHKのラジオ深夜便でドイツ人のレーナさんという方のレポートがあり、ヨーロッパの、普通の人達の同情が伝えられました。韓国の友人からは、ソウルに一時避難したらどうかというメールが入りました。やがて、筑波の中国人が全部チャーター機で帰ったというニュースも入りました。

稲継　当時の日本は本当に大変なことになっていて、テレビが映らない地域もありました。東北の様子が、本当に痛々しい様子が次から次に出ていました。

村松　どこにおられましたか?

稲継　私は滋賀県の大津、唐崎の全国市町村国際文化研修所という所で研修していたのです。かなり揺れたけれども、それほどでもなかったので、普通に研修を続けたのですけど、スタッフがその後、「ちょっと東北の人」と飛び込んできて、東北からも来ている受講生がいたので、「大変なことになっているようです」と話がありました。でも普通に関西は電車が動いていたので、研修を終えて自宅に帰ったのです。

たぶん、翌日か翌々日に私、先生と電話で話した記憶があるのです。お見舞いの電話をしたか何か、忘れましたけど、電話で話しています。先生のほうから「僕達は何ができるのだろう」と問い掛けをされたのを覚えていて、私自身は「寄付くらいでしょうか」と答えたのを覚えているのです。

先生の頭の中では恐らく「僕達」と言うときに、「学者って何ができるのだろう」という問い掛けだったようにも思うのですね。私の答えは全然、的を射てなくて、寄付という話をしたのですけれども。その後、先生は学者として何ができるのかということから、学振として理事長裁量経費を使って、当初、記録を残すということをはじめられました。この経緯とか思いとか、その辺についてお聞かせ願えたらと思います。

村松　私は阪神・淡路大震災で自分としては何もできなかったという反省があって、何か研究上の記録を残すという関心があったのだと思います。

しばらくして学振の小野理事長が理事長裁量経費を出すので社会科学として何かしてほしいという依頼がありました。文科省、学振の間で話し合いがあったのかもしれません。それで、あなたに実行するにはどうしたらいいか相談した経緯があったと思います。小野さんとしては、文科省でやるべしと考える事業を準備しようということだったと思われます。最初の調査は、あなたに依頼して、引き受けていただきました。

２０１１年12月末かな？　翌年度の概算要求での事業として、社会科学において大震災の記録を残すという趣旨で要求するので、5年間、単年度1億円予算で調査してほしいという依頼がありました。文部科学省の担当は、伊藤史恵さんです。このときも、なぜか、自分がやらなければならないと感じて、委員会を設置し、石井紫郎先生に委員長をお願いしました。私は、実際上の事務局になりました。

この一連の過程は、すべて石井紫郎さんと恒川惠市さんに相談しながら進め、社会科学8チームをつくってスタートしました。政治・政策班（辻中豊）、行政・地方自治班（稲継裕昭）、被害や費用を調査するミクロ経済班（植田和弘）、マクロ経済班（齊藤誠）、地域と絆（特に教育）班（宮腰→青木栄一）、科学技術と政治・行政班（城山英明）、メディア・ネットワーク班（池田謙一）、大震災と国際関係班（恒川惠市）です。比較的短時間に初発の組織ができました。行政班は、途中、あなたの外国出張があり、小原隆治班になり、帰国後に、小原＝稲継班になりました。

稲継　実際に記録を残すために人集めをすると同時に、先生自身も被災地を何回か訪れておられます。天川先生なども一緒にずっと回ったわけですけれども、実際に被災地に行かれて、先生自身が感じられたことかありましたら、学問的な見地でも他の見地でも結構ですけれども、教えてもらえますか。

村松　このときは、実務家や政治の世界の方にお世話になりました。私は、あまり政治の世界で政策的な提言をするタイプではありませんが、意外に大勢の実務家と接点や交際があって、右のチームで調査に出かける人のお手伝いはできたかと思います。

調査で必要な助言紹介などのことでは、大勢に助けられました。民主党政権の官房副長官の福山哲郎氏は、彼が京大院生時代からの知り合いです。福山さんに緊急事態の中で研究会に出席いただいたことがありましたね。あなたの主宰する研究会だったですよね。区割り審の担当課長であった林崎理さんには、福島県知事の内堀雅雄さんを紹介いただいた。原子力問題では、柏崎刈羽原発で苦労した泉田裕彦元知事の話を聞くことができました。岡本全勝さんは、福島復興再生総局事務局長の職に就く前から知っていました。そんな具合です。

その年の8月、陸前高田に行ったのだと思います。幸田雅治（神奈川大学、元自治省）さんのおかげで、防災科学技術研究所チームが行くバスに乗せていただくことができました。当地では、見渡す限り何もなくて、風が強くて黄色い砂が舞っていました。町が丸々なくなっているのですね。その実景にはびっくりしました。防災科学技術研究所がオーガナイズして、1台のバスに3チームか4チームが同乗していたようで混成のバスツアーでした。

それでも、陸前高田市は仮庁舎のプレハブ住宅の中で働いていました。市側では3人の部長さん方が対応してくれました。ちょっと感想を言えば、我々の中で、私も名前を知っている方が、回答が困難な質問をしたり、「そんな手段では、あるいはその程度ではダメでしょう」といったようなことを言ったりしていました。あの時点で対策など立てようがないのに、しかも当事者に言っても仕方がないことを詰問調で質問するので、私は不適切な質問と思いました。

また、仮庁舎の各所にあった連絡掲示板に手書きで相互に連絡を求める小さな紙がたくさん貼ってある様子を、今でもありありと思い出します。

稲継　学振としての研究も、2011年度に理事長裁量経費ではじまり、2012年度からは、これは文科省が所管する事業となります。社会科学で大掛かりな震災事業になったと思うのです。震災ということではありますが、個別に分かれていた分野が、一つの対象に別の切り口で研究するという、新しいスタイルが生まれたのかなと、当時、私は思ったのですけれど、その辺、先生はいかがですか?

村松　おっしゃるように、何か新しいタイプの研究になるという感じがありましたが、どこまで行けたでしょうかね。

二つ三つの感想を言えば、第1に、親委員会委員、8班のキャップ、各班で参加する執筆メンバーなど、皆さん短期間に引き受けていただき、積極的に参加していただけました。100人に及ぶ研究者が進んで協力してくださった。

第2に、大震災に学ぶ社会科学シリーズ全8巻の中のどの論文も新しい事象をとらえていて、しっかりデータを揃えて観察をしています。総合的に見ると、地域や全国で各種の助け合い、国際関係（トモダチ作戦等）への広がり、新しく生まれたSNSの世界、行政系列の相互の密接な協力などが、8巻に書き込まれています。経済・財政の対応の適切さなどにも目がいって、政治経済社会構造の全体が把握されています。

学振の体制としては、東日本大震災学術調査委員会（石井紫郎委員長）を中心に、恒川さんと私は密接に意見交換をしたと思います。

稲継　最終的にこのプロジェクトへの色々なシンポジウムを企画、実行されたのも先生ですし、各巻の出版についてのコーディネーター兼、督促役兼、ある意味、ちょっと怖いお目付け役でもあったわけなのですけれども。先生として、プロジェクト全体は満足いくものだったでしょうか。どうでしょうか？

村松　皆さん、よくやってくれたと思いますし、成果にも満足しています。

私自身も、自分の持っている時間の何割かは使ったなと思いますね。それでも主任務は学振のセンター副所長や相談役でしたから、そちらの会議に出席するのが主でした。一般的に外国研究はしないとか、調査事項については文科省側の主張もある程度受け入れるとか、〝ゆるい方針〟は持っていました。

最後のシンポジウムでは樺山紘一さんに基調講演をやっていただき、五百旗頭真さんが締めくくりのご挨拶でした。鈴村興太郎先生が最後まで付き合ってくださった。

一番問題だったのは、やはり原発問題の科学的側面です。原発事故の深刻さの把握、その公表関係、政府や東電の対処の実際などを各巻で触れてほしいと思っていました。各班の研究会にできるだけ出席しました。

事業として考えると、はじめと終わりが肝心です。東洋経済新報社が、出版を引き受けてくれるかどうかということが一つ。しかし、これは、引き受けてもらえました。

一番大変だったのは、編集作業でした。締め切り、校正、完成に至る手続きに関連して行う支出が予算年度の範囲に実施されること、第1回配本分が済んですぐ次に取り掛かるという関係が続いて8巻無駄なく期日（予算年度）に完成することが目標でした。

少し駆け引きがありましたが、ほぼ円滑にやれたと思います。

稲継　次いで、英語版になります。

村松　これにも恒川さんがリーダーシップを発揮してくれまして、第1巻は東京大学出版会ですぐに出版され、順調でした。『Five Years After』です。第2巻は、京都大学学術出版会とアトランタ社の代表でオーストラリアに帰化した杉本良夫さん（ラトローブ大学）との交渉が重要でした。

杉本さんはラトローブ大学名誉教授の優れた社会学者で、京大法学部で私と同期生でした。したがって、研究者の癖も理解していただき、杉本さんとの交渉は円滑でした。

データアーカイブ設置の推進

稲継　その後、2016年以降も学振に在籍しておられるわけですけれども、その後の学振では、どういうお仕事になったのですか？

村松　従来通り、科研費の配分の公募規定やその実務について改善を検討する学術システム研究センターの会議や相談に対応することで、何の変化もありません。震災事業のようなことをやっても、それはセンターの仕事ではありません。

しかし、2015年から学術システム研究センターの副所長は盛山和夫さんに代わっていて、私は相談役でした。相談役というが、ほぼ同じ仕事の継続でした。そして、2019年から顧問になりました。

ただ、このタイミングでもう一つかかわった事業があります。今は、データアーカイブということを考えるのにいい時期だと思い、東京大学社会科学研究所の前田幸男さんに相談し、さらに安西理事長に相談して、データアーカイブの予算要求をしました。小さくても新規要求ですので、理事長の決断でできたのだと思います。概算要求の過程で、財政当局の方に直接相談したこともあります。このことが重要でしたが、詳しくは申しません。

この事業の一環として、ロバート・パットナムさんに講演していただき、改めて、データとスケールの大きな社会科学との関係を実感しました。このとき、パットナムさんとの交渉関係の問題は、鹿毛利枝子さんの英語力で切り抜けました。

稲継　結局、先生は熱心にデータアーカイブのセンターを実現するのに力を入れていました。コロナがはじまる前まで、2020年の1月くらいまでは学振に行っておられたように思うのですけども、どういうことをやっておられた感じでしょうか？

村松　拠点機関にアーカイブセンターをつくっていただき、学振の人文学・社会科学データインフラストラクチャー構築推進センターの活動を調整しています。拠点機関は、現在、4校だと思います。

このデータアーカイブの発想を私が持っていたのは、三宅一郎氏の影響です。三宅さんはご主張通り、ご自分が行った調査データについては、データの対象、名前、サンプル数、変数名などしっかり様式を整えた上で東大社会科学研究所に寄託しています。

データアーカイブができた後の管理は、前田幸男さんが広い知識と国際的ネットワークで順調に軌道に乗せていった。最後は、安西理事長の決断だったかもしれません。センター長には統計学者の廣松毅氏が就任された。2020年から事業がはじまり、一時、私はセンターの副所長でした。もう1人専門家の伊藤伸介さんが参加しました。しかし、すぐに私のような素人ではなく専門家が必要であるとわかり、私は引退しました。その後、コロナ感染がはじまって、学振にほとんど行っていません。センターからも離れました。

日本学術会議／日本学士院

稲継　ずっと、これまで学振の話をお聞きしてきましたが、２０００年頃のことに戻ります。日本学術会議の正会員もやっておられたと思います。その後は日本学士院の会員にもなられました。この二つの団体についても伺いたいと思います。

まず学術会議会員としてどうですか？　お話しいただければと思います。

村松　学術会議のほうは、ちょうど私が最初に会員になった年に、総合科学技術会議から、透明化とか定数問題で改組を求められていました。それに対応して、吉川弘之会長と吉田民人副会長は熱心に取り組み、会員数の抑制をすると同時に、連携会員という新制度をつくって活力をはかる仕組みになっていました。私は、この一連の改革を一会員として見ていただけです。

菅義偉内閣の任命拒否にかかわる発言を見ていると、女性がいないとか、私学の研究者がいないとか、学術会議に対する昔の印象についてだけで、実際について新しい情報を持たぬままに発言して「一部任命拒否」という重大な行動に出てしまったという感じがします。このことはどう議論しても、憲法的に違反行為です。基準を持たないで人事の判断をするというのは、何でもやれると考える多数議席を持つ政権政党の傲慢ですね。

何としても時間をかけても正さなければならない事項です。最近、政治家は、学者なんて自由になると思っているみたいですが、いずれ認識間違いを後悔するのではないでしょうか。

さらに気になるのは、一般公務員の人事に関して、税金で給料を払う公務員に対しては、内閣人事局が何でもできると考えているようだということです。良い人事は、本質的にピアレビューです。一般公務員でも、基準や専門性を無視して任免行動をすれば、政治的失敗と判定すべきです。

学術会議事件では、政府側は、どなたかが、何の気なしに、「これは税金を使っている人事案件だ」と言ったことがあります。税金だから首相が自由にできるかのような発言を聞いて危惧しました。税金は、国民が払い、しかるべく予算を立てて、基準をもって実行するのであって、公金を政府が恣意的に利用できるみたいな考え方は間違いです。今の政府は、憲法について不勉強です。

稲継　学士院の会員に推薦されておられますね。学士院というのはどういう所で、どんなふうにお感じになっておられますか？

村松　会員に選任していただいたことは大変名誉なことで、感謝しています。参加してわかったのは、会員には、1～2年に1回、研究報告の番が回ってきます。これは結構な負担です。現役のときは、いつも調査をしていて新しいデータがあり、論文も書けたけれど、今は現役ではありません。私のように、新しいデータで対象を議論する研究者には、結構、大変です。

最新の学術潮流からもだんだん遠のきますので、仕事は大変です。日本学士院賞というのがありますから、業績の評価もします。コロナ禍を経て会議も研究報告会も今は基本的にＺｏｏｍでやっています。

稲継　1～2年に1回くらい回ってくるということは、その研究報告会自体は毎月1回、開かれるくらいのペースと考えていいのですか？

村松　そう。一部（文系）と二部（理系）に分けられていますが、それぞれ研究報告会をやっています。一部では夏を除き毎月1回、1回に2人。次に何をテーマにするか年中自分の頭の中にあります。

稲継　その研究会報告のオーディエンスは、やはり学士院の会員だけということなのですか？

村松　そうですね。お互いが、歳をとっても研さんを続けるという自己規律でしょうね。

外部に向かっても、定期刊行の学術誌並びにニュースレターを編集発行しています。

あとは海外との交流があって、私、韓国学士院との交流でソウルに行ったことがあります。日韓両国の国際政治学と政治思想の報告にコメントしました。日韓の関係が変にこじれていたときですが、夕食パーティに現役をお招きする手続きがあって、私は、ヨム・ゼホさんと権寧周さんを招待しました。

また学士院は、公開講演会も年に2回やっています。私も1回担当しました。筑波大学での西尾勝さんの講演のときは西尾会員の紹介役で出ました。

人事院とのかかわり

稲継　今、学術振興会、学術会議、学士院のお話と、かなりアカデミックなお話をずっとお聞きしていたのですけれども、先生は２０００年代に入ってから、特に人事院とのかかわりをかなり強くされた時期があると思います。

その後、『公務員制度改革』『最新公務員制度改革』『公務員人事改革』と3冊の編著本を出されることになりました。特に海外との関係については、人事院の職員との共著のチャプターも多くありました。つまり、人事院と協力して、成果、アウトプットを出すということに、15年間ほどかなりコミットしてこられたと思うのです。

その、そもそもの発端ですとか、進めておられる中で感じられたことについて、お聞かせ願えたらと思います。

村松　私は官僚集団の政治的機能をずっと研究してきましたが、その集団は長い制度の歴史で生まれるわけで、この10年間公務員制度を調査する機会があって嬉しかったです。

稲継　人事院とのお付き合いはどういうふうにはじまったのですか?

村松　人事院とのお付き合いは長いのです。公務員試験の考査委員は別にして、最初に、１９８０年代末、「どういう人材が公務員に求められるか」という、「21世紀の公務員像を検討する研修基本問題研究会」に出席しました。

元大蔵省事務次官の谷村裕氏が議長で、小長啓一氏（元通産事務次官）などが中心になって議論しました。議論の途中、天谷直弘さんが、「そんな個別問題ではなく、将官をいかに育てるかだ」と言われ、非常に雄弁でした。

その頃、天谷さんは『中央公論』や『Voice』などでも、天下国家を論じて、痛快でした。この委員会には、緒方貞子、伊藤大一さんが出席者でした。元農林水産事務次官がおられて、最近の競馬は女性ファンが多くなって、昔と違いますよということで招待されたのですが、翌日の新聞でリクルートスキャンダルが報じられて、競馬に行き損なった。

その後、90年代になってからだと思いますが、ある日、やや突然に吉田耕三企画法制課長から電話があり、「公務員制度の根幹にかかわる制度改革が政治レベルで議論されている、しっかり検討しておかねばならないので、幹部研修に出て来い」と言うのです。

具体的には、公務員制度に今までと違った批判が出ているので、各省の課長が集まっているところで話をしてほしいということでした。お付き合いはここからはじまったと思います。

それで駆けつけるようにして行ったことがありますが、そこで吉田さんとかなり深く話をしたのがはじまりだったと思います。

その後、菊地敦子さんが任用局長の時に国家公務員Ｉ種試験科目に関する検討会をやったと思います。私は法律職に経済科目が増えるほうが良いと主張したと思います。

公務員制度の比較研究会をやるという誘いは、２００３年以後、東京に来てからだと思いますが、いつからはじめたのか、正確には覚えていません。

そのときは私、もう年齢的に自信がなかったから、「もう私の出番ではないでしょう」というようなことを最初の会に言ったのではないかと思うのです。でもはじめてみて、思ったより元気だったので最後までやることになりました。

学者メンバーは、稲継裕昭氏、野中尚人氏、原田久氏でいこうと提案しました。

稲継 あの研究会は色々、年に何回か開催があって、和気あいあいとした感じの研究会で、私自身も非常に勉強にもなりましたし、委員の皆さん、あるいは事務局の職員の方の実務の現状のお話とかもすごく勉強になりました。あの研究会自体が持っている、ある意味、通産省的な改革に対するアンチテーゼみたいなところは、やはりあったのですかね。

村松 研究会では、政治的なことは言わなかったが、私個人はそういうふうに考えていました。だから内閣人事局なんていうのが結局、できちゃったので、これからは基準をもっと明確にして高いレベルの人事の運用がなされるよう努力すべきだと考えます。政治的任命の伝統がないので、逆に、無制限になってしまいはしないか心配です。

甘利明さんや、中川秀直氏など、当時、「上げ潮派」といわれた方々の発言やサイトを見ると、「高級公務員制度」(higher civil service)に批判的でした。そのあたりで民主党政権になりました。これも高級公務員嫌いでした。政治家がアメリカだけ見ている感じでした。

皆さん、外国の制度を知らない。欧州各国公務員は世代の最優秀層を集める必要があると考え、適切な処遇をして制度を維持しています。働き方を考えると、日本よりずっと優雅です。また欧州諸国の公務員年金はしっかりしている。かつて大蔵省が年金制度改革を考えたことがありますが、天下りがあるからということで、甘く考えたのではないでしょうか。他国並の公務員年金制度にしておいたら、天下りも考える必要がなかったように思います。

それと、私はもう少したくさんのポストが専門職的であるべきだと思っていました。ほとんどPh・Dはいなかった。それでも平気であったのは、内向きで国際的交際が少なかったということでしょうね。

日本では東京大学の学生であることが採用における一つの基準ですが、その採用数が減少しているそうですね。働き方改革の問題があったかもしれません。国会関係の対応に時間がかかっていますが、国会の側でも官僚を敵対者としてでなくパートナーとして大切にすべきだと思います。

私は、自民党以外の政権が登場するときは、官僚集団を取り込む戦略を取ったほうが政権に有利だったと思いますが、2009年の民主党の新政権では、突発的で、官僚制への批判的な提案が飛び出てきて、公務員に冷たかった。

民主党は、たくさんの事項に手をつけましたが、それらは現実的でなかったと思います。政権を狙うにしては、官僚制に対する研究が足りないように見えました。

90年代の変革期に、吉田耕三さんには、人事院としては客観的に比較制度論の情報を蓄積すべきというお考えがあったのではないかと思います。

稲継　それまでにも人事院は国別の担当者を決めて、諸外国の状況を調べてはいたのですけども、それを世間に大々的に知らせているというようなことはしてこられなかったのですよね。あくまで内部資料だった。

それが、最初の公務員制度改革の本で、アメリカはこうなっている、イギリスはこうなっている、ドイツ、フランスはこうだということを、はじめて世間一般の人に、そして政治家にも明らかにしようとしたと思うのですね。

それはある意味、2000年代の公務員制度改革を議論するときの、他国比較をするときの一つのベースになりました。それがどっちの方向に向いたかは別として、ちゃんとしたデータを踏まえた議論ができるという素地を与えたというふうに、私なんかも思うのですけども、先生はどう思われますか？

村松　まだ十分とは言えませんが、この10年くらいの3冊の本の特徴は、「1．国別に各同じ項目について細部の情報があること」「2．それらの細部の諸事項を横に比べると次を考える素地となる情報になっていること」だと思います。

しかし、本当に比較ということになると、制度だけではなくその社会的実態まで含めて分析したい。私は、独仏のキャリア制度を取り上げたが、そこまでいけなかった。難しいですね。

それでも人事院の各国専門家が満遍なく比較ができるような、細部まで比較したというのは、我々は教えられたし、職員のほうでも多少の「研修」効果があったのではないかな。英訳本も稲継編で出版され良かったと思います。

稲継　人事院の中も、国別担当者は、自分の担当する国は知っていても他国との比較としての視点はあまりお持ちでなかったように思うので、あの研究会をすることによって、手薄な調査分野があれば、それもその次の現地調査に行ったときに調べるということをされて、ますます充実したと思うのですね。

今、少し内閣人事局の話も出ました。２００１年の公務員制度改革大綱からはじまって、内閣人事局の設置まで十数年間にわたって、ずっと公務員制度改革の議論が進んできたわけです。それについて、ビハインドサイトでも結構ですけれども、今から振り返ってみて感じられるようなことがありましたら、お願いしたいと思いますが。

村松　それは自民党の政治家達はすごく粘り強かった。その間、大蔵省官僚とか有力官僚はどうしていたのかな。公務員制度の改革過程における官僚の動きは見えなかったですね。国家公務員の組合はどう動いていたのかな。しっかり反対していなかったのではないでしょうか。また、不祥事が重なり、抵抗がしにくかったかもしれない。政治家の意思が反映されすぎてしまうような仕組みになってしまっていますが、これで良いのでしょうかね。

稲継　2000年のはじめから考えると、2009年から12年にかけて民主党政権になりました。ある意味、民主党政権の母体である組合の関係で言うと、それまでの公務員制度改革に対してはネガティブな意見を持っている代議士もいたと思うのですけれども、流れとしては、結局はもう一度、自民党政権に戻ったので、2000年代を振り返ると大きくは変わらなかったように思うのです。

結局、内閣人事局の設置という、ある意味で人事院の権限節減というのか、権限をちょっと奪ったということに落ち着いたのですけれども。その間にあった民主党政権において、先生の教え子である福山哲郎さん、官房副長官をしておられました。その辺の政治の中枢と先生とのかかわりで何か、お話とかエピソードがあればと思います。

村松　政治家とのかかわりはあまりありません。震災調査のときは、防衛大臣にも紹介いただいてインタビューをしましたが、今は、どなたとも特に話をしたことはないですね。ゼミ生では細田健一氏が、政治家に転じたときはびっくりしました。山本朋広氏は、専修コースに入ったときから政治家を目指していた人でした。

最近の議論では、皆そうですが、新自由主義の諸制度の主張において、アメリカ型の制度に関するものが多いですね。日本に続いていた独仏型のシステムには逆行しています。そのため無理が至る所に出てきて検討すべきことが多いという気がします。幹部公務員制度についてですが、日本ではしっかりしたエリート官僚が必要であると認識することが第一です。内閣人事局と運用は心配ですね。

内閣人事局の手続きなど、これから研究者の側でももっと研究すべきでしょうね。

第3部

大学入学前のこと

第7章 小中高教育

小学校入学前

磯崎　それでは、大学入学前の小中高の地元教育時代について伺うことにします。村松先生は1940年の1月3日のお生まれということで、戦前にお生まれになって、小学校に上がるときにはもう戦争が終わっていて、新しい戦後の新制教育というのを最初から受けられたということになっているかと思います。

戦前のこと、ですから小学校に上がる前が戦争中なわけですけれども、何かその頃の記憶があれば教えていただけますか。

村松　はい。わずかに記憶があります。しかし特に何か事件というようなことではありません。自分の生活の中で感じたのは、1945年かな、空襲は恐かったという記憶です。掛川は東海道に沿っていて、静岡市と浜松市の中間地点にありますが、農村的な町でした。掛川には焼夷《しょうい》弾が一個落ちたという噂がありました。だから大したことはなかったということでしょうね。

ただ浜松には艦砲射撃が盛んに行われていたと聞きました。

冬のある日、空襲警報が出た日に、夜、わが家も隣組の皆さんと一緒に近くの小川の竹やぶに避難して、寒い日でしたから、母がコンロで火をたいて持って行ったところ周りから叱られて、それを小川に投げ捨てて赤い火がジュンといって消えたのを覚えています。

終戦前後に何度か大きな地震を感じました。東南海大地震と三河地震と呼ばれるものです。戦時中の混乱の危険ということで、報道されなかったのだということでした。

掛川市あたりでも、アメリカのB29が上空を通るのを見ました。ご近所の大人が、上空を見て、なぜ、日本の飛行機は飛ばないのだと言っていましたね。負け戦という認識は最後までなかったのでしょうね。それと、竹やりの練習などはやらなかったけれども、町内会で火事を想定したバケツのリレーをやったことがあります。自宅に、防空壕《ごう》をつくろうとしたがとても1人ではできないと言うので、すぐに父親はやめてしまいましたし。

その次は、終戦前後、朝鮮半島から帰った伯父の家族がわが家で共同生活を1年近くやって、なかなか不便だったことを覚えています。御三男は予科練帰りでした。まあそんなことではないかと思います。

磯崎　この頃に幼稚園には行かれていたのですよね。

村松　幼稚園に、防空頭巾をかぶって通いました。4月にはじまりましたが、空襲が激しいのですぐに休園になり、8月15日、戦争に負けて再開されました。

幼稚園時代のことは友達との喧嘩なども覚えています。もう一つは、孔雀。浜松の動物園の動物を、空襲で動物が逃げたりして害を及ぼしたりするということを避けるためだったと思いますが、近所の自治体が手分けして管理していたのだと思います。掛川には孔雀の囲いがありました。幼稚園は戦後移動したので、その後半は、まだおかれていた孔雀と囲いを見て通いました。そんなことを覚えています。

磯崎　1945年の8月に「戦争に負けた」という記憶はありますか?

村松　それがよく言われる玉音放送のことになるのでしょうが、私は全然覚えていない。だから、両親がどういうふうに聞いたのかというのも全然覚えていないのです。毎日、両親は、ラジオはよく聞いていました。ですが、幼稚園が再開されるということで周りが活動的になるとか、そういう変化した感じは、色々とありました。

磯崎　そうなのですね。それでは、何か負けたというよりは、「戦争が終わった」という感じのほうが強かったのですね。

村松　そうですね。親から屈辱感みたいなことは聞いていないけれども、満州鉄道の国債が無効になって両親が嘆いているのは思い出します。後で聞いて理解できたのだと思いますが、証券というのかな、その証書は見たという記憶もあります。

また、ちょっと覚えているのはチョコレートです。わが家は東海道に沿っていました。ジープが東京と大阪ないし東京と名古屋の間を行き来するのです。子供達は、往還といった道路で遊んでいましたが、チョコレートで揉めました。近所の女の子めがけてジープのＭＰですかね、チョコレートをまいて走るのです。それでジープが走り去ってからチョコレートを争いました。女の子は「私達女の子にくれた」と言うのです。

磯崎　それは私達のものだと言って、取り合ったのですね。その通りだったでしょうね。

村松　何かそんなのを思い出す。

磯崎　そういう形で、占領軍の憲兵も身近にやって来て、接触があったわけですね。

村松　はい、その程度ですが。

磯崎　小学校時代の話に行く前に、まずご家族のことを話していただいてよろしいでしょうか？

村松　はい。私の育った環境っていうのは、人によっては非常に厳しかっただろうねと言われることがありました。というのは、実家は鈴木といいますが、実父がゼロ歳のときに亡くなり、母親は、その1年後に死んでしまって、両親のない子供になったわけですね。兄弟4人で、長兄が私より10歳上で、その間に2人いて1人が男で1人が女でした。

養子先では、私は兄弟がいるということを知らずに一人っ子として育ちました。養家で非常に楽しく生活をしておりました。養父母の下で幸福に過ごしたことが私の家族環境の一番重要なところかもしれないと思います。

わが家は麹と味噌甘酒製造・小売り販売業をしていました。戦後には、突如、麹をたくさん買っていくグループがあり、わが家では密造酒を造って商売にしている人達だと推測していました。しかし、すぐにこの商売はまったく廃れました。

したがって、養父は、商売のことより、和歌づくりが好きなこともあって郷土新聞の歌壇の選者をしたりしていました。小夜の中山に西行の碑を建てる運動をしたりもしています。

村松の家には数代前、江戸時代末期に村松以弘という南画家がいると聞いていました。以弘の画巻『伊豆沿海真景』（ニューヨーク・パブリック・ライブラリー蔵）を紹介する書籍も書かれています。ニューヨークのパブリック・ライブラリー蔵の以弘のかなりの作品が、1980年代に里帰りしてサントリー美術館で展示がありました。そのとき、サントリー財団の伊木稔さんに撮影していただいた写真が20枚くらい、手許においてあります。

実家のほうも、一世代後には立ち直っていたようです。私の実家は、先生一家のような家で、死んだ父も先生、実兄たちも母校の高校の教師、甥と姪も教師です。1人は教育長をしていました。ちなみに私の大学4年間の学資は、アルバイトをしていなかったので長兄に助けてもらいました。

磯崎　幼少期の頃は、ご自分が養子だということは、ご存知なく過ごしていらっしゃったのですか。

村松　そうそう、子供時代はまったく知らずに。そんなことはどうでもいいほど、私の生活は順調でした。そんなことは全然気にかける必要のない円満な親子関係でした。

磯崎　差しつかえなければ、いつご自分が養子だとわかったのか、その時期を教えていただければと思います。

村松　中学校くらいかな。

小学校時代

磯崎　それで小学校は、戦後の新制の小学校に入ることになった。できたばかりの新制の義務教育制度だったわけですね。

村松　今の小学校と比べて感じることを申し上げると、まずクラスが大きい。私の学校では1クラス54～55人で1学年6クラスあって、1クラスは、男子生徒25人、女子生徒25人という感じでした。私の学校では1学年が300人を超えていました。この間成績表から少し調べましたけれども、小学校1～2年、この2年間で担任の先生が6人代わっているのです。

最初の1年1学期の先生はM先生といいますけれども、大好きな先生でした。私に『古事記物語』を貸してくれて、今でも内容を覚えているのが不思議なのですけれども。とにかくそういう戦前から残っているものを読ませてくれた。ただ、夫が共産党員で、しかも、いわゆる「潜伏」していたらしく、M先生もどこかに急にいなくなってしまいました。それで別の先生が2学期からおいでになった。他の理由でも先生がよく代わりました。雰囲気としてはその種のことがありました。

その先生方の中には、本当の教員資格は取っていない方がいたのではないかと思われます。なぜなら小学校5年のときの先生は、大学受験中の方でした。ある事件があってわかったことなのですが、立派な方でした。事件というのは、いじめ処理で、関係生徒の全員をクラス全体の見ている前で、殴り飛ばしました。それに値する悪い行為でした。

磯崎　いただいた資料では、小学校1年の教科書には何か墨が塗ってあったというようなことがあります。

村松　戦争が終わった翌年の4月からはじまる授業の教科書は間に合わない。新しい教科書の内容についても、つまり方向性が決まっていない時期です。「戦後」という政治の中で決まっていない。教科書も間に合わないですよね。だから、上級生の使ったものに墨を塗って使ったのでしょうね。

そのうちに薄い教科書ができてきました。2学期、あるいは2年生になってからかな、そういう記憶です。

磯崎　先生ははじめからもう新しい教育だったので、戦前の教育を受けていて戦後に急に変わったという経験、教師の言っていたことが急に変わったという経験はされなかったのですね。

村松　先生が何を言ったか何も覚えていない。そういうコントラストというか変化の証人になれるといいのですけれど、そこは何もないのですね。全部が戦後教育でした。

磯崎　ちょうど本当に最初から新しい教育を受けたのですね。

村松　はじめは墨で塗った教科書で、代用教員の戦後教育ではじまった。日本全体がどういう方向に行くか決めかねているわけですから、「内容も薄く」ならざるを得なかったのでしょうね。

磯崎　でも何か新しい活気のある雰囲気で、学校に行くのは楽しかったのではないかと想像されるのですが、いかがですか。

村松　そうですね、子供の活気はあったと思います。よく外で遊びました。ただ、父親なしの母子家庭が多かった。途中で姓の変わる子もかなりいたのですが、それはお母さんが再婚して苗字が変わっているのでしょうね。今考えるとずいぶん変動期だったと思います。子供の家庭生活にも様々な事件があったのではないでしょうか。

磯崎　義務教育になって、皆が小学校に行くようになった時期だと思いますが、先生はご自宅から歩いて小学校に通われたのですね。

村松　徒歩で約30分のところにある小学校、掛川町立第一小学校に通いました。

すぐに友人ができて、通学の途中にその友達の家に立ち寄って一緒に通うようになります。この友達とは何度もケンカをしたりしましたが今でも定期的にお付き合いしています。お父さんが県議会議員でしたが、やがて町長になって市長になるのかな、政治家でした。このお宅に出入りしていていくつかのことを見ています。

その方の家を通じて選挙と政治を見た面もあります。例えば、石黒忠篤は、元農林官僚の大物ですが、戦後、静岡選挙区の参議院議員に立候補します。その人が、選挙関係で挨拶に来たところを、この目で「見た」ことを思い出します。ハイヤーでした。

磯崎　そうなのですね。同じ小学校に通う子供の親は、そういう地元の名士みたいな人もいるし、別にそうではない色々な階層とか職業の人がいたのですね。

村松　それはもう誠に種々だったね。当時としては、掛川は宿場町で、葛布《くずぬの》業が小規模ながらあったし、茶産業などもあって、農業と商店街だけの町ではなかったのだから、貧困なところではなかったでしょうが、終戦後はやはり、豊かさを感じさせなかった。幼稚園に行って親が子供に勉強をはじめさせる家庭と、まったく放置されている子供の差はあったでしょうね。子供にはわからない。

結構悪いことをする子供達もいました。中学生のときは、昨日まで一緒にソフトボールをやっていた子が翌日少年院に連れていかれたことがありますが、ショックでした。めったにない事件だったかもしれません。

磯崎　校区には農村地域もあったのですか。

村松　かなりが農村地域だったと思います。ずっと後になって、新幹線が停まるようになって、変わったと言えます。

当時の掛川市の地域社会では、旧家、財産家はいたでしょうが、とりたてて大きな所得になる商売は少なかったですね。今は中規模の色々な会社、工場があります。大企業の子会社・工場もあります。新幹線の停まる駅になったことが大きいのでしょう。戦争が終わってすぐの頃は、変化したといっても特に活気はなく、子供を戦前から東京や関西の大学に送り出す少し格のある家を除くと、中小の商店や自転車の販売・修理の店、洋服の仕立て、それに呉服販売。昔ながらのよろずやさん、眼鏡屋さんといったものがありました。友人一家が借家をしていた化粧品店も覚えています。日本中にあった町と同じだと思います。そんな町です。ただ、掛川は小笠郡の中心地ですから、文具の卸店などありました。本屋さんもこの地域では一番大きかったのではないでしょうか。サラリーマンが少なかったですね。

サラリーマンといえば、県庁、静岡銀行や当時の掛川信用金庫に通っているお宅だったでしょうね。国鉄の人もいました。しかし全体として、その頃は、サラリーマンが少なかったです。

そういう町が、１９５４年の合併で市になりました。隣接の農業地域を加えることになり、むしろ農業の比率が増えたと思います。

磯崎　自営業の人が多かったという感じなのですね。

村松　サラリーマンの方が少なかった。で、サラリーマンは格好良かったですね。

磯崎　そうなのですか（笑）。

村松　背広着て掛川駅に歩いて行って、安定的に月給をもらって帰ってくるお宅が重要になっていたのではないでしょうか。

磯崎　「ホワイトカラー」と言われる人達ですね。

村松　ホワイトカラー。そうそう。そういうのが少し出はじめていたのではないかな。

磯崎　では、小学校時代の学校生活というのはどんな感じだったのでしょうか？　勉強はよくできたほうだったのですね。

村松　割合できました。

磯崎　読書傾向はどんな感じだったのですか？

村松　小さい頃は、今思うと大した読書ではなかったですが、他の人も読むような本をよく読んでいました。子供用の『小公子』『小公女』『母をたずねて三千里』や『クオーレ』『グリム童話』、そういうもののコレクションが全集としてあったはずなのです。それを、誰かに借りてかなり読んでいます。吉屋信子の少女ものというのも面白かった。江戸川乱歩の『怪人二十面相』とか『少年探偵団』なども読みました。

磯崎　明智小五郎と小林少年ですね。

村松　ええ、読みましたね。海野十三とか、山中峯太郎の戦前からの冒険ものもあった。小学校のときでも。だけど、1人、うんと読書家がいて、その子が『おくのほそ道』を読んでいるという噂があったのですよ。

磯崎　小学生で？

村松　うん、事実ではないでしょう。

磯崎　外国ものの図書というのは、図書館や学校の図書室にあって、それを借りて読むような形だったのでしょうか？

村松　公立図書館は、割合早くからあったかもしれないですが、本の数や種類を言えば大したことではなかったでしょうね。経済成長の後に、だんだんと充実していったのだと思いますが、子供の頃は、貸本屋を利用しました。

小学校高学年から中学にかけては貸本屋が重要でした。吉川英治の『三国志』は全巻貸本屋から借りて読みました。一日借りて10円でした。『宮本武蔵』は、中学のとき、担任の先生に借りました。私自身も買ったし、友達と交換して読むというようなことも多かったように思います。

磯崎　本は家庭にもあったのですね。

村松　ある程度ありました。『世界文芸全集』も『日本文学全集』も、新潮社でしょうかね。父が東京から取り寄せた『西遊記』（全3巻）も思い出します。

全部ではなくて一部でしたが、戦前の文学全集がありました。『モンテ・クリスト伯』とか『椿姫』とか、『レ・ミゼラブル』というタイトルだったかな。それらを少しずつ読んで。日本文学全集のほうは少し遅れて読んだと思います。

というのは、日本のものより外国もののほうが面白い。夏目漱石はだんだん好きな小説家になるわけですけれど、全集の中の『吾輩は猫である』もそう面白いとは思わなかったですね。『クォ・ヴァディス』ですとか、『モンテ・クリスト伯』の面白さとは比較にならないですよ。スケールも大きいし。中学の頃は、ヘルマン・ヘッセの『デミアン』とか『車輪の下』など、面白かった。これは文庫本です。

中学ではテニスに熱中していますから、テニスをしてそれだけよく読めたと今では疑問に思うけれどもね。でも本当なのですよ。その代わり勉強はしなかった。先生も、本を読む子供を大事にしてくれて奨励的でした。

小学校の低学年のときに一番面白いと思ったのは、『おもしろブック』という月刊誌です。その中に『少年王者』という劇画が連載されていました。作者は山川惣治で、私は面白かったですが、今、思い出話で誰も言わない。言わないのは手塚治虫のレベルではなかったということでしょうね。

講談本もあります。小学校の低学年時代で、本がなかった時代ですから、別に私だけではないと思うのですけれど、大人の講談本が面白かった。だいたい強い侍が強さを発揮する、『寛永三馬術』とか『塚原卜伝』とか、『荒木又右衛門』とか。たぶん私の世代のいたずらっ子だったら読んでいたようなものを読みました。真田十勇士というのがあって、今は言えないと思うのですけどね、覚えていました。筧十蔵、三好清海入道・伊三入道の兄弟、それと猿飛佐助、それと霧隠才蔵。穴山小助。そういう名前をあげられるかとか競争でした。

別に、大人の『講談全集』というのがあって、一揃いが私の養母の実家の蔵にあったのです。それを私が暗いところで読んだ記憶があります。養母の実家に行くのは楽しかった。

磯崎　幼い頃から、娯楽でも活字文化になじんでいたのですね。

村松　そうですね。でもラジオも重要になっていました。小学校高学年のときだと思うのですけど、北村寿夫作の『新諸国物語』が放送されました。初年度が『白鳥の騎士』、2年目は『笛吹童子』、3年目は『紅孔雀』でした。午後6時台の15分番組でやっていて、それまでに皆遊びから自宅に帰るのです。『赤胴鈴之助』は少し後です。この記憶があっているかは、多少不安です。巌金四郎が出演する『向う三軒両隣り』も大人は聴いていていました。

今の朝ドラみたいなものですよね。ただ、小学生時代も高学年になるとラジオニュースが耳に入ってしまっていました。朝鮮戦争の状況が、今のウクライナ戦争のような状況がラジオで報道されるのです。父親は一生懸命に聴いているのだろうと思うのです。だけど、私は嫌でしたね。平和主義ですよ、もう本当に嫌だった。まあ日本は、当時、経済的には儲けていたのでしょうが。

今のウクライナ報道を子供がどう聞くか、遺体を見てどう思うか気になります。

私はラジオで聞いていただけですから遺体は見ていないですけれど、嫌な記憶です。本能的には誰でも平和主義でしょう。朝鮮戦争の種々の事件が私に非常にネガティブな心理的影響を与えています。

磯崎　そうなのですね。だから幼かった1945年以前の戦争よりも、50年になってからラジオで聞いた戦争の怖さというか嫌さというのが残っているということですか。

村松　そういうことです。風邪でよく寝込みましたが、そのとき聞いたラジオの記憶です。

磯崎　10歳の頃にラジオで朝鮮戦争のニュースを聞き、そこでもう戦争って嫌だと思ったことが強く記憶に残っているというのは、何だか感嘆します。

村松　10代の意識でも、一時的には意見のようなものになるでしょうが、もう一段階、理論や歴史の勉強があって本当の意見になっていくのでしょうね。

朝鮮戦争は5年生のときだと思いますが、終わったのは中学に入ってからでしょうか。色々なことが少しは秩序立てて記憶が残りはじめるのはこのくらいの年齢でしょうか。4年生になると先生に対して批判的だったし、5年生のときには先生に闘争的になり、殴られたのを覚えています。先生のお怒りはもっともでしたので、何の恨みもありません。

磯崎　その他にも、もう少し子供時代のことについて思い浮かぶことがあればおっしゃってください。

村松　子供の遊びというのはあまりないのですよ。漫画を読む、相撲をとるとか、馬乗りをするとかね。男の子も女の子も、ドッジボールとかそんなことですね。一番スケールが大きかったのは、小さい山の中での戦争ごっこでしょう。棒を持って段々畑を飛び降りたりするスリルがあった。

さっきラジオ番組と言いましたけれど、『鐘の鳴る丘』という浮浪児の物語、これが良かったですね。感動的でした。東京の浮浪児達が色々捕まってしまったり喧嘩をしたりしているのですけれど、浮浪児を救うために長野県かどこかにその子達を収容する施設をつくる。鐘の鳴る丘という施設をつくる物語です。映画では、交通事故で亡くなってしまった佐田啓二が主役で、浮浪児の物語。そんなのは一生懸命聴いた。

磯崎　では同世代になるわけですよね、主人公の浮浪児達が。

村松　そうです。同世代の浮浪児達はどこかの企業などで、60年代、70年代、頑張ったでしょうね。急に思い出しましたが、掛川町・曽我村組合立掛川西中学校でよく勉強ができた人の中に、近くの浜松工業高校に進学する傾向がありました。浜松には通学できます。その高校からさらに、例えば住友電気工業の専門学校に入る道がある。そういう方向を目指した上級生がいました。そうすると大学卒並みに扱ってもらえるエンジニアになれる。

磯崎　大学に行かなくても、手に職のある技術者として厚遇されたのですね。

村松　そういうコースは宣伝されていて、そういうのがベストと考えるご家庭があって、私も「何で君、浜工高に行かなかったのだ」と言われたことがあります。家庭の雰囲気ということでしょうね。でも私の上2代、中学時代トップクラスの人が浜松工業高校に行きました。まあ経済上昇期の人集めという時代だったのかな。掛川西中学校の多くが中学卒で就職や就農をしましたが、進学希望者は、だいたい県立掛川西高校に進学しました。企業就職を考えている人は袋井高校も選択肢。もう一つ、隣接の堀之内町（今の菊川市）に小笠高校がありました。

磯崎　先生が高等教育で大学まで進学するということは、ご両親も考えていらっしゃった。先生ご自身も、中学・高校も地元の公立校に通われるわけですが、高校は進学校に行って、大学進学は何となく当然のものと考えていたわけですね。

村松　うん。それが自然でした。付き合いのある親戚や友人も皆大学に行っています。養母もその妹も、女学校卒業後、その世代では珍しいのですが、東京の学校に行っています。それに、いくら私は勉強しなかったとはいえ、よくできるほうの子でしたから、進学志望の方向も程度も自然に自己選抜していくことになります。

高校は入学試験がありましたけれど普通に合格しています。高校のときに大学受験という点でちょっと問題だったのは、中学のときからテニスに熱中していたことでした。高校に入っても高校のテニス部に入りました。放課後や土日はテニスでした。だけど、「テニス部を本気でやると大学に行くための勉強ができないよ」というのが、高校の教師をしていた兄の忠告でした。たぶん成績の動向を見ていたのでしょうね。1年でテニス部をやめたと思います。両立した人もいます。

中学校時代

磯崎　では少し話を戻しますが、中学時代の話です。地元の公立中学ですが、小学校よりも学区が広がって生徒が住んでいる地域の範囲も広がったのだと思います。中学校もご自宅から歩いて通われたのですか？

村松　はい。掛川第一小学校は、大きな学校区で、旧掛川町市街地区の子供の半分以上を引き受けていたと思います。

その旧掛川町では最初、第一小学校と第二小学校で二つに分かれているのですが、それぞれ小学校域が合併で生まれた隣接の農村部を加えながら掛川東中学校と掛川西中学校になりました。私が行ったのは、制度的には掛川町・曽我村組合立掛川西中学校です。1954～1955年には、掛川町と曽我村が合併して掛川市となり、掛川市立掛川西中学校になります。

掛川西高等学校も市内にありました。静岡県でも一応、その頃は、静岡高校、浜松北高校、沼津東高校などがありましたが、その次くらい、第三グループの一員に入るくらいですが沼津高校とか磐田南高校にかなわないという感じの受験校だったのです。

磯崎　わかりました。では中学の思い出を伺います。

村松　中学のときは私にとって非常に重要で、テニス部の主力メンバーでした。部長という仕事をしていたから。

磯崎　中学時代にそういうことを。

村松　運動に熱心でした。また、中学時代、いい先生に巡り合っています。本を読むことを勧めてもらう、というか自然に刺激を受けました。22～23歳の若い先生のグループがあって、3人組とか4人組と言われた先生方ですが、1人が宿直当番のとき、皆で泊まって、倉田百三の『愛と認識との出発』『出家とその弟子』などについて「あの問題点がどうなのだ」とか、「愛とは何か」とか、「死ぬということをどう考えるか」とか、そういうことを議論しているのです。私はちょこんとそこに一緒にいて会話を聞いて帰ってきて、倉田百三を読んだりしました。

さっきの話の『世界文芸全集』や『日本文学全集』もその頃本格的に読みはじめた。またこの頃から、ヘルマン・ヘッセとかスタンダールも少しずつ読みはじめました。でも理解の度合いは知れたものでしょう。

磯崎　中学生ですよね。中学生活は、テニスと読書という感じですね。

村松　うん。普通の勉強は、はじめあまりやる気がなくて、時間は、テニスと読書に使っていたと思います。でも数学は割合よくできました。

だから、理系への関心はあったと思います。数学と理科の先生が好きだったのはプラスでした。大学受験は、合計8科目の時代で親近感のある化学と物理で受けます。最後まで理工系か文系かを決めないで勉強しています。

磯崎　では、中学の頃は、先生ご本人も大学に行くことは考えておられてはいたのですね。

村松　それは、仲間の間では、自然であったと思います。同級生の3分の1くらいが進学希望でした。

磯崎　でも文系か理系かはまだわからなかった。

村松　周りは皆、技術者になるのが一番安全だと言うのですよ。理科系が一応やれるのだからそっちへ行けばいいのではないのと言われました。だから「受けるなら東大の理工系とか東京工業大学がある。文系なら東大と一橋と京大があるので、それを選ぶのだ」と、高校のときの担任の先生は言っていました。確かに、多少は理系的な関心もありましたね。

高校時代

磯崎 高校は地元の県立進学校ですね。その進学校を受験したわけですから、やはり中学3年くらいになったら、高校入試の勉強をしなきゃいけないという気持ちが強くなったのですか?

村松 ほとんどの人は全然気にしていなかった。周りの友人は、高校の入試の難しさは大したことはなかったと思っていたのではないか。掛川西中学校からは、何十人も受かるわけで、仲間はそのくらいの中には入っていました。私は一番を争うというようなタイプではなかったですね。

磯崎 高校に行ってからもテニスはちょっとやっていたわけですよね。

村松 はじめはね。しかし、部活はやめることになりました。

磯崎 それでその頃に、先ほどの話だとまだ理系なのか文系なのか決めておらず、高校の頃はどちらも行けるという感じだったのですね。

村松 受験の申請書というのですかね、応募書類を書くまで決められなかった。

磯崎 2年ですか、3年ですか?

村松 3年。3年の後半、11月くらいではないかと思うのです。周りからは理系を勧められていました。特に工学部というふうに思っていたと思うのですけれども。私個人は、東大は無理だということを感じていました。全国テストのランキングがあって自分の位置がわかりました。それで、一橋か京大を受験するというように心では決めていたように思います。

二期校も、私学もまったく申請していません。京大不合格なら、浪人すると決めていたのかな。慶應、早稲田というのはどうなのだという人もいるでしょうが、そういう資力はなかった。入学金や授業料が大分違っていました。

磯崎　京大か一橋と決めたということは、理系も技術屋さんもやめたということなのですね。

村松　そこではもう文系なのです。それで秋からは本当に受験勉強をしました。数学が受験の山であると感じていました。小説類はもう読まなかったと思います。学校には普通に出るわけですが、先生は受験生が授業中に数学をやっていても寛容でした。後は、しっかり一日6時間睡眠で12時まで勉強して朝6時に起きるという生活を、半年間病気もせずに続けられた。先生方は、村松は立ち遅れていると言っていました。私が、京大を選んだのは、今思うと、案外、先輩の支援体制が良かったからかもしれません。京都に在住の高校の先輩の下宿に、受験中、泊めてもらいました。

磯崎　体力があったのですね。

村松　体力あったのだろうね、その頃は。

磯崎　文系を選択したけれど、数学がやはり好きだったのですね。

村松　好きでした。数学は大好きで、他の科目は悪くても、数学で、特に解析1で挽回する計画でした。例えば解析1で90点取れば、他の科目が不出来でもかなり補うことができる。

磯崎　そうやって進路選択をされたようですが、実は小さい頃に将来なりたかった職業が別にあったとか、そういうことはないですか？　小さい頃は、どんな夢を抱いていたのですか？

村松　それがダメなのです、わからなかったのです。本当の夢はあったのかもしれません。しかし恥ずかしくて口に出せなかった。現実の自分を考えれば、夢なんて誰も本気で人に言えなかったと思います。とにかく理系ではないというくらいです。具体的に何をやるかっていったら、たぶん企業に入るとか公務員になるというのが普通だったでしょうが、それ以上ではないです。ただ、文学部系に憧れがありました。

法学部に入学できたときには、私はすぐに「国家公務員になる」と京大の先輩に言ったのです。そうしたら先輩は「ばかだな、東大に行くべきだったのではないの」と言った。そこは私にはわからなかった。今でも完全にはわからない。採用した人に不公平な昇進基準を使っているとも思えなかった。東大に行ったからより勉強の機会が広がるとも思えなかった。何がいいのかというのは、結局、先生というか、大学での教育が重要ではないのでしょうか。

磯崎　では、最初は公務員志望だったのですね。

村松　はじめはそう思っていた。大学の法学部を選んだのは、たぶんそういうことだと思います。

しかし、学問の内容が、判例、法律の条文があって、近現代国家の理論の枠の中で、法的枠組みで事実関係を解釈して、現実と社会との照合・利益衡量するというものだ、という感じのものであるとか、法曹という世界が大きな職域としてあるということの認識は強くなかった。

掛川に、簡易裁判所の支部はありましたが、弁護士はいなかったと思います。法学は、「真理探究」ということを正面に掲げるというよりも、「現実の利益の公平や秩序の安定に貢献する知識体系」のような気がしました。そういう意味で真理探究なのでしょうが。しかし、ちょっと夢のない知識かなと思いました。本当は、文学部に行きたかったのだと思います。

一緒に京大法学部を受験した人は、上洛の列車で「弁護士になる」と言っていました。モデルがご親族におられたのではないかと思います。また、文学の世界で勉強することは何の職業につながるかわからなかった。近くにモデルがなければ現実的な夢にならない。それに、そういう世界はダメと周囲に言われました。

磯崎　となると、政治学という選択肢は先生の中ではなかったわけですね。

村松　思いつきもしなかったと思います。それで、大学でも勉強したのは法律学でした。この点は、河野さんとの間で詳しく話しています。

磯崎　第1章ですね。

村松　うん。簡単に言えば、法学部の中では要するに法律学だけ受講していて、政治学の単位はゼロに近いのです。現実政治の中には、冷戦があり、学生時代には安保闘争があって議論はしていたと思います。一つだけ、外書講読という項目でフランス革命を扱った英文を読んだことがあるのですけれど、それ以外は、京都の蜷川政治と新聞で読む東京における政治の展開は別にして、政治学の存在は、頭の中ではゼロに近かった。教養科目の中に、前に触れた政治学の岡田良夫先生の講義（8頁）のことが一つありましたが、それくらいです。

大学でどういう科目を取ったのかということと、どういうふうにして研究者になったのかということ、法律学だけやっている自分がどういうふうに政治学者になったのかということは、河野さんに丹念に話しました。大学入学後の勉強のことも、お話ししています。

磯崎　では高校時代に戻ります。高校は進学校で、同じ地元の学校でも、中学のときの知り合いとはまた違う新しい友達もできるわけですね。進路を選ぶ時期でもあるし、やはり小学校、中学校と違う人間関係ができたように思われますが。

村松　高校では、友達の範囲は拡大しました。掛川は小笠郡の中心地で、小笠郡南部（横須賀町、城東村など）からも通学してきました。この人達には活気があった。森町（周智郡）方向から二俣線で通学してくる人にも秀才が多かった。掛川西高校で一緒になるわけです。

ですから、掛川の東・西中学の同級生だけではない友達関係ができていくし、勉強の知識の交換や競争関係もあったと思います。交友サークルは広がったと思うのです。しかし、基本的には、生活の変化をあまり感じなかった。掛川という町に中心性があり、社会秩序も町並に表れていましたが、今、帰ってみると市役所の移転や都市計画で道路の整備と新幹線の駅ができた効果で新しいギラギラした感じや、東名道路に面したお店がたくさんできて、町の風景は変わりました。中規模会社がたくさんできています。

磯崎　最近の、いわゆる進学校に行って、「良い大学」を目指すような人達は、中高くらいから地元ではない自宅から離れた進学校に通っていますよね。先生のように、小学校も中学校も高校も地元の公立校で、すべて家から歩いて通ってという経験は、今研究者になっている若い人達には珍しいのではないかと思います。高校までの時期をそうして過ごされた経験が、大学進学後に何か影響を与えたのかお聞きしたいです。

村松　そうですね。掛川小学校は家から歩いて30分くらい、掛川西中学校は歩いて10分、そして高校は15分なのです。それで、その圏内で道路沿いにある商店とかお宅というのは全部暗記して知っているくらいなのです。例えば、数軒先の道路の向こう側のお宅の方はトヨタ自動車に、あるいは豊田自動織機製作所に勤めていたのかな。「名古屋に引っ越して何だか調子がよいようだ」などというような噂があった。そんな感じで、一軒一軒をよく知っていました。私の世界は狭かった。

ところが京都へ行ったら、本当に自分は田舎者でした。京都の町というのは東京のような近代的な大規模都市ではないし、大阪のような大商業の地域でもない、おっとりとしているのだけれど大都会なのです。実際に、京都は、お寺系、大学系以外に多数の優良企業のある町になります。自分が住んでいた自分の圏内だけが経験のすべてという人間から言うと、そこにショックがありました。

通常生活でも、電車やバスに乗るわけです。掛川では遠距離の遊びも自転車。文化水準や生活水準というのか、食べ物なんかも違うものになった。私だけの経験かなと思ったらそうではなくて、色々な方と会って、食や通学に大学入学後変化があったかどうか聞いてみると、やはり皆、大きな違いがあったと言っていました。たぶん東京、大阪、京都、名古屋の生活と田舎は違った。都会と田舎の違いはあったのでしょうね。お寺めぐりなどして文化も感じました。和辻哲郎の『古寺巡礼』はテキストでした。

磯崎　でも高校のときは、「大学に行くと、もうここからは離れるのだ」というところはもう決めて、進学の準備をしていたわけですね。

村松　そうそう。実際、非常に離れました。ある意味でまったく違った世界に来てしまったという感じがして、孤独感はありました。郷里に帰るのは、長い休暇のときだけです。

磯崎　最後に、小中高の時代の本のことなど補足してください。

村松　はい。先ほどの読書傾向ということで、お話ししたことについて、ややコミットして読んだ本の話をしたいと思います。

　私の世代は中高時代にかなり大勢が下村湖人の『次郎物語』と、伊藤左千夫の『野菊の墓』に非常に惹かれていました。周りの同級生が皆、読んでいました。先生が推薦したということがあったかもしれません。後年、同世代の方に会ってみて聞いてみると、皆さん読んでいました。まあ思春期前期の兆候かなと思います。この時期の読書は、すこしあとの『チボー家の人々』、ドストエフスキーなどから受けた感銘よりも強いものがあります。高校の後半だと思いますが、友人のお姉さんから借りた『若きウェルテルの悩み』に熱中しました。『三四郎』や『こころ』もこの頃です。

　本については、大学入学前に、少しだけ宗教や哲学が気になっていました。中学の理科の先生の影響です。その延長線上だと思いますけれども、『聖書』に関心が出てきて、大学時代、奥田昌道先生（京大民法教授）が主宰していたエマオ会という聖書の読書会に参加しました。

　そのエマオ会を通じて市川喜一さんという方の無教会派の集会にも出ました。どのくらい世間に知られているのか、私は、よく知らないのですけれども、市川喜一さんは信仰心が厚く、学術的にも大変にスケールの大きな方と思いました。ヘブライ語を含む諸外国語でも聖書研究をされ、学問的な世界でも立派だったのではないかと思います。この方の信仰の深さには、非常に感銘を受けました。

磯崎　私、村松先生が学習院に赴任されて色々お話しするようになり、先生のご家庭の事情（ご養子ということ）をはじめて伺ったとき、「色々大変だったのでしょうね」と述べたところ、先生が笑って「甘やかされた」と即答されたのを覚えています。今日お話を聞きながらそのことを思い出し、先生が「ポジティブ」な思考で物事に対応されるのは、本日伺ったような掛川時代の経験があるからかなあと思いました。

最後に私のほうからお尋ねしたい質問が、2点あります。

まず、本日お伺いした時期の出来事が、後に先生のご研究の中心的な主張となる「戦前戦後断絶論」につながるような経験として意識されていることがあるのか、という点です。ただ、本日お話を聞いている中では、戦後に変化する前のことでは特に意識していることは経験していないということだったように思います。自覚的に意識しているのは、精神形成の出発が戦後の新しい変化の中だったという感じですね。

では、そうした環境での経験が、先生の「新しもの好き」「新しいものを肯定的にとらえて取り入れる」という姿勢に影響を与えているのではないかという気がします。私が先生と接するようになるのは、学習院大学に赴任されてからですが、お歳を召しているにもかかわらず、研究のみならず色々なものに関して「新しいもの」に興味を示す姿勢に驚くことが多かったです。本日お伺いしたような幼少期の経験が、そうした「新しいものへの肯定的な感覚」につながっていると思われることはないかという質問、これが2点目です。

幼少期の経験が先生の思考方式に与えた影響ということで、まとめてお答えいただければ幸いです。

村松　戦前戦後を断絶と見る人は多勢いたでしょうが、私の場合、どういう経験が研究の内容に影響を与えたかなどまったくわかりません。自分でこれだと言えるようなことはなかったと思います。そういうことは、思想の研究者などとは違うと思います。ただ、潜在意識のようなことを言えば、私の養父母は、特に母ですが、我儘な私を非常にかわいがったということがあって、好奇心を育ててくれたかもしれない。リソースの範囲で、何でも言うことを聞いてくれた。言いたいことも言う。

2点目の「新しもの好き」ということはそうかもしれません。この種の感覚が政治学の見解に関係があるのかどうか。私のいくつかの主張がどこから来たかに関心を持っていただいているのだと思いますが、私の場合、何といっても留学先のアメリカの政治学に、行動論という新しいものが動いていて、アメリカの政治学の全体から影響を受けた、その雰囲気を感じたということがあったということかもしれません。

あとがき

このオーラルにおいて、河野康子氏の問いかけに対応しながら、研究者としての生活に入ったいきさつから、きわめて最近の「いま」までを思い起こさせていただくことになった。私が研究を始めたころは、行政学という領域が明確に確立しているわけではなかったということもあって、行政を念頭に置きながらも、研究や調査の横幅を政党や団体の諸活動に広げたこともあるし、講義の内容でも重点はよく変わった。初めの数年は本当に暗中模索であった。

助手生活を終え、京都大学助教授になって研究者生活の安定を得るわけであるが、最初の転換点は、アメリカ留学であった。26歳の時であるから、まだ学生の留学と考えるべきであるが、すでに助教授の地位にあるということで、背伸びをしていたことも少なくない。UCバークレーの講義は魅力的であった。シェルドン・ウォーリン教授の講義についていくために、日本で行政学を始めた時には思いもよらなかった社会科学の古典をアサインメントとされると、勉強時間は、行政学からどんどん遠のいていった。ロバート・スカラピーノ教授の「戦後日本政治」の講義では、先生の講義を聞き、近くの席に座る学生と話しながら、日本人による日本政治研究が少ないことを強く感じた。帰国後は、日本の行政と政治を実証的に研究しようと決意したが、そうはいっても、すぐにできるというものではない。糸口がすぐに見つかるとは感じられなかった。

しかし、実際には、数カ月後と意外に早く、ミシガン大学から帰国して1967年、『異なるレベルの選挙における投票行動の研究』を上梓し、日本の選挙研究を一挙に世界水準に上げて調査研究をしていた三宅一郎氏のリーダーシップの下での京都市政研究が1971年から始まり、私は、京都市民意識調査、京都市職員組織調査、京都市議会議員調査などの諸調査に事務局として参加することになった。これはまことに幸運なことであった。数年にわたる調査活動や分析結果の報告研究会の過程で、三宅一郎氏の方法と哲学、またノウハウが伝わってきた。学んだというべきであろう。三宅一郎氏に対して、私は、終始、「三宅さん」で通してきたが、また、私は忠実な生徒ではなかったかもしれないが、私にとって、長濱政壽先生、加藤新平先生、大隅健一郎先生に並ぶ「師」の1人である。

指導教授であった長濱政壽先生の存在は大きかった。「学問に指導なし」とよく言われるが、当時の京都大学の雰囲気は特にそのことを強調していたように思う。しかし、講義を受けまた先輩に囲まれていれば、当然、研究生活を続けていくための刺激と指導は生まれ、持続するものである。長濱先生からは、政治学の基礎になる近現代社会の構造を見据えて、自分の選んだテーマを大きくとらえるようにと示唆されたように思う。大きな課題を選びなさいという言い方であったかもしれない。長濱先生にお会いしたのは、昭和37(1962)年であり、日本における政治世界はまだ激しい保革の対立の中にあった。長濱先生は、近代社会における「国家と社会の対立」と、その対立が解消されて「自同化」されるという枠組みを用意され、この枠組みの中で、現代における国家機能の分化と集中を論じ、地方自治論を展開された。先生が使う枠組みや諸概念は、私自身の分析の言葉にはしなかったが、ずっと頭から離れていなかったのではないかと思う。

上に述べた京都市政調査は、京都大学の複数の学部・研究所が共同して大型の科学研究費(題目「高度産業社会の諸問題」)の中の「法学部班」の活動として行われたものであったが、この経験は、私自身の省庁官僚制や国会議員の面接による調査研究の方向へ導くものであった。また、行政学の研究目的に適したものであったかどうかは、今も時々に考えることであるが、国会議員調査と官僚調査を繰り返し、それを分析することが私の一生の仕事になった。

研究活動のプロセスでは、自分の論文が誰かの見解にぶつかり、賛成や反対の反応があって鍛えられていく。日本政治学会や、日本行政学会、関西行政学研究会の場で研究発表を行い、批判を受け、他の研究者と意見交換をする活動は、新しいテーマを思いついたり、主張を洗練させていく機会になった。特に今回の〝オーラル〟におけるパートナーからの設問に応答をしながら強く感じたのは、国際的な研究会の影響である。アメリカ人との交流が多かったが、ドイツ、イギリスのチームとの共同研究会は、英語表現が不得意な私には、問題を2倍考える時間になった。60歳の定年間近にフランスのグルノーブル大学の教授から日仏比較をやろうという提案があったが、もう私には時間がなかった。日本では、50代以降は大学「行政」の責任が大きくなり、時間を取られる。こうした１９９０年代に関するオーラルでは、稲継裕昭氏がパートナーになってくれた。

さらにもう一つ重要であったと思うのは、少し遡るが、経済学者との意見交換である。その最初は、村上泰亮氏による戦後日本の政治経済の研究会である。30代後半のことであるが、そこで出会った日米の社会科学者、特に経済学を中心とする研究会の一員として得たものは大きかった。また、経済学といえば「バブル経済」の諸問題に関して、多数の経済学者との間で共同研究が行われ、経済から政治を見る視点の重要性を実感した。

様々な研究会に参加したが、特に、１９８０年代のサントリー文化財団の行う異分野融合的な研究会への参加は、関西ではなかなかお会いできない方々と会い、その方たちの見解を学ぶ場になった。国際的な共同研究会にも招かれればできるだけ参加して論文を書くことに努めた。大学院生たちが常にいたことは、時間を取られることになるが、彼らの存在が私には刺激になり、社会科学諸分野の新傾向を知る機会にもなった。京都大学は、研究への刺激に満ちていた。

京都大学を定年退職し、第2の就職先は学習院大学になったが、ここでも同学の士を同僚に得て、充実した研究生活は続いた。学習院大学以外でも、早稲田大学の片岡寛光氏や寄本勝美氏が主導するグループにお世話になった。京都在住以来のことであるが、私は、地方自治体から依頼されれば審議会委員も務めたし、政府の審議会にも参加した。最後の仕事は、日本学術振興会学術システム研究センターであった。どんな勤務であったかは、本文（第6章）を見ていただきたい。

このオーラルを主宰し、全体の編集をしてくださった河野康子氏とは、日本政治学会の年報委員会委員として研究会の場で何度もお会いしていたという背景はあったが、直接的には、私が東京に来てからの研究仲間の天川晃氏、雨宮昭一氏との共同研究の企画が研究費の獲得に失敗して、福永文夫氏と河野康子氏が中心となる研究会に参加させていただいたという縁である。

本オーラルは、このように研究関心や在職大学を変えながら、今日にいたる私の研究史で、それを何ページも使って人に語るなどということは、考えてもみなかったことである。その内容であるが、オーラルの性質上、ある程度の加筆をしているとはいえ、問われなかったことは話していない。下読みをしてくれた1人には、本オーラルの草稿をざっと見て、京大時代の同僚関係、大学紛争とか受験複数化、国立大学改革などにどう対処したかといったことの情報がもっとあってもよかったと言われた。しかし、私としては、良き友人たちの誘いに乗って、どちらかといえば、「しゃべりすぎた」という実感の方が強く、特に、第3部の大学入学前については、パートナーとなってくれた磯崎典世氏のリードがたくみで、自分では「しゃべりすぎ」に後悔もある。逆に、言葉に出しておきたかったこともある。例えば、子供の頃の読書を聞かれて、適当に対応しているが、熱中して読んだ『ロビンソン・クルーソー』や『アイヴァンホー』について言い忘れたし、『ジキル博士とハイド氏』も挙げておきたかった、などと言いたいわけである。そんなことは無数にある。仕方のないことである。

私事であるが、家族は、この数十年間、私の勝手な時間の使いように対して何一つ文句を言わなかったし、私の健康を守ってくれた。高齢になって脊柱管狭窄症と、それに関連したヘルニアで苦しんだ時期もあるが、櫻井恒太郎氏（当時、北海道大学教授）の助言や、執刀してくださった先生には本当に命を救っていただいた。感謝すべき人はここでは書ききれない。郷里の同窓生で今も続く友垣は、今や我が人生である。

東洋経済新報社の佐藤朋保氏には、この面倒人間の私にまたもお付き合いいただいた。ありがとうございました。また、関俊介氏は事実の有無など丹念に目を通して校正をリードしてくれた。

さらにまた、作業の最終段階において、島村裕子氏が実施してくれた事実関係や内容不明の確認作業での指摘は適確であって、それらに答えることで、さらに事実関係の整理ができたところが多い。

一連の作業のなかで、最初の著作『戦後日本の官僚制』以来、東洋経済新報社のお世話になってきたことを想起し、皆様の全体に改めて感謝すると同時に、近い将来、またもう一冊の出版の相談に行きたいものであると思う。

２０２４年７月

村松岐夫

戦後政治学の展開　機会と挑戦の50年
村松岐夫オーラルヒストリー

2024年10月11日発行

編　者――河野康子
著　者――村松岐夫
発行者――田北浩章
発行所――東洋経済新報社
〒103-8345　東京都中央区日本橋本石町1-2-1
電話＝東洋経済コールセンター　03(6386)1040
https://toyokeizai.net/

装　丁…………橋爪朋世
ＤＴＰ…………丸井工文社
印刷・製本……丸井工文社
編集担当………関　俊介／佐藤朋保

ISBN 978-4-492-21257-8

著者紹介

河野康子（こうの　やすこ）

法政大学名誉教授。外務省『日本外交文書』編纂委員。1969年津田塾大学学芸学部卒業。1990年法学博士（東京都立大学）。東京都立大学法学部非常勤講師、法政大学法学部政治学科教授等を経て現在に至る。外務省いわゆる日米「密約」問題に関する有識者委員、文部科学省教科用図書検定調査審議会委員を歴任。単著に『沖縄返還をめぐる政治と外交——日米関係史の文脈』（東京大学出版会、1994年、大平正芳記念賞受賞）、『日本の歴史 24　戦後と高度成長の終焉』（講談社、2002年）がある。共編著多数。

稲継裕昭（いなつぐ　ひろあき）

早稲田大学政治経済学術院教授。1983年京都大学法学部卒業。1995年京都大学博士（法学）。1993-95年京都大学大学院法学研究科専修コースの際に村松岐夫氏に師事する。大阪市職員、姫路獨協大学、大阪市立大学法学部教授、同法学部長等を経て現職。LSE、UC バークレー客員研究員等。内閣府、内閣官房、内閣人事局、人事院、総務省、文部科学省、消費者委員会等政府委員を歴任。現在、放送大学客員教授、東京大学客員教授。単著に『評価者のための自治体人事評価 Q&A』（ぎょうせい、2013年）、『AI で変わる自治体業務——残る仕事、求められる人材』（ぎょうせい、2018年）等がある。著書・編著・訳書多数。

磯崎典世（いそざき　のりよ）

学習院大学法学部政治学科教授。1987年東京大学教養学部卒業。1994年東京大学大学院総合文化研究科博士課程単位取得中退。東京大学教養学部助手、学習院大学法学部助教授を経て現職。編著に『日韓関係史1965-2015 Ⅲ　社会・文化』（東京大学出版会、2015年）、共著に *Emerging States at Crossroads* (Springer Singapore, 2019)、『アジアの脱植民地化と体制変動——民主制と独裁の歴史的起源』（白水社、2022年）等がある。

村松岐夫（むらまつ　みちお）

京都大学名誉教授。1940年生まれ。静岡県出身。1984年京都大学博士（法学）。京都大学、学習院大学にて教鞭を執る。日本学士院会員、文化功労者。在外研究として、UC バークレーリサーチフェロー（ACLS、1966-68年）、ハーバード大学客員教授（1973年）、コーネル大学客員教授（1981-82）。その他、オックスフォード大学・日産日本問題研究所客員研究員、エセックス大学客員教授として短期滞在。単著に『戦後日本の官僚制』（東洋経済新報社、1981年、サントリー学芸賞受賞）等がある。著書・編著多数。

文献案内

本文に何らかの形で言及した文献を掲げた。

複数の版があるものについては基本的に言及されている当時の版としたが、書誌情報が不明の場合は、現在入手可能な版とした。また、複数の章で言及している場合は、最初の章のみとした。

なお、村松岐夫氏の著作は含めていない。本書「村松岐夫・業績目録」を参照されたい。

第1章

縣公一郎・稲継裕昭編［2020］『オーラルヒストリー 日本の行政学』勁草書房。

足立忠夫［1975］『行政と平均的市民』日本評論社。

足立忠夫［1991］『政治学入門――自分史の政治学』ぎょうせい。

伊藤大一［1983］「〈書評〉村松岐夫著『戦後日本の官僚制』」、日本行政学会編『行政学の現状と課題』（年報 行政研究 17）ぎょうせい。

ウィルダフスキー, アアロン［1972］『予算編成の政治学』（現代政治理論叢書 4）小島昭訳、勁草書房。Wildavsky, Aaron［1964］*The Politics of the Budgetary Process*, Little, Brown.

ウェーバー, マックス［1960-1962］『支配の社会学』（1・2）世良晃志郎訳、創文社。Weber, Max. *Wirtschaft und Gesellschaft*.

内田満［2002］『早稲田政治学史断章』三嶺書房。

大阪市政策企画室企画部総合計画担当編［1949-2012］『都市問題研究』大阪市政策企画室企画部。

大嶽秀夫［2005］「『レヴァイアサン』世代による比較政治学」『日本政治を比較する』（日本比較政治学会年報 第7号）6月。

岡義武編［1958］『現代日本の政治過程』岩波書店。

加藤一明［1971］「手数料について」、大阪市政研究所編『現代都市の諸問題――大阪市政研究所設立二十周年記念論文集』都市問題研究会。

加藤新平［1976］『法哲学概論』（法律学全集 1）有斐閣。

加藤新平［1977］「価値相対主義」京都大学大学院法学研究科博士論文。

川島武宜［1961］「近代日本史の社会科学的研究――1960年箱根会議の感想」『思想』442。

久米郁男［1983］“Organizations and Environments/Howard E. Aldrich (1979)”『季刊行政管理研究』24。

久米郁男［1998］『日本型労使関係の成功――戦後和解の政治経済学』有斐閣。

久米郁男［2013］『原因を推論する――政治分析方法論のすゝめ』有斐閣。

故長濱政壽教授追悼文集刊行委員会編［1972］『長濱政寿を偲んで』玄文社。

サイモン, ハーバート・A.［1998］『学者人生のモデル』安西祐一郎・安西徳子訳、岩波書店。

Simon, Herbert Alexander［1991］*Models of My Life*, Basic Books.

司馬遼太郎［1998］『新装版 竜馬がゆく』（1-8）文春文庫。

ジャンセン, マリウス・B.編［1968］『日本における近代化の問題』細谷千博編訳、岩波書店。

Jansen, Marius B.［1965］*Changing Japanese Attitudes Toward Modernization*, Princeton University Press.

スカラピノ, ロバート・A.／升味準之輔［1962］『現代日本の政党と政治』岩波新書。

スタンダール［2012］『改版 赤と黒』（上・下）小林正訳、新潮文庫。

高根正昭［1979］『創造の方法学』講談社現代新書。

高橋安人［1954］『自動制御理論』（岩波全書）岩波書店。

高畠通敏［1963］「アメリカ近代政治学の基礎概念（1）」『国家学会雑誌』76 巻 7・8 号。

高畠通敏［1964］「アメリカ近代政治学の基礎概念（2）」『国家学会雑誌』77 巻 7・8 号。

田辺元［1949］『哲学入門――哲学の根本問題』筑摩書房。

田村圓澄［1964］『聖徳太子――斑鳩宮の争い』中公新書。

田村会［1960］『田村徳治』田村会。

辻清明［1950］「行政における権力と技術――現代行政学の理解のために」『思想』309。

辻清明［1951］「日本官僚制とデモクラシー」『日本政治學會年報政治學』第 2 巻、日本政治学会。

辻清明［1969］『新版 日本官僚制の研究』東京大学出版会。

手島孝［1964］『アメリカ行政学』日本評論社。

東京人編集室［1986-］『東京人』都市出版。

戸部良一ほか［1984］『失敗の本質――日本軍の組織論的研究』ダイヤモンド社。

長濱政壽［1950］『国家機能の分化と集中』（近代国家論 第 2 部）弘文堂。

長濱政壽［1951］「現代官僚制とデモクラシー」『日本政治學會年報政治學』第 2 巻、日本政治学会。

長濱政壽［1952］『地方自治』（岩波全書）岩波書店。

長濱政壽［1958］「行政法」、末川博編『法学講要』（上）日本評論新社。

長濱政壽［1959］『行政学序説』有斐閣。

南原繁・蠟山政道・矢部貞治［1963］『小野塚喜平次――人と業績』岩波書店。

西尾勝［1975］『権力と参加――現代アメリカの都市行政』（東大社会科学研究叢書 47）東京大学出版会。

西田幾多郎［1979］『善の研究』岩波文庫。

野口悠紀雄［1984］『日本財政の長期戦略』日本経済新聞社。

野口悠紀雄ほか［1979］『予算編成における公共的意思決定過程の研究』（経済企画庁経済研究所研究シリーズ第 33 号）大蔵省印刷局。

バーナム, ジェームズ［1965］『経営者革命』武山泰雄訳、東洋経済新報社。Burnham, J.

［1941］*The Managerial Revolution: What is Happening in the World*, John Day.
馬場敬治ほか［1956］『米国経営学』（上、経営学全集 第3巻）東洋経済新報社。
ハミルトン, アレグザンダー［1990］『製造業に関する報告書』田島恵児ほか訳、未来社。Hamilton, Alexander［1791］*Report on Manufactures*.
ベル, ダニエル［1969］『イデオロギーの終焉――1950年代における政治思想の涸渇について』（現代社会科学叢書）岡田直之訳、東京創元新社。Bell, Daniel［1960］*The End of Ideology*, Free Press.
マイニア, R. H.［1971］『西洋法思想の継受――穂積八束の思想史的考察』佐藤幸治・長尾龍一・田中成明訳、東京大学出版会。Minear, Richard H.［1970］*Japanese Tradition and Western Law: Emperor, State, and Law in the Thought of Hozumi Yatsuka*, Harvard University Press.
マイニア, リチャード・H.［1972］『勝者の裁き――戦争裁判・戦争責任とは何か』安藤仁介訳、福村出版。Minear, Richard H.［1971］*Victors' Justice: The Tokyo War Crimes Trial*, Princeton University Press.
牧田義輝［1996］『アメリカ大都市圏の行政システム』勁草書房。
升味準之輔［1969］『現代日本の政治体制』岩波書店。
升味準之輔［1986］『ユートピアと権力――プラトンからレーニンまで』（増補版、上・下）東京大学出版会。
升味準之輔［2008］『なぜ歴史が書けるか』千倉書房。
松本清張［2009］『波の塔』（新装版、上・下）文春文庫。
マルタン・デュ・ガール, ロジェ［1949-1952］『チボー家の人々』（全11巻）山内義雄訳、白水社。
三谷太一郎［1988］『二つの戦後――権力と知識人』筑摩書房。
宮沢俊義［1951］『憲法』（3版）有斐閣。
メリアム, C. E.［2006］『シカゴ――大都市政治の臨床的観察』和田宗春訳、聖学院大学出版会。Merriam, Charles［1929］*Chicago: A More Intimate View of Urban Politics*, Macmillan.
ラスキ, ハロルド［1957］『危機にたつ民主主義』（社会科学選書7）岡田良夫訳、ミネルヴァ書房。Laski, Harold Joseph［1933］*Democracy in Crisis*, The University of North Carolina Press.
ルーブル, ブレア／村松岐夫訳［1997］「大規模商業都市の発展――1870-1920年のシカゴ、モスクワ、大阪」、水口憲人編『今なぜ都市か』（大阪市政研究所研究論集）所収、敬文堂。
ロウィ, セオドア［1981］『自由主義の終焉――現代政府の問題性』村松岐夫監訳、木鐸社。Lowi, Theodore J.［1979］*The End of Liberalism*, Norton.
渡邉昭夫・村松岐夫・大嶽秀夫・牧原出・成田龍一著、福永文夫・河野康子編［2014］『戦後と

は何か——政治学と歴史学の対話』（上）丸善出版。

渡辺保男［1959］「行政責任確保の推移」、斎藤真編『現代アメリカの内政と外交——高木八尺先生古稀記念』所収、東京大学出版会。

和辻哲郎［1947］『古寺巡礼』岩波文庫。

Almond, Gabriel A.［1990］*A Discipline Divided: Schools and Sects in Political Science*, SAGE Publications.

Apter, David E.［1965］*The Politics of Modernization*, University of Chicago Press. アプター, D. E.［1968］『近代化の政治学』内山秀夫訳、未来社。

Apter, David E.［1971］*Choice and the Politics of Allocation: A Developmental Theory*, Yale University Press.

Apter, David E. and Nagayo Sawa［1986］*Against the State: Politics and Social Protest in Japan*, Harvard University Press. アプター, D. E.［1986］『三里塚 もうひとつの日本』澤良世著・訳、岩波書店。

Aron, Raymond［2018］*Main Currents in Sociological Thought: Volume One Montesquieu, Comte, Marx, De Tocqueville: The Sociologists and the Revolution of 1848*, Routledge. アロン, レイモン［1974］『社会学的思考の流れ 1 ——モンテスキュー, コント, マルクス, トックヴィル』（叢書・ウニベルシタス 52）北川隆吉ほか訳、法政大学出版局。

Banfield, Edward C. and James Q. Wilson［1963］*City Politics*, Harvard University Press and MIT Press.

Camus, Albert［1955］*The Myth of Sisyphus*, Justin O'Brien（trans.）Hamish Hamilton. カミュ［1969］『シーシュポスの神話』清水徹訳、新潮文庫。

Chernow, Ron［2004］*Alexander Hamilton*. Penguin Press. チャーナウ, ロン［2019］『ハミルトン——アメリカ資本主義を創った男』（上・下）井上廣美訳、日経 BP。

Conrad, Joseph［1906］*Gaspar Ruiz*, in *A Set of Six*, Methuen and Company, 1908. コンラッド［2005］「ガスパール・ルイス」『コンラッド短篇集』所収、岩波文庫。

Goes, Albrecht［1974］*Das Brandopfer*, FISCHER. ゲース, アルブレヒト［1960］『不安の夜』佐野利勝・岩橋保訳、みすず書房。

Hamilton, Alexander, James Madison and John Jay（all under the pseudonym 'Publius'）［1787–1788］*The Federalist Papers*, New York Packet・The Daily Advertiser and J. & A. McLean. ハミルトン, A.／J. ジェイ／J. マディソン［1998］『ザ・フェデラリスト』齋藤眞・武則忠見訳、福村出版。

Lipset, Seymour Martin and Sheldon S. Wolin（eds.）［1965］*The Berkeley Student Revolt: Facts and Interpretations*, Anchor Books.

Ostrom, Elinor［1990］*Governing the Commons*, Cambridge University Press. オストロム, エリノア［2022］『コモンズのガバナンス——人びとの協働と制度の進化』原田禎夫・齋藤暖

生・嶋田大作訳、晃洋書房。

Peattie, Mark R.［1975］*Ishiwara Kanji and Japan's Confrontation with the West*, Princeton University Press. ピーティ, マーク・R.［1993］『「日米対決」と石原莞爾』大塚健洋ほか訳、たまいらぼ。

Schubert, Glendon［1960］*The Public Interest：A Critique of the Theory of a Political Concept*, Free Press.

Simon, Herbert A.［1957］*Administrative Behavior*, 2nd ed., Macmillan. サイモン, ハーバート・A.［1989］『経営行動——経営組織における意思決定プロセスの研究』（新版：3rd ed. の翻訳）松田武彦ほか訳、ダイヤモンド社。

Syed, Anwar Hussain［1966］*The Political Theory of American Local Government*, Random House, 1966.

Waldo, Dwight［1948］*The Administrative State*, The Ronald Press Company, 1948. ワルドー, D.［1986］『行政国家』山崎克明訳、九州大学出版会。

Waldo, Dwight［1952］"Development of Theory of Democratic Administration," *American Political Science Review*, 46（1）.

White, Leonard D.［1951］*The Jeffersonians: A Study in Administrative History, 1801-1829*, Macmillan.

White, Leonard D.［1954］*The Jacksonians: A Study in Administrative History, 1829-1861*, Macmillan.

White, Leonard D.［1958］*The Republican Era: A Study in Administrative History, 1869-1901*, Macmillan.

White, Leonard D.［1965］*The Federalists: A Study in Administrative History, 1789-1801*, Macmillan.

Wilson, Woodrow［1887］"The Study of Administration," *Political Science Quarterly*, 2（2）, The Academy of Political Science.

Wolin, Sheldon［1978］"The State of the Union," *New York Review of Books*, May 18.

Wolin, Sheldon［2004］*Politics and Vision: Continuity and Inovation in Western Political Thought*, Princeton University Press. ウォーリン, シェルドン S.［1994］『西欧政治思想史——政治とヴィジョン』尾形典男ほか訳、福村出版。

第２章

OECD 調査団報告［1980］『日本の社会科学を批判する——OECD 調査団報告』文部省訳、講談社学術文庫。

縣公一郎・稲継裕昭編［2020］『オーラルヒストリー 日本の行政学』勁草書房。

アリソン, グレアム／フィリップ・ゼリコウ［2016］『決定の本質 キューバ・ミサイル危機の分

析 第2版』(1・2)(日経BPクラシックス)漆嶋稔訳、日経BP。

エチオーニ, A.［1966］『組織の社会学的分析』綿貫譲治監訳、培風館。Etzioni, Amitai［1961］*A Comparative Analysis of Complex Organizations*, Free Press.

大森彌・佐藤誠三郎編［1987］『日本の地方政府』ぎょうせい。

柿澤弘治［1976］「霞ケ関三丁目の大蔵官僚はメガネをかけたドブネズミといわれる挫折感に悩む凄いエリートたち」『ファイナンス』(大蔵省広報) 12 (4)。

行政問題研究所編［1978-1979］「国際的に見た日本の高級官僚①-⑳　アキラ・クボタ」『月刊官界』4 (3)-5 (10) 行政問題研究所。

京大問題記録編纂会編［1969］『レポート 揺れる京大』現代数学社。

京都大学人文科学研究所・三宅一郎・福島徳寿郎・村松岐夫編［1977］『都市政治家の行動と意見』京都大学人文科学研究所。

京都大学法学会［1919-］『法学論叢』京都大学法学会。

熊谷尚夫編［1980］『経済学大辞典 1』東洋経済新報社。

クラウス, エリス［2006］『NHK vs 日本政治』村松岐夫監訳、後藤潤平訳、東洋経済新報社。Krauss, Ellis S.［2000］*Broadcasting Politics in Japan: NHK and Television News,* Cornell University Press.

小林直樹［1984］『立法学研究――理論と動態』(現代法学者著作選集) 三省堂。

佐藤誠三郎・松崎哲久［1986］『自民党政権』中央公論社。

塩野七生［1992］『マキアヴェッリ語録』新潮文庫。

塩野七生［1992-2006］『ローマ人の物語』(1-15) 新潮社。

自治研究編集部編［1925-］『自治研究』第一法規。

自治省編［1977］『自治論文集――地方自治三十年記念』ぎょうせい。

田尾雅夫［1990］『行政サービスの組織と管理――地方自治体における理論と実際』木鐸社。

ダール, ロバート・A.［1970］『民主主義理論の基礎』内山秀夫訳、未来社。Dahl, Robert A.［1956］*A Preface to Democratic Theory,* University of Chicago Press.

萩原延壽［1997］『陸奥宗光』(上・下) 朝日新聞社 (毎日新聞夕刊に連載 1967-1968)。

藤田省三［1966］『天皇制国家の支配原理』未来社。

ベスター, テオドル［2007］『築地』和波雅子・福岡伸一訳、木楽舎。Bestor, Theodore C.［2004］*Tsukiji: The Fish Market at the Center of the World,* University of California Press.

マキアヴェッリ, ニッコロ［1998］『君主論』河島英昭訳、岩波書店。

丸山眞男［1956-57］『現代政治の思想と行動』(上・下) 未来社。

三宅一郎・福島徳寿郎・京都大学人文科学研究所［1975］『都市行政組織の構造と動態』(京都大学人文科学研究所調査報告 第30号) 京都大学人文科学研究所。

三宅一郎・村松岐夫編［1981］『京都市政治の動態――大都市政治の総合的分析』有斐閣。

三宅一郎・山口定・村松岐夫・進藤榮一［1985］『日本政治の座標』有斐閣。

ル＝グウィン，アーシュラ・K.［2009］『ゲド戦記』（1-6）清水真砂子訳、岩波少年文庫。

レヴァイアサン編集同人［1987-］『レヴァイアサン』木鐸社。

レヴァイアサン編集同人［1988］「日本歴史における公私――石井紫郎氏へのインタビュー（聞き手 村松岐夫）」『レヴァイアサン』2。

ロブソン，W. A.［1967］『危機に立つ地方自治』東京市政調査会研究部訳、勁草書房。Robson, William［1931］*The Development of Local Government*, Routledge.

作者不詳『とはずがたり』。Unknown［1983］*The Confessions of Lady Nijo,* Karen Brazell (trans), Arrow Books Ltd.

（映画）『瀬戸内少年野球団』［1984］日本ヘラルド。

Aberbach, Joel, Robert D. Putnam and Bert Rockman［1981］*Bureaucrats and Politicians in Western Democracies,* Harvard University Press.

Aberbach, Joel D., Ellis S. Krauss, Michio Muramatsu and Bert A. Rockman［1990］"Comparing Japanese and American Administrative Elites," *British Journal of Political Science,* 20 (4).

Arian, Alan and Samuel H. Barnes［1974］"The Dominant Party System: A Neglected Model of Democratic Stability," *The Journal of Politics,* 36 (3).

Aron, Raymond［1957］*German Sociology*, Heinemann. アロン，レイモン［1956］『現代ドイツ社会学』秋元律郎・河原宏・芳仲和夫訳、理想社。

Curtis, Gerald L.［1971］*Election Campaigning Japanese Style (Studies of the East Asian Institute)*, Columbia University Press. カーティス，ジェラルド［2009］『代議士の誕生』（日経BPクラシックス）山岡清二・大野一訳、日経BP。

Dahl, Robert A.［1956］*A Preface to Democratic Theory*, University of Chicago Press. ダール，ロバート・A.［1970］『民主主義理論の基礎』内山秀夫訳、未来社。

Dahl, Robert A.［1964］*Modern Political Analysis*, Prentice-Hall. ダール，ロバート・A.［2012］『現代政治分析』高畠通敏訳、岩波現代文庫。

Dahl, Robert Alan and Edward R. Tufte［1973］*Size and Democracy (The Politics of the Smaller European Democracies),* Stanford University Press.

Glazer, Nathan and Daniel Patrick Moynihan［1970］*Beyond the Melting Pot: The Negroes, Puerto Ricans, Jews, Italians and Irish of New York City,* MIT Press. グレイザー，ネイサン／ダニエル・P・モイニハン［1986］『人種のるつぼを越えて――多民族社会アメリカ』阿部齊・飯野正子訳、南雲堂。

Murakami, Yasusuke and Hugh T. Patrick (eds.)［1987］*The Political Economy of Japan* (3), Stanford University Press.

Naoi, Megumi and Ellis Krauss［2009］"Who Lobbies Whom?: Special Interest Politics under

Alternative Electoral Systems," *American Journal of Political Science,* 53 (4).
Pempel, T. J. (ed.) [1990] *Uncommon Democracies: The One-Party Dominant Regimes,* Cornell University Press.
Putnam, Robert [1993] *Making Democracy Work: Civic Traditions in Modern Italy,* Princeton University Press. パットナム, ロバート・D. [2001]『哲学する民主主義——伝統と改革の市民的構造』河田潤一訳、NTT 出版。
Putnam, Robert [2002] *Democracies in Flux: The Evolution of Social Capital in Contemporary Society,* Oxford University Press. パットナム, ロバート・D. [2013]『流動化する民主主義——先進 8ヵ国におけるソーシャル・キャピタル』猪口孝訳、ミネルヴァ書房。
Rawls, John [1958] "Justice as Fairness," *The Philosophical Review,* 67 (2).
Rawls, John [1971] *A Theory of Justice,* Harvard University Press. ロールズ, ジョン [2010]『正義論』川本隆史・福間聡・神島裕子訳、紀伊國屋書店。

第３章

『Voice』編集部 [1978-]『Voice』PHP 研究所。
アーモンド, ガブリエル／シドニー・ヴァーバ [1974]『現代市民の政治文化——五カ国における政治的態度と民主主義』石川一雄ほか訳、勁草書房。Almond, Gabriel and Sidney Verba [1963] *The Civic Culture,* Sage Publications.
飯尾潤 [1993]『民営化の政治過程——臨調型改革の成果と限界』東京大学出版会。
岩井奉信 [1988]『立法過程』(現代政治学叢書 12) 東京大学出版会。
イングルハート, R. [1978]『静かなる革命——政治意識と行動様式の変化』三宅一郎・金丸輝男・富沢克訳、東洋経済新報社。Inglehart, Ronald F. [1977] *The Silent Revolution: Changing Values and Political Styles among Western Publics,* Princeton University Press.
大嶽秀夫 [1979]『現代日本の政治権力経済権力』三一書房。
大嶽秀夫 [1986]『アデナウアーと吉田茂』(中公叢書) 中央公論社。
大嶽秀夫 [1996]『現代日本の政治権力経済権力——政治における企業・業界・財界』(増補新版) 三一書房。
大嶽秀夫 [1997]『「行革」の発想』TBS ブリタニカ。
奥健太郎・河野康子編 [2015]『自民党政治の源流——事前審査制の史的検証』吉田書店。
京極純一 [1983]『日本の政治』東京大学出版会。
京都大学法学会 [1919-]『法学論叢』京都大学法学会。
河野康子 [2005]「〈書評〉55 年体制論の新潮流——中北浩爾著『1955 年体制の成立』東京大学出版会、2002 年」『レヴァイアサン』36。
小林直樹 [1984]『立法学研究——理論と動態』(現代法学者著作選集) 三省堂。

佐藤誠三郎・松崎哲久［1986］『自民党政権』中央公論社。
ジョンソン, チャルマーズ［2018］『通産省と日本の奇跡――産業政策の発展 1925-1975』佐々田博教訳、勁草書房。Johnson, Chalmers A.［1982］*MITI and the Japanese Miracle: The Growth of Industrial Policy, 1925-1975,* Stanford University Press.
司馬遼太郎［1975］『空海の風景』（上・下）中央公論新社。
司馬遼太郎［1982］『菜の花の沖』（1-6）文藝春秋。
司馬遼太郎［1983］『胡蝶の夢』（1-4）新潮文庫。
建林正彦［2004］『議員行動の政治経済学――自民党支配の制度分析』有斐閣。
田辺国昭・辻中豊・真渕勝［1994］「多元主義をこえて」『レヴァイアサン』14。
中央公論編集部［1887-］『中央公論』中央公論社。
ドーア, ロナルド・P［1989］「コーポラティズムについて考える」品田裕訳『レヴァイアサン』4。
西尾隆［1988］『日本森林行政史の研究――環境保全の源流』東京大学出版会。
日本政治学会編［1992］『戦後国家の形成と経済発展――占領以後』（日本政治学会年報）岩波書店。
ハンチントン, サミュエル・P.／ミッシェル・クロジエ／綿貫譲治著、日米欧委員会編［1976］『民主主義の統治能力――その危機の検討』綿貫譲治監訳、サイマル出版会。Crozier, Michel J., Samuel P. Huntington and Joji Watanuki［1975］*The Crisis of Democracy: Report on the Governability of Democracies to the Trilateral Commission,* New York University Press.
三宅一郎・木下富雄・間場寿一［1967］『異なるレベルの選挙における投票行動の研究』創文社。
ラムザイヤー, M.／F. ローゼンブルース［2006］『日本政治と合理的選択――寡頭政治の制度的ダイナミクス 1868-1932』河野勝監訳、青木一益・永山博之・斉藤淳訳、勁草書房。Ramseyer, J. Mark and Frances McCall Rosenbluth［1995］*The Politics of Oligarchy: Institutional Choice in Imperial Japan (Political Economy of Institutions and Decisions),* Cambridge University Press.
綿貫譲治・三宅一郎・猪口孝・蒲島郁夫［1986］『日本人の選挙行動』東京大学出版会。
Gluck, Carol［1994］*Showa: The Japan of Hirohito,* WW Norton & Co.
Krauss, Ellis S.［1974］*Japanese Radicals Revisited: Student Protest in Postwar Japan,* University of California Press.
Sone, Yasunori and Gary D. Allinson［1993］*Political Dynamics in Contemporary Japan,* Cornell University Press.
Westney, D. Eleanor［1987］*Imitation and Innovation,* Harvard University Press.

第 4 章

金井利之［2018］『行政学講義』ちくま新書。

久米郁男／K・セーレン［2005］「政治的課題としてのコーディネーション――調整型市場経済における労使関係の変化」『レヴァイアサン』37。

ジョンソン, チャルマーズ［1994］『歴史は再び始まった――アジアにおける国際関係』中本義彦訳、木鐸社。Johnson, Chalmers［2007］*Nemesis: The Last Days of the American Republic (The American Empire Project)*, Metropolitan Books.

辻井喬［2010］『茜色の空』文春文庫。

戸矢哲朗［2003］『金融ビッグバンの政治経済学――金融と公共政策策定における制度変化』（RIETI 経済政策分析シリーズ 2）青木昌彦監訳、戸矢理衣奈訳、東洋経済新報社。

西尾勝・村松岐夫編著［1994-1995］『講座 行政学』（全 6 巻）有斐閣。

福川伸次［2020］「私の履歴書」『日本経済新聞』朝刊、12 月 1-31 日。

水谷三公［1992］『江戸は夢か』（ちくまライブラリー）筑摩書房。

柳澤伯夫［2021］『平成金融危機――初代金融再生委員長の回顧』日本経済新聞出版。

渡邉昭夫編［2001］『戦後日本の宰相たち』中公文庫。

Allinson, G. and Y. Sone（eds.）*Political Dynamics in Contemporary Japan*, Cornell University Press.

King, Anthony et al.［1993］*Britain at the Polls 1992*, Chatham House Pub.

Newton, Kenneth［1976］*Second City Politics: Democratic Processes and Decision-Making in Birmingham*, Oxford University Press.

Newton, Kenneth, Lee Sigelman, Kenneth J. Meier and Bernard Grofman（eds.）［2010］*The Wit and Humour of Political Science*, European Consortium for Political.

Pempel, T. J.［1998］*Regime Shift: Comparative Dynamics of the Japanese Political Economy*, Cornell University Press.

Stockwin, Arthur［1999］*Governing Japan*, Wiley-Blackwell.

White, James W.［2016］*Ikki: Social Conflict and Political Protest in Early Modern Japan*, Cornell University Press.

Wilks, Stephen and Maurice Wright（eds.）［1991］*The Promotion and Regulation of Industry in Japan*, Palgrave Macmillan.

World Bank［1993］*The East Asian Miracle: Economic Growth and Public Policy (World Bank Policy Research Reports)*, World Bank.

第 5 章

池波正太郎［1984］『真田騒動――恩田木工』新潮文庫。

第６章

天谷直弘［1989］『日本町人国家論』PHP 文庫。

行政管理研究センター編［1978-］『季刊行政管理研究』行政管理研究センター。

行政管理研究センター編［2007-］『評価クォータリー』行政管理研究センター。

黒木登志夫［2021］『知的文章術入門』岩波新書。

御厨貴・村松岐夫・神野直彦・東郷尚武編［1994-1995］『シリーズ東京を考える』（全５巻）都市出版。

Keiichi Tsunekawa（ed.）［2016］*Five Years After: Reassessing Japan's Responses to the Earthquake, Tsunami, and the Nuclear Disaster*, University of Tokyo Press.

第７章

アミーチス［1940］『クオレ』前田晁訳、岩波文庫。

アミチス［1952］「母をたずねて三千里」（世界名作物語）松山思水編、一進堂書店。

伊藤左千夫［1955］『野菊の墓』新潮文庫。

江戸川乱歩［1938］『怪人二十面相』大日本雄弁会講談社。

江戸川乱歩［1938］『少年探偵団』大日本雄弁会講談社。

大島隆［1985］『「伊豆沿海真景」考』私家版。

改造社編［1927-1931］『現代日本文学全集』（全 63 巻）改造社。

倉田百三［1955］『愛と認識との出発』春秋社。

倉田百三［1956］『出家とその弟子』近代文庫。

グリム［1949］『グリム童話集　全訳』（全７冊）金田鬼一訳、岩波文庫。

ゲーテ，ヨハン・ヴォルガング・フォン［1955］『若きウェルテルの悩み』髙橋義孝訳、新潮文庫。

シェンキェヴィチ［1953-1954］『クォ・ヴァディス』（上・中・下）木村毅訳、角川文庫。

下村湖人［1954］『次郎物語』（第 1-5 部）新潮文庫。

集英社編［1949-］『おもしろブック』集英社。

新潮社編［1920-1926］『世界文芸全集』（全 32 巻）新潮社。

鈴木三重吉［1948］『古事記物語』小山書店。

大日本雄弁会講談社編［1928-1929］『講談全集』（全 12 巻）大日本雄弁会講談社。

大日本雄弁会講談社編［1931］『塚原卜伝』（少年講談）大日本雄弁会講談社。

大日本雄弁会講談社編［1932］『寛永三馬術』（少年講談）大日本雄弁会講談社。

大日本雄弁会講談社編［1936］『荒木又右衛門』（少年講談）大日本雄弁会講談社。

デュマ，アレクサンドル［1952］『モンテ・クリスト伯』山内義雄訳、河出書房。

デュマ・フィス［1950］『椿姫』新庄嘉章訳、新潮文庫。

夏目漱石［1950］『坊っちゃん』新潮文庫。

夏目漱石［1950］『三四郎』新潮文庫。

夏目漱石［1951］『吾輩は猫である』（上・下）新潮文庫。

夏目漱石［1952］『こゝろ』新潮文庫。

西川満［1947-1948］『西遊記』（全3巻）八雲書店。

バーネット［1950］『小公子』吉田甲子太郎訳、三十書房。

バーネット［1953］『小公女』伊藤整訳、新潮文庫。

ヘッセ, ヘルマン［1951］『車輪の下』高橋健二訳、新潮社。

ヘッセ, ヘルマン［1951］『デミアン』高橋健二訳、新潮社。

松尾芭蕉［1979］『おくのほそ道：付 曾良旅日記 奥細道菅菰抄』萩原恭男校注、岩波文庫。

山川惣治［1949-1959］「少年王者」『おもしろブック』1巻1号-11巻15号、集英社。

山本有三［1953］『路傍の石』新潮文庫。

ユーゴー, ヴィクトル［1950］『レ・ミゼラブル』（上・下）豊島与志雄訳、同光社。

吉川英治［1953-1954］『宮本武蔵』（上・中・下）六興出版社。

吉川英治［1989］『三国志（吉川英治歴史時代文庫）』（全8巻）講談社。

（ラジオ番組）赤胴鈴之助［1957-1959］ラジオ東京。

（ラジオ番組）鐘の鳴る丘［1947-1950］日本放送協会。

（ラジオ番組）新諸国物語シリーズ［1952-1960］日本放送協会。

（ラジオ番組）白鳥の騎士［1952］日本放送協会。

（ラジオ番組）笛吹童子［1953］日本放送協会。

（ラジオ番組）紅孔雀［1954］日本放送協会。

村松岐夫・業績目録

［単　　著］

1981年　『戦後日本の官僚制』東洋経済新報社［サントリー学芸賞］

1988年　『地方自治』東京大学出版会［藤田賞］（中国語訳1989年、韓国語訳1991年、英語訳1997年に翻訳出版）

1994年　『日本の行政』中公新書

1999年　『行政学教科書』有斐閣

2001年　『行政学教科書（第２版）』有斐閣

2010年　『政官スクラム型リーダーシップの崩壊』東洋経済新報社

2019年　『政と官の五十年』第一法規

［共著・編集］

1971年　『イギリス アメリカの大学問題』（共著）世界思想社

1975年　『現代政治と地方自治』（共編）有信堂

1977年　『行政学講義』（青林講義シリーズ）（編著）青林書院

1977年　『都市政治家の行動と意見』（共編）京都大学人文科学研究所

1981年　『京都市政治の動態』（共編）有斐閣

1985年　『日本政治の座標』（共著）有斐閣

1986年　『戦後日本の圧力団体』（共著）東洋経済新報社

『地方議員の研究』（共著）日本経済新聞社

1989年　『京都市会史 続編』（編集）京都市会事務局

1990～2004年　「地方自治」の項『知恵蔵』（北山俊哉・笠京子と共著）朝日新聞社

1992年　「序章」「結章」『戦後国家の形成と経済発展』（年報政治学 1991）岩波書店

『日本の政治』（共著）有斐閣

1994～95年　『シリーズ東京を考える　1～5』（共編）都市出版

1994年　『講座 行政学　1～6』（共編）有斐閣

1995年　『東京の政治』（編集）都市出版

『新考日本史Ｂ』帝国書院、第12章２～第13章担当

The Japanese Civil Service and Economic Development, Oxford University Press (co-eds. with Hyung-ki Kim, T. J. Pempel and Kozo Yamamura)

1997年　*State and Administration in Japan and Germany: A Comparative Perspective on Continuity and Change*, De Gruyter（co-ed. with Frieder Naschold）

2001年　『分権――何が変わるのか』（共編）敬文堂

『日本の政治（第２版）』（共著）有斐閣

Local Government Development in Post-War Japan, Oxford University Press（co-eds. with Farrukh Iqbal and Ikuo Kume）

2002年　『平成バブルの研究（上・下）』（共編）東洋経済新報社

2003年　『包括的地方自治ガバナンス改革』（共編著）東洋経済新報社

2005年　『平成バブル先送りの研究』（編著）東洋経済新報社

2006年　『テキストブック地方自治』（編著）東洋経済新報社

『日本政治変動の30年』（共編著）東洋経済新報社

『徹底検証 東アジア』（共編）勁草書房

2007年　『コア・エグゼキュティブと幹部公務員制度の研究』（編著）国際高等研究所

2008年　『公務改革の突破口』（編著）東洋経済新報社

『公務員制度改革――米・英・独・仏の動向を踏まえて』（編著）学陽書房

『公務員人事改革――最新 米・英・独・仏の動向を踏まえて』（編著）学陽書房

2009年　『分権改革は都市行政機構を変えたか』（共編著）第一法規

2010年　『テキストブック地方自治（第２版）』（編著）東洋経済新報社

「日韓の公務員制度」（学習院大学東洋文化研究所）

2012年　『最新公務員制度改革』（編著）学陽書房

2014年　「戦後体制」『戦後とは何か――政治学と歴史学の対話（上）』丸善出版

2015～16年　大震災に学ぶ社会科学（恒川惠市と共同監修）東洋経済新報社

第１巻『政治過程と政策』（辻中豊編）

第２巻『震災後の自治体ガバナンス』（小原隆治・稲継裕昭編）

第３巻『福島原発事故と複合リスク・ガバナンス』（城山英明編）

第４巻『震災と経済』（齊藤誠編）

第５巻『被害・費用の包括的把握』（植田和弘編）

第６巻『復旧・復興へ向かう地域と学校』（青木栄一編）

第７巻『大震災・原発危機下の国際関係』（恒川惠市編）

第８巻『震災から見える情報メディアとネットワーク』（池田謙一編）

［論　　文］

1964年　「行政学における責任論の課題」『法学論叢』75巻１号

1966年　「行政における組織目標と人間の行動——サイモンの行政理論の一研究」『法学論叢』78巻6号

1969年　「自治体行政と住民参加——参加行動論ノート」『都市問題研究』21巻12号

1969～70年　「アメリカにおける大都市圏広域政府の形成（1・2・3）」『法学論叢』84巻5号・85巻3号・87巻5号

1970年　「自治体行政における公聴の役割」『都市問題』61巻9号

1971年　「地域社会と紛争——地方政治研究のための諸概念の検討」『法学論叢』90巻1～3号

「日本の地方自治における住民参加運動の意味——参加行動論ノート」『都市問題研究』23巻3号

1972年　「紛争モデルと行政決定」川島武宜編『法社会学講座 6』岩波書店

「京都市における市民意識（2）——コミュニティ意識」『法学論叢』91巻4号

1973年　「都市情報と行政」『岩波講座 現代都市政策 Ⅲ』岩波書店

1974年　「行政学における責任論の課題・再論」『法学論叢』95巻4号

1975年　「地方政治と市民意識」河野健二編『地域社会の変貌と住民意識』日本評論社

「行政過程と政治参加——地方レベルに焦点をおきながら」『政治参加の理論と現実』（年報政治学 1974）岩波書店

「多元的民主主議論について——行政学の基本的課題を探る手掛かりとして」『法学論叢』96巻4～6号

"The Impact of Economic Growth Policies on Local Politics in Japan," *Asian Survey*, Vol. 15, No. 9.

1976年　「行政体系と環境」辻清明他編『行政学講座 5』 東京大学出版会

「行政学における『選択』アプローチ」加藤新平教授退官記念論文集『法理学の諸問題』有斐閣

「非取引社会におけるモデル——住民運動を中心に」『民商法雑誌』75巻1号

「郊外住民の地域関心」『都市問題研究』28巻10号

「市民直接参加と合理的決定のあいだ」『週刊東洋経済』近代経済学シリーズ No. 37、臨時増刊7/16号

"Organizational Behavior of Local Public Officials," *Local Government Review*, No. 4.

1977年　「地方自治の政治理論・素描」自治省編『自治論文集』ぎょうせい

「行政組織における権威の類型と機能——F型権威とHR型権威」『法学論叢』100巻5・6号

「戦後30年——行政管理へ」『季刊都市政策』9号

「地方自治」川又良也編『総合研究アメリカ 4』研究社出版

「地方公務員の職業倫理」『自治研修』205号

1978年　「都市再開発事業と住民参加」加藤一明編著『現代行政と市民参加』学陽書房

「政治過程における政党と行政官僚集団――自律性と活動量のジレンマ」『法学論叢』102巻5・6号

「日本の近代化と政治学」『大学世界』9月号

「政治家と行政官僚（上）――社会的出身とキャリア」『自治研究』54巻8号

「政治家と行政官僚（下）――政治と行政の関係」『自治研究』54巻9号

「行政過程と利益団体」杉村敏正先生還暦記念論文集『現代行政と法の支配』有斐閣

1979年　「地方自治における二律背反――自律性と行政水準（または活動量）のトレード・オフ」岡崎長一郎他編『地方自治体の現状と課題』ぎょうせい

「地方自治理論のもう一つの可能性――諸学説の傾向分析を通して」『自治研究』55巻7号

「高級官僚集団の社会的出身とキャリア」『法学論叢』105巻2号

「国会議員と市民からみた国家活動に対する評価――福祉政策を中心にして」『季刊行政管理研究』7号

「政治的多元主義と行政官僚制」『法学セミナー』増刊号

「自治体における組織管理の特質」大阪府地方自治研究会編『新自治論集 4　都市経営論』

「政治エリート調査覚書」『中央調査報』6月号

1980年　「行政官僚の役割選択――古典的官僚と政治的官僚」『法学論叢』107巻1号

「戦後日本の政治過程――政治エリート調査に基づく一試論」『法学論叢』107巻2号

「市町村会議員の政治化と地域社会の社会経済的特質――京都府市町村会議員調査（1）」（伊藤光利と共著）『法学論叢』107巻3号

「新しい官僚像への期待と現実」『週刊東洋経済』4/26・5/3合併特大号

「地方議員と地域社会の性格」『自治研修』245号

"Japan Confronts Its Cities: Central-Local Relations in a Changing Political Context," with Ronald Aqua, in D. Ashoford ed., *National Resources and Urban Policy*, Methuen.

「権力構造」『経済学大辞典 II』東洋経済新報社

1981年　「補助金制度の政治行政上の意義」『自治研究』57巻9号

「地方議会の主体性」都市問題研究会編『都市行財政の研究――大阪市政研究所設立三十周年記念論文集』

「利益団体の政治的機能」『中央調査報』3月号

1982年　「アメリカの大統領と議会」三宅一郎・山川雄巳編『アメリカのデモクラシー』有斐閣

1983年　「行政の外延」『行政の転換期――長期的視点に立って描く新しい行政像』『ジュリスト』増刊総合特集 29 号

「第二臨調答申を採点する」『中央公論』 6 月号

「立法過程と政党・圧力団体・官僚の関係」『北大法学論集』34巻 1 号

「中央地方関係論の転換（上・下）――中間団体としての府県を中心に」『自治研究』59巻 3・4 号

「地方議員と行政――中央への圧力活動を中心に」『自治研修』275号

「行政組織と環境――課長・係長のサーベイデータ分析から」『法学論叢』113巻 3 号

「福祉政策の政治過程」『季刊社会保障研究』19巻 3 号

「行政学の課題と展望」『年報行政研究17　行政学の現状と課題』 ぎょうせい

"La Reforme Administrative dans un Systeme Politique Pluraliste," *Cahiers du Japon*, No. 18.

1984年　「中央地方関係に関する新理論の模索（上・下）――水平的政治競争モデルについて」『自治研究』60巻 1・2 号

"La Transformazione del Sistema Prefettizion in Gippone, Le, Relazioni Centro-Perferia," *Istituto per la Scienza dell'Amministrazione Pubblica*, Archivio Nuova Serie 2.

"Bureaucrats and Politicians in Policymaking: The Case of Japan," with Ellis Krauss, *American Political Science Review*, Vol. 78, No. 1.

1985年　「圧力団体の影響力――サーベイ・データの分析から」『法学論叢』116巻 1 ～ 6 号

「都市行政論の現状と課題」『都市問題』76巻 1 号

「集権化の下における自治概念の再検討――政治過程論の中の地方自治」『自治研究』61巻 1 号

"Le Pouvoir de la Bureaucratie dans la Politique Japonaise," *Pouvoirs*, No. 35.

1986年　「政府間関係と政治体制」大森彌・佐藤誠三郎編『日本の地方政府』東京大学出版会

「中央政策の実施構造――地方レベルの『裁量』」『法学論叢』118巻 4 ～ 6 号

「利益団体と行政・政党（1・2・3）」『自治研究』62巻 3・4・8 号

"Center-Local Political Relations in Japan: A Lateral Competition Model," *Journal of Japanese Studies*, Vol. 12, No. 2.

1987年　「なぜイランゲートは起こったのか――米大統領制と補佐官政治」『世界週報』68巻 3 号

「東京の責任・東京都の責任」『東京人』２巻３号
「中曽根政権の政策と政治」『レヴァイアサン』1
「日本官僚制論へのワンモア・ステップ――『戦後日本の官僚制』再論と第２回行政エリート調査」『法学論叢』120巻４～６号
「多元的勢力（諸省庁）と中枢（首相・直属）の関係――第２回『高級官僚調査』より」『中央調査報』２月号
"In Search of National Identity: The Politics and Policies of the Nakasone Administration," *Journal of Japanese Studies*, Vol. 13, No. 2.
"The Conservative Policy Line and the Development of Patterned Pluralism in Postwar Japan," with E. Krauss, in K. Yamamura and Y. Yasuba eds., *The Political Economy of Japan, Volume 1·The Domestic Transformation*, Stanford University Press.
1988年　「現代日本の政治エリート（２）――統治構造の分立と統合」『法学論叢』123巻６号
「第２臨調地方行革と今後の地方自治」『地方自治』492号
「国家システムの中の自治――司法部・大学・そして地方政府」『学士会会報』780号
「民営化・規制緩和と再規制の構造」『レヴァイアサン』２
「中央地方関係の比較論ノート」『法学論叢』122巻４～６号
1989年　「これまでの地方自治、これからの地方自治」『都市問題研究』41巻４号
「日本の政治エリート（３）――『大蔵省人名録』の分析」『法学論叢』125巻５号
"Balance of Power," *Look Japan*, October.
1990年　「通信行政と産業政策」『年報行政研究24　国際化時代の行政』ぎょうせい
「『生産性政治』の追求とその転換」高坂正堯・山崎正和監修『日米の昭和』TBSブリタニカ
"Bringing Politics Back into Japan," *Daedalus*, Vol. 119, No. 3.
"Comparing Japanese and American Administrative Elites," with J. Aberbach, E. Krauss, and B. Rockman, *British Journal of Political Science*, Vol. 20, No. 4.
"Myth and Reality in Local Social Policy Implementation in Japan," with A. Nakamura, in D. Ashford ed., *Discretionary Politics*, JAI Press.
"The Dominant Party and Social Coalitions in Japan," with E. Krauss, in T. J. Pempel ed., *Uncommon Democracies*, Cornell University Press.
"The Japanese Administrative Elite," with Ellis S. Krauss, Paper for Presentation at the Annual Meeting of the American Political Science Association, San Francisco, CA, August-September, unpublished.

1991年　「『小さい政府』圧力下の日本官僚集団」『法学論叢』128巻4～6号

「一九六〇年代と七〇年代の日本政治」東京大学社会科学研究所編『現代日本社会5　構造』東京大学出版会

“The ‘Enhancement’ of the Ministry of Posts and Telecommunications to Meet the Challenge of Telecommunications Innovation,” in S. Wilks and M. Wright eds., *The Promotion and Regulation of Industry in Japan*, Macmillan.

“Introducing a New Tax in Japan,” with M. Mabuchi, in S. Kernell ed., *Parallel Politics: Economic Policymaking in Japan and the United States*, Brookings Institution.

「行政学理論——戦後の展開」『自治研究』67巻3号

1993年　「人事院勧告を読んで」『人事院月報』46巻9号

“Patterned Pluralism under Challenge: The Policies of the 1980s,” in G. Allinson and Y. Sone ed., *Political Dynamics in Contemporary Japan*, Cornell University Press.

1994年　「歳入歳出政治の設定——大平政治の役割」大平正芳記念財団編『大平正芳 政治的遺産』大平正芳記念財団

「国と自治体のたたかい」御厨貴編『シリーズ東京を考える1　都政の五十年』都市出版

「一党優位制の形成と崩壊」(T. J. ペンペル・森本哲郎と共著)『レヴァイアサン』臨時増刊

「税制改革の政治」(真渕勝と共著)『レヴァイアサン』臨時増刊

1995年　「特別区の制度と区長」御厨貴編『シリーズ東京を考える3　都庁のしくみ』都市出版

「日独の国家と行政の比較研究のための分析枠組」『レヴァイアサン』16

「戦後日本における『経済政策と社会的政策』パッケージ」『学術月報』48巻3号(のちに、渡邊昭夫編『戦後日本の形成』日本学術振興会、1996年に収録)

1996年　「日本における地方分権論の特質——絶対概念から相対概念の分権へ」『年報行政研究31　分権改革——その特質と課題』ぎょうせい

「日本の公務員の人事管理制度の特徴」(稲継裕昭と共著)『NIRA政策研究』9巻12号

“Recent Changes in Japanese Public Administration,” in Kazuo Sato ed., *The Transformation of the Japanese Economy*, Routledge.

1998年　「都市経営の新しいパースペクティヴ」『都市問題研究』50巻4号

「圧力団体の政治行動——政党か行政か」『レヴァイアサン』臨時増刊

「アジア太平洋と日本——地方分権化改革」『日文研』20号

「橋本行革を超えて」『中央公論』１月号
「行政改革観察記」『学士会会報』820号
「日本の官僚制と公務員制度」『公務研究――新時代の公務員制度』１巻１号

1999年　「新公共管理法（NPM）時代の説明責任」『都市問題研究』51巻11号
「分権改革――他国の経験／日本の経験」『NIRA 政策研究』12巻２号
「『旧来型行政システム』の改革――『最終報告』と地方分権化『諸勧告』」『京都大学法学部百周年記念論文集』第１巻　有斐閣
「地方分権化改革の成立構造」日本比較政治学会編『世界の行政改革』早稲田大学出版部
「日本の地方自治21世紀に向かう」『都市問題研究』51巻３号
「官僚制」『書斎の窓』488号
「市民概念の発展と住民把握」『アジ研ワールド・トレンド』「特集 アジア諸国の住民登録制度」46号

2000年　「高級官僚の運命」『人事院月報』53巻６号
「教育行政と分権改革」西尾勝・小川正人編著『分権改革と教育行政』ぎょうせい
「市町村合併――地域がどう変わるか」『民力 2000 年版』朝日新聞社

2001年　「行政における企画立案について」『法学論叢』148巻３･４号
「日本の政府における政策評価論について」『法学論叢』148巻５･６号
「政策評価の理論的枠組みについて」『季刊行政管理研究』94号
「政策評価における政治と行政――成果主義という観点から」『都市問題研究』53巻10号
"Structural Changes of the Central State Apparatus in Japan and Korea," with Yong-duck Jung, Keunsei Kim, Youngju Kwon, Hwi-moon Rha and Yutaka Onishi, *International Review of Public Administration*, Vol. 6, No. 1

2002年　「90年代の包括的な地方ガバナンス改革」東京市政調査会編『分権改革の新展開に向けて』日本評論社
「法科大学院設置後における政治学の研究教育」『法律時報』74巻11号
「求められる政策評価」『Policy Debate』２号

2003年　「公務員制度改革――調査する官僚制に向けて」『都市問題研究』55巻１号
「『政治主導』の下の公務員集団の今後」『年報行政研究 38　公務員制度改革の展望』ぎょうせい
「地方自治論の50年――行政エリート調査を手掛かりにして」『都市問題』94巻８号
「政策評価２年間の経験と政策アクターの視点」全国行政相談委員連合協議会編『行政苦情救済＆オンブズマン』Vol. 9
「学術の課題　独立行政法人評価とは何か」『学術の動向』８月号

"The Late and Sudden Emergence of New Public Management (NPM) Reforms in Japan," with J. Matsunami, in H. Wollmann ed., *Evaluation in Public Sector Reform: Concepts and Practice in International Perspective*, Edward Elgar.

2004年 "An Arthritic Japan? The Relationship Between Politicians and Bureaucrats," Asia Program Special Reports, Brookings Institution Winter 2004

2005年 「日本の官僚制と政治的任用」『人事院月報』58巻7号

「政官関係はどう変わったのか（上）1976-2002　官僚面接調査から読み解く政治主導」『論座』7月号

「政官関係はどう変わったのか（中）1976-2002　官僚面接調査から読み解く政治との距離――官僚の撤退」『論座』8月号

「政官関係はどう変わったのか（下）1976-2002　官僚面接調査から読み解く『首相政府』時代の萌芽」『論座』9月号

2006年 「官僚制の活動の後退と中立化」『学習院大学法学会雑誌』41巻2号

「環境省PM8時消灯――公務員制度改革の基本」『季刊行政管理研究』114号

「ジェネラリストとスペシャリスト」『人事院月報』59巻7号

「政治家の自分探し（上）リーダーシップはどう変わったのか」『論座』8月号

「政治家の自分探し（下）希薄化する政党への所属感」『論座』9月号

2007年 「研究の戦略――高根正昭『創造の方法学』を読みながら」『レヴァイアサン』40

「転換期における官僚集団のパースペクティブ」『年報行政研究42　行政改革と政官関係』ぎょうせい

「唐突な『天下り規制法案提出』　積み残された本筋の改革を急げ」『週刊エコノミスト』6月5日号

「国際的にも高い行政官の水準をどう維持するのか――公務員制度改革」言論NPOマニフェスト評価会議編『言論ブログ・ブックレット　日本の政治を採点する』

"Civil Service Reform: Amakudari Is Not the Only Issue," *Japan Echo,* Vol. 34, No. 5.

「日本政治学の昨今」『学術の動向』11月号

「議院内閣制下における政治と行政の協力関係の類型化と各類型の推移（上）」『自治研究』83巻12号

2008年 「議院内閣制下における政治と行政の協力関係の類型化と各類型の推移（下）」『自治研究』84巻1号

「政官スクラムの融解――国会議員集団のケース」『学習院大学法学会雑誌』43巻2号

「『戦後60年』の民主主義と政官スクラム崩壊仮説（上・下）」『季刊行政管理研究』122・123号

2009年　「『政官スクラム』の地方的基礎（上・中・下）」『自治研究』85巻1～3号

「政官スクラムと団体」『自治研究』85巻6号

2010年　「韓国における高位公務員団制度の導入の政治過程」（権寧周と共著）『東洋文化研究』12号

「村松岐夫関係文書目録」（若月剛史と共著）『学習院大学法学会雑誌』46巻1号

2013年　「選挙と投票行動の研究――サーベイ・リサーチという手法」（西沢由隆と共著）『科研費 NEWS』2013 Vol. 1

2016年　"Public Policymaking for Housing Reconstruction in Disaster-Stricken Areas in Tohoku," with N. Horiuchi, in K. Tsunekawa ed., *Five Years After: Reassessing Japan's Responses to the Earthquake, Tsunami, and the Nuclear Disaster*, University of Tokyo Press.

［書　評］

1963年　「サイモンの『行政行動論』について」『法学論叢』72巻6号

1968年　「Civil Disorders に関する国家諮問委員会報告書――アメリカ合衆国における黒人騒乱の調査報告」『法学論叢』84巻2号

1972年　「足立忠夫『行政学』」『法学セミナー』195号

1974年　「原田鋼『少数支配の法則』」『週刊エコノミスト』7月30日号

「西尾勝『権力と参加――現代アメリカの都市行政』」『国家学会雑誌』89巻11･12号

1986年　「水口憲人『現代都市の行政と政治』」『都市問題研究』38巻1号

「内田満『現代政治の変動』」『日本読書新聞』

「C. E. メリアム著・和田宗春訳『シカゴ――大都市政治の臨床的観察』」『都政新聞』9月30日

1989年　「塩野七生『マキアヴェッリ語録』」『外交フォーラム』2巻4号

1992年　「辻清明『公務員制の研究』」『東京大学新聞』1月14日

「中野実『現代日本の政策過程』」『週刊エコノミスト』11月17日号

2005年　「中村圭介・前浦穂高『行政サービスの決定と自治体労使関係』」『日本労働研究雑誌』537号

2007年　「竹中平蔵『構造改革の真実――竹中平蔵大臣日誌』」『日本経済新聞』1月21日

「飯尾潤『日本の統治構造――官僚内閣制から議院内閣制へ』」『日本経済新聞』9月23日

［翻　　訳］

1981年　ロウィ, T. J.『自由主義の終焉——現代政府の問題性』（監訳）木鐸社
1987年　シュナイダー, W.「アメリカ政治の構造は変わる」『季刊アステイオン』５号
1994年　シャープ，ローレンス・J.「英国にECのメリットはあるのか」『季刊アステイオン』31号
1997年　ルーブル，ブレア「大規模商業都市の発展——1870—1920年のシカゴ、モスクワ、大阪」水口憲人編『今なぜ都市か』敬文堂
2006年　クラウス，エリス『NHK vs 日本政治』（監訳）東洋経済新報社

［調査研究報告書］

1970年　『山科地域における地域行政問題調査報告書』京都市
1976年　「紛争の認知と評価」『人口急増都市におけるコミュニティと住民サービスの問題についての調査研究報告書』地方行政総合研究センター
『地域自治会の機能に関する研究——京都市の町内会』総合研究開発機構
1977年　「実態編：長岡京市」「分析編：社会福祉関係の行政問題——人件費問題と機能分担」『都市の社会福祉行政と費用負担の問題についての調査研究報告書』地方行政総合研究センター
「調査の概要と京都市の市会議員：政策問題の認知と対応——政策立案の型」「市会議員の圧力活動」『都市政治家の行動と意見』京都大学人文科学研究所
1978年　「調査の概要とサンプリングの特性——サンプリングの特性と基本変数間の関係」「社会と国家——国家の活動」『法意識と紛争処理』京都大学法学部紛争処理研究会
1980年　「人事Ⅰ——人事評価、研修、賃金、定年」『公私組織機構の比較』地方自治研究資料センター
「日本におけるビューロクラティズムと市民意識」『1980年代以降の行政ビジョンに関する調査研究報告書』行政管理研究センター
「首都機能の分散と政治行政」「近畿圏を中心とする西日本主要府県の特性と首都機能の分担能力——京都府」『首都機能の適正配置と近畿圏の役割に関する調査研究報告書』地方行政総合研究センター
1981年　「調査対象市における国庫補助金の実態——長岡京市」「国庫補助金の分析と改善——補助金制度の政治行政上の意義」『新しい社会経済情勢に即応した国庫補助金等のあり方についての調査研究報告書』地方行政総合研究センター

「第２章　圧力団体調査結果、第１節　本調査の目的と実施」「第４章　福祉政策と政治過程、第２節　福祉の政治過程」『高度産業国家の利益政治過程と政策——日本』トヨタ財団助成研究報告書

1985年　「事業実施の構造と過程」『政策実施過程における負担と関与の在り方に関する調査研究結果報告書』行政管理研究センター

1988年　『行政改革の社会的インパクトと国民意識の動向に関する調査研究——行政改革は日本を変えたか』行政管理研究センター

『政治エリートの役割意識と政策過程の研究』科研費研究成果報告書（総合研究Ａ）

1990年　「1980年代における行政スタイルの変化」『社会経済の変化と行政スタイルの変容に関する調査研究』行政管理研究センター

1999年　「行政における住民把握と市民概念の発展」『途上国の地方行政システムと開発』科研費研究成果報告書

2001年　「途上国の分権化——結論に代えて」『途上国の地方分権と開発』科研費研究成果報告書

「90年代の包括的ガナバンス改革」『日韓両国の公共政策過程に関する比較研究』科研費研究成果報告書

2003年　『日本の政治経済とアジア諸国（上・政治秩序篇）』国際日本文化研究センター

『日本の政治経済とアジア諸国（下・政治経済篇）』国際日本文化研究センター

2004年　『高度経済成長終了以後の日本政治の実証的研究』科研費補助金：特別推進研究２研究成果報告書Ｈ13～15

［対談・座談会・インタビューなど］

1977年　「行政学を考える」井出嘉憲・西尾勝『自治研究』53巻２号

1981年　「第３セクター論」山田幸男・木下和夫・成田頼明・手島孝他５名『新自治論集（５）』大阪府地方自治研究会

1987年　「戦後日本の政治学」大嶽秀夫・猪口孝『レヴァイアサン』１

1988年　「となりの芝生——その１　行政学の庭」石井紫郎『書斎の窓』374号

「日本歴史における公私」（インタビュー・石井紫郎）『レヴァイアサン』２

1989年　「都市問題と都市自治」加藤一明・竹村保治・中尾正平・岡崎長一郎・内山敞義・真砂泰輔・小高剛・三輪雅久『都市問題研究』41巻10号

1990年　「戦後政治と地方自治」松下圭一『レヴァイアサン』６

「マス・メディアと政治」浅海保・井芹浩文・長崎和夫・早野透・猪口孝・大嶽秀夫・蒲島郁夫　『レヴァイアサン』７

1991年　「大学と社会」北澤宏一・中山茂・猪口孝・蒲島郁夫『レヴァイアサン』９

「辻行政学を語る」『季刊行政管理研究』56号

1993年　「『55年体制』崩れ革新どこへ」京極純一『毎日新聞』７月20日

1994年　「都政五十年を総点検する」東郷尚武・御厨貴・粕谷一希、御厨貴編『シリーズ東京を考える１　都政の五十年』都市出版

1995年　「東京の政治が日本を動かす」塚田博康・御厨貴、村松岐夫編『シリーズ東京を考える２　東京の政治』都市出版

1996年　「新たな地域文明を構想する」植田和男・早房長治『縁』68号

インタビュー「今なぜ“地方分権”か？」京都府広報課『ニュービジョン』21号

1997年　「政治学の教科書を読む（上・下）」大嶽秀夫・真渕勝『書斎の窓』468・469号

「どう進める日本の行革」ガイ・ピーターズ、ジョン・ハリガン、中邨章『読売新聞』10月23日

1998年　「日本の政治学と『レヴァイアサン』の一〇年」猪口孝・大嶽秀夫・蒲島郁夫・福井治弘『レヴァイアサン』臨時増刊　夏号

「日米英４学者による21世紀のリーダー論」マーサ・ダーシック、ジェイムズ・ミッチェル、五十嵐武士『読売新聞』７月１日

インタビュー「個性ある教育の仕組み作り」『日本教育新聞』（京都版）11月８日

2000年　「地方分権の時代を迎えて」大森彌・井上繁・木村陽子・萩尾千里『都市問題研究』52巻４号

2001年　「『行政学教科書』を読む（上・下）」真渕勝『書斎の窓』501・502号

「『政策評価』初年度の課題は公務員個人への思想の浸透」『週刊ダイヤモンド』３月24日号

2002年　「首相のリーダーシップ発揮に問われるもの」『言論NPO』１月号

「政官癒着構造を打破するために」福川伸次『言論NPO』３月号

2003年　「座談会　マニフェストの策定と実行過程の課題」小川是・保岡興治・曽根泰教『言論NPO』３月号「特集　マニフェストと日本の争点」

［コラム・新聞記事・随筆・巻頭言］

1973年　「蜷川府政――反発し合う固い支持・不支持」『朝日新聞』（京都版）11月５日

1975年　「町内会長は行動派」『日本経済新聞』10月14日

1976年　『日本経済新聞』夕刊コラム「あすへの話題」（１月から６月）

１月４日「父親の長い手紙」、１月11日「国民性」、１月18日「大阪への刺激」、１月25日「組織と規則」、２月１日「歴史を書くこと」、２月８日「余暇時間」、２月15日「会議と椅子とテーブル」、２月22日「都市と保育所」、３月１日「家の新築」、３月８日「車への挑戦」、３月15日「何かヘンな大学受験」、３月22

日「アメリカの桜」、３月29日「日本のイメージ」、４月５日「外国の生活意識調査」、４月12日「モースの柳田論」、４月19日「女性の職場進出」、４月26日「アメリカ式教授昇給法」、５月３日「一文橋」、５月10日「データの客観性」、５月17日「寄宿学校」、５月24日「地方自治」、５月31日「住民運動」、６月７日「公務員のモラール」、６月14日「情報の少ない大国」、６月21日「家庭と政治」

「地方自治と町内会」『京都新聞』７月１日付

1977年　「連合政権下で増す自律性」『東京大学新聞』10月１日

1979年　「学者・学問・実務家」『判例タイムズ』372号

「政治学と法学」『判例タイムズ』381号

「比較研究の目的」『判例タイムズ』389号

「戦前と戦後の連続・非連続」『判例タイムズ』394号

1980年　「現代における政治からの『退出』」『判例タイムズ』402号

「アメリカ『第二共和制』憲法」『判例タイムズ』408号

「地方の時代」『判例タイムズ』423号

「超過負担と地方自治」『判例タイムズ』424号

1981年　「日本官僚制の今後――その活力と能力」『人事院月報』34巻４号

「日本型プレッシャーグループの研究」『週刊東洋経済』５/２・９合併号

「『中曽根行革』診断」『Voice』44号

「“創業初代”の地方自治」『京都新聞』３月18日

「行政改革の政治哲学」『判例タイムズ』435号

「本の出版のあとに」『判例タイムズ』436号

1982年　「センターとペリフェリー」『書斎の窓』313号

「アメリカの学者の研究生活――海外留学生活より」『判例タイムズ』453号

「古典の生かし方」『判例タイムズ』459号

「裁判は政治の一部である（１）――アメリカの判事と政治」『判例タイムズ』463号

「裁判は政治の一部である（２）――レーガンの時代」『判例タイムズ』464号

「現代政治を説明する理論」『判例タイムズ』465号

1983年　「アメリカ政治学を模索する」『木鐸』５号

「『長期単独政権政党』に関する国際会議」『判例タイムズ』490号

「一党優位制の意義」『京都新聞』９月２日

1984年　「総合力の試される時代」『京都市政調査会報』45・46合併号

「新しい政治の流れ」『判例タイムズ』513号

「戦後日本政治の『保守本流』」『判例タイムズ』533号

1987年　「地方自治の器」『アステイオン』３号

1988年　「地方自治と現代」『UP』188号

1989年　「労働と国際政治経済の動向――連合の新発足によせて」『日本労働協会雑誌』362号
「新しい公私関係と公共哲学」『公共選択の研究』13号
「社会機構の変化と行政の対応」『石川自治と教育』６月号

1990年　「消費税は攻守がさかさまだ」『中央公論』１月号
「特殊な国どうしの不毛な対話」『中央公論』２月号
「行政不元気病の原因」『中央公論』３月号
「浮動層の演じる接着剤的役割」『中央公論』４月号
「許容値を超えた派閥均衡人事」『中央公論』５月号
「衆議院選挙区改革で何が変るか」『中央公論』６月号
「随想　行政の課題」『季刊行政研修　いるま』10月
「外からみた東京――91都知事選　第１部」『都政新報』12月４日

1991年　「経済教室　『首相スタッフ機構』設置を」『日本経済新聞』９月30日
「社会環境の変化と行政スタイルの変容に関する研究会（上）」『季刊行政管理研究』54号

1992年　「私のリフレッシュタイム」『書斎の窓』412号
「大学も激動期」『通産ジャーナル』６月号
「情報小国・日本」『通産ジャーナル』11月号
「京都大学法学部新大学院コースの目指すもの」京都府労働部労働問題調査室『京都の労働経済』No. 110

1993年　「アーバン東京と戦う区長たち」『東京人』８巻３号
「専門家と大衆」『通産ジャーナル』４月号
「混迷からの出発――尼崎市大変」『読売新聞』８月８日
「留学と大学」『通産ジャーナル』９月号

1994年　「日本世界一と日本未熟のあいだ」『通産ジャーナル』２月号
「経済教室　私の官僚論――官邸権限の強化急げ」『日本経済新聞』５月４日
「首都・東京への疑問」『通産ジャーナル』７月号
「大学リストラ」『通産ジャーナル』12月号
「知識の伝達と『体系』」『書斎の窓』437号

1995年　「新年度と大学」『通産ジャーナル』５月号
「就職シーズンの学生たち」『通産ジャーナル』９月号

1996年　「国際研究会の仕組み」『通産ジャーナル』１月号
「地方分権」『通産ジャーナル』６月号
「官僚制について」『通産ジャーナル』11月号

1997年　「入学試験雑感」『通産ジャーナル』４月号

「『行革』は財政赤字で外圧にあらず」『国会月報』44巻６号

「経済教室　私の省庁再編論――省間調整、『閣僚会議』で」『日本経済新聞』７月31日

「地方政治と自治体　分権へ強まる期待　行政・議会に不信感――本社全国世論調査」『読売新聞』（東京）８月２日

「大学教育と研修の間」『通産ジャーナル』９月号

「論点『専門官僚』育てる好機」『読売新聞』11月５日

「関西の責任／関西の可能性」『奔潮』19号　大阪府企画室

「地方制度改革過程の研究」『市研だより』４号　大阪市政研究所

1998年　「1997年11月・アジア経済」『通産ジャーナル』２月号

「経済教室　地方再生への道――事業の選択責任を拡大」『日本経済新聞』５月20日

「『世界の行革』討議――比較政治学会が設立記念シンポ」『読売新聞』（東京）６月28日

「開講日――よい疑問を発せよ」『通産ジャーナル』７月号

「分権化時代のパイプ役――参院議員の責任重大」『読売新聞』７月13日

2001年　「産業や文化の発信機能を」『京都新聞』６月６日

「政策評価の理論的枠組みについて」行政管理研究センター編『政策評価ガイドブック』ぎょうせい

「経済教室　公務員制度改革 計画的に」『日本経済新聞』10月８日

2002年　「社会科学の評価」『財務センター』新春号

「政策評価・独立行政法人評価委員会における独立行政法人評価に関する運営について」総務省行政評価局『行政評価月報』16号

「公務員制は入り口が大切」『日本労働研究雑誌』509号

2003年　「学問に指導はあるか」『書斎の窓』521号

「共同作業としての政治学」『書斎の窓』 522号

「論文の書き方」『書斎の窓』 523号

「好きな学者と先達――戦後政治学」『書斎の窓』 524号

「初学者の出会う悩み」『書斎の窓』 525号

「学会市民と徒弟時代」『書斎の窓』 526号

「政治学の社会的貢献」『書斎の窓』 527号

「まず書き始めよ」『書斎の窓』 528号

「共同研究：自発性と外発性」『書斎の窓』 529号

「研究生活のイメージ」『書斎の窓』 530号

「追悼・特別寄稿　行政学における足立忠夫の足跡について」『地方自治職員研修』36巻11号

2006年　「政策自己評価改善へ役立つ制度へ」『読売新聞』 6月30日

2007年　「発刊に向けて」『評価クォータリー』 No. 1

「日文研 VS 大学」『日文研』38号（創立二十周年記念特別号）

2008年　「京都と東京」『京大広報』No. 630

「わが1冊（ハーバート・サイモン）」『有信会誌』第71号

2021年　「巻頭言　杉田久女」『自治実務セミナー』 7月号

「巻頭言　バーナード・シルバーマン」『自治実務セミナー』 9月号

2023年　「石井紫郎氏を偲ぶ」（日本学術振興会学術システム研究センター設置20周年記念冊子）

2024年　「学術システム研究センター設置20年」（日本学術振興会学術システム研究センター20周年記念冊子）

「『自治研究』への恩義」『自治研究』100巻1号（100周年記念号）

「戦後第1回一年生」（2024 馨敏郎）『掛川第一小学校』

［講演・シンポジウム］

1972年　「シンポジウム　現代都市の経済分析——日本とアメリカ〈討論〉」『週刊東洋経済』近代経済学シリーズ、臨時増刊3/10号

1989年　「現代地方自治の問題点」北陸・東海・近畿三地区共催都市監査事務研修会講演、10月19・20日

1993年　「行政区画を超えた地域連合を考える」財団法人静岡総合研究機構地方自治体職員研修会講演、 4月

1994年　「関西の復権と地方分権」財団法人堺都市政策研究所都市政策講演会、 1月28日

1995年　「地方分権と自治体の課題」京都府・全国地方分権推進研究協議会地方分権推進府民シンポジウム基調講演、11月6日

1997年　「日本の行政と大学の将来」関西大学一般教育等研究センター講演、 6月10日（のちに、『研究センター報』24号、1998年に掲載）

「21世紀の都市経営」第59回全国都市問題会議基調講演、10月8日

「日本の行政改革（1996-97）」総務庁現代行政シンポジウム（行政改革の国際的潮流とわが国の行革の実現に向けて）基調講演、10月17日

「行政改革の行方」財団法人関西経済研究センターセミナー講演、12月16日

1998年　「ガバナンスと発展——地方分権化改革」JICA 国際シンポジウム「地域の発展と政府の役割——援助の新しい視点」 3月5日

「地方教育行政システムの改革」岡山県教育委員会教育委員会発足50周年記念講演、10月3日

1999年　「情報公開と市議会」都市行政問題研究会第70回総会、８月20日

2001年　「21世紀の日本のあり方――NIRA 総合研究プロジェクト国際シンポジウム　第１章　日本の政治・経済／1980～1999年――バブルを巡って」研究成果の紹介／パネルディスカッション　パネリスト

2003年　「新公共経営・政策評価フォーラム」第１回シンポジウム　パネルディスカッション　コーディネーター　静岡総合研究機構

2004年　「新公共経営・政策評価フォーラム」第２回シンポジウム　基調報告「独立行政法人評価の経験から――仕組みについて」静岡総合研究機構

2005年　「21世紀の日本の政治と政策――公共政策大学院の可能性」学習院大学大学院政治学研究科シンポジウム　パネリスト、６月11日

2007年　「新公共経営・政策評価フォーラム　第８回シンポジウム」第２セッション「行政評価」司会

［学術講演］　①京都大学法学会「豊かな市民社会の政治と政治学――市民参加の背景」1973年

②京都大学法学会「1970年代の政治と第二臨調」1982年

③立命館大学法学会「政党再編」1993年

④韓国政治学会　1996年夏

⑤韓国日本学会　1997年春

⑥国際政治学会（IPSA）　セオドア・ローウィ新会長推薦スピーチ（於ソウル市）1997年８月21日

⑦関西大学法学研究所「省庁再編改革と1980年代、90年代の世界の行政改革」2000年２月12日

⑧京都大学法学会「日本における政治家と官僚の三十年」2002年秋